JN314081

ライブラリ 経営学コア・テキスト=4

コア・テキスト
ミクロ組織論

藤田 英樹

新世社

編者のことば

　経営学は常識の学問である。経営学はいまや現代人にとっての基本的なリテラシーの一部である。最新ニュースのほとんどに企業や組織がからみ，この世のほとんどすべての問題は，経営の問題として読み解くことができる。経営学はまさに現代社会の常識なのである。

　経営学は常識の学問である。経営学は科学であり，個々の理論やモデルが正しいかどうかはデータと事実が決める。しかもその検証作業は，一部の研究者たちだけの占有ではない。広く一般の人々も日々の実践の中で検証を繰り返し，その結果生き残った経営理論だけが，常識として広く世の中に定着していく。

　経営学は常識の学問である。経営学は常識にもかかわらず，学問としての体系をもっている。そこが普通の常識とは異なる。体系的に学び，体得することができる。実際，現代ほど学問として体系的な経営学の教科書が渇望されている時代はない。高校生から定年退職者に至るまで，実に多くの人から「経営学の良い教科書はどれか」と質問される。

　それでは，良い教科書の条件とは何か。第一に，本当に教科書であること。予備知識のない普通の人が，順を追って読み進めば，体系的に理解可能な本であること。第二に，学問的に確からしいことだけが書かれていること。もちろん学問には進歩があり，それまで正しいとされていたものが否定されたり，新しい理論が登場したりすることはある。しかし，ただ目新しくて流行っているというだけで根拠もなく取り上げるビジネス書とは一線を画する。そして第三に，読者がさらに学習を進めるための「次」を展望できること。すなわち，単体として良い本であるだけではなく，次の一冊が体系的に紹介され，あるいは用意されていることが望ましい。

　そのために，このライブラリ「経営学コア・テキスト」が企画された。経営学の「核となる知」を正しく容易に理解できるような「良い教科書」群を体系的に集大成する試み。そのチャレンジに，いま21世紀を担う新世代の経営学者たちが集う。

高橋　伸夫

はしがき

〈就活を目前に控えたある学生との会話〉

「20代で年収1,000万になるには成果主義しかないんですよ。好きな仕事をしてそれだけ稼げたらいいじゃないですか。どうして成果主義はダメなんですか」
「その好きなはずの仕事がおもしろくなくなるからだ」

　学部・大学院を通じて筆者の指導教官であった高橋伸夫先生の『経営の再生——戦略の時代・組織の時代』の初版が出版されたのは1995年のことである。その冒頭に，バブル期の学生との会話という次のような行(くだり)がある。

「しかし先生，世の中には大金でも積まれないとやってられないような仕事だってあるんですよ」
「大金でも積まれないとやってられないような仕事を選ぶんじゃない」

　当時，筆者は高橋先生の学部のゼミ生で，この本を読んでようやく経営学っていいな，組織論っておもしろいなと思い始めたころだった。そのときはまさか，大学教員になってこれと似たようなやりとりを学生とすることになるとは思いもよらなかった。

　本書は「ミクロ組織論」と題していながら，そのほとんどのページを動機づけ理論の解説にあててしまっている。それは，筆者が動機づけ理論の専門家であり，ミクロ組織論あるいは組織行動論の中心は動機づけ理論であるべきだという信念（というより偏見）を持っていることが大きな理由である。しかし，それだけではない。この『ライブラリ経営学コア・テキスト』の主要な読者であろう，大学生や修士課程の大学院生，若手のサラリーマンに，

i

動機づけ理論について知ってもらいたかったからだ。そこには，人が幸せに働くための答えがある。

　成果主義の原型とも言える考え方は，およそ100年も前に生まれ，役に立たないとわかりほどなく捨てられてしまった。成果主義では働く人の「やる気」（つまり動機づけでありモチベーション）を引き出すことはできなかったのだ。そのことを経営学，とくに動機づけ理論が100年の歴史の中で，かなり科学的に明らかにしてしまった。にもかかわらず，不況がおとずれ企業が苦境に陥ると，またぞろ成果主義が首をもたげてきて企業の現場を混乱させ，純真な若者たちを誘惑しようとする。成果主義というのはよほど不況のにおいが好きらしい（『虚妄の成果主義——日本型年功制復活のススメ』高橋，2004）。

　成果主義的な考え方で，つまり外的に媒介された報酬によって人を仕事に動機づけることはできない。せいぜい，その仕事を辞めさせないようにすることくらいしかできないのだ。「やる気」をもって働くためには内発的動機づけが必要である。その仕事がおもしろい，楽しい，やりがいがあると思えばこそ，あれこれと考えをめぐらせ，創意工夫をもって懸命に働くのだ。そして，それこそが人を成長させ，幸せに導くものであることには疑いがない。

　子どものころ，たとえそれでお小遣いが増えるようなことがなくても，勉強やお手伝いや遊びの中で一所懸命何かをクリアして「僕（私）って天才かもしれない！」と有頂天になったことが誰にでもあるはずだ。そんなことって常識でしょうと思われるかもしれない。

　「経営学は常識の学問である」——編者のことばにあるように，数々の動機づけ理論が導いてきた答えが正しいかどうか，広く一般の人々が日々の実践の中で検証をすることが可能なのである。本書で取り上げた理論，学説はごく一部にすぎないが，それを手がかりとして読者の方々に「常識」を説明することのできる理論を見つけてもらいたい。

　本書の執筆にあたっては，多くの方々にご助力をいただいた。草稿の段階においては，東洋大学経営学部の筆者のゼミで，第5期生である阿部翔子さ

ん，菊地和之君，小嶋祐輔君，高橋隆之君，田口万友美さんにはレジュメまで作成してもらい，解説がわからないところ，追加すべき例示や論点について指摘していただいた。こうしてひととおりのチェックを受けた原稿は，東京大学大学院経済学研究科の高橋伸夫先生のゼミで輪読をしていただき，単純な書き間違いから理論的な解釈，結論に至るまで，非常に丁寧に検討してもらい多くのコメントを頂戴した。高橋先生には，学部時代から10年以上にわたってご指導を賜っただけでなく，本書の執筆の機会をいただき，原稿チェックに至るまでお世話になった。不肖の弟子は汗顔の至りである。ここに記して謝意を表したい。

また，本書の全体的なプロットや，各章で取り上げるトピックなどについてアイデアを練るときに，東洋大学経営学部の同僚である富田純一先生，文京学院大学経営学部の生稲史彦先生とは折に触れディスカッションをさせていただき，多くの着想を得た。とくに生稲先生には，いくつかの章の草稿を講義の種本として使ってみていただき，テキストとしての妥当性について多くのご助言をいただいた。厚くお礼を申し上げたい。

なにより本書の完成は，新世社編集部の御園生晴彦氏のご尽力なしにはありえなかった。5行書いては3行消し，10行書いたら12行消してと，まったく筆を進めない筆者を，あたたかく，そして辛抱強く見守っていただいた。出版までのスケジュール管理だけでなく，内容，構成，図版に至るまで有益で的確なコメント，アドバイスを頂戴し，励ましていただいたおかげで筆者はなんとかモチベーションを保つことができた。ぽつぽつとしかお送りしない原稿を丁寧に読んでいただき，筆致が精確であるとか，興味深く考えさせられる内容であるといった評価をいただくと，俄然やる気が出てきたものである（まさに内発的動機づけの状態）。心からの感謝を申し上げたい。

2009年7月

藤田　英樹

目　次

序　章　ミクロ組織論の誕生　　1

- 0.1　はじめに　　2
- 0.2　組織行動論の成立と展開　　5
- 0.3　ミクロ組織論　　12
- 0.4　本書の構成と内容　　20

第Ⅰ部　意思決定論　　23

第1章　意思決定　　25

- 1.1　意思決定とは何か？　　26
- 1.2　最適化意思決定　　33
- 1.3　満足化意思決定　　39
  - ●演習問題　　44

第2章　組織的意思決定とゴミ箱モデル　　45

- 2.1　合理性の限界と組織　　46
- 2.2　組織と状況定義　　54
- 2.3　ゴミ箱モデル　　61
  - ●演習問題　　71

第Ⅱ部　動機づけ理論　73

第3章　科学的管理法から人間関係論へ　75

- 3.1　科学的管理法 ———— 76
- 3.2　科学的管理法の動機づけ側面 ———— 81
- 3.3　人間関係論 ———— 85
  - ●演習問題　95

第4章　人間資源アプローチの登場　97

- 4.1　人間関係論の検証 ———— 98
- 4.2　人間資源アプローチ ———— 103
- 4.3　Ｘ理論・Ｙ理論 ———— 109
- 4.4　動機づけ理論の分類軸 ———— 114
  - ●演習問題　117

第5章　期待理論①　119

- 5.1　期待理論の位置づけ ———— 120
- 5.2　期待理論のブルーム・モデル ———— 123
- 5.3　人間行動に関する帰結 ———— 132
  - ●演習問題　140

第6章　期待理論②　141

- 6.1　給与と組織効率 ———— 142
- 6.2　ローラーの期待モデル ———— 146
- 6.3　期待理論の限界 ———— 154
  - ●演習問題　160

第 7 章　欲求説　161

7.1　欲求説 — 162
7.2　欲求段階説の修正 — 167
7.3　欲求段階説と ERG 理論の比較 — 176
● 演習問題　181

第 8 章　動機づけ衛生理論　183

8.1　人間を動かす方法 — 184
8.2　動機づけ衛生理論 — 191
8.3　KITA が引き起こす行動 — 199
● 演習問題　204

第 9 章　内発的動機づけ　205

9.1　認知論的アプローチ — 206
9.2　認知的評価理論 — 212
9.3　内発的動機づけの現実的意義 — 220
● 演習問題　225

第 10 章　達成動機づけ　227

10.1　マクレランドの動機論 — 228
10.2　達成動機づけのアトキンソン理論 — 234
10.3　リスク・テイキング — 240
● 演習問題　248

第11章　達成動機づけの課題選択シミュレーション　249

- 11.1　アトキンソン・モデルのコンピュータ・シミュレーション　250
- 11.2　アトキンソン理論の問題点　257
- 11.3　誇り動機づけモデルのコンピュータ・シミュレーション　264
  - ●演習問題　274

参考文献　275
索引　280

序章

ミクロ組織論の誕生

　ミクロ組織論という呼び方は，実は主として国内で用いられるようになったものであり，組織論の発祥元である米国では，この分野は「組織行動論」として発展してきた。組織行動論は1960年代に，人間関係論の流れを汲むモチベーション研究が，行動科学の影響を受けて成立した研究領域である。組織行動論の研究対象は「組織の中の」人間行動であったので，組織に対するミクロ・レベルの分析であるとの理解から，国内では「ミクロ組織論」と呼ばれるようになってきたのである。

○ KEY WORDS ○
ミクロ組織論，組織行動論，動機づけ理論，
認知論的アプローチ，人間行動についての仮定

0.1 はじめに

組織に対する分析レベルには，一般に次の4つがあると理解されている。

① 組織の中の個人
② 組織の中の（小）集団
③ 組織そのもの
④ 組織の組織（組織間関係，ネットワーク組織）

いずれも組織には違いないのだが，①や②は組織のより小さな単位に注目するミクロ・レベルの分析，③や④はより大きな単位に注目するマクロ・レベルの分析ということになる（図表0.1）。したがって組織論とは，これらのうちいずれかを分析対象とする学問領域の総称であるといえよう。組織論の中でとくに①や②を分析対象とするのが，本書で取り上げるミクロ組織論である。

図表0.1 組織に対する分析レベル

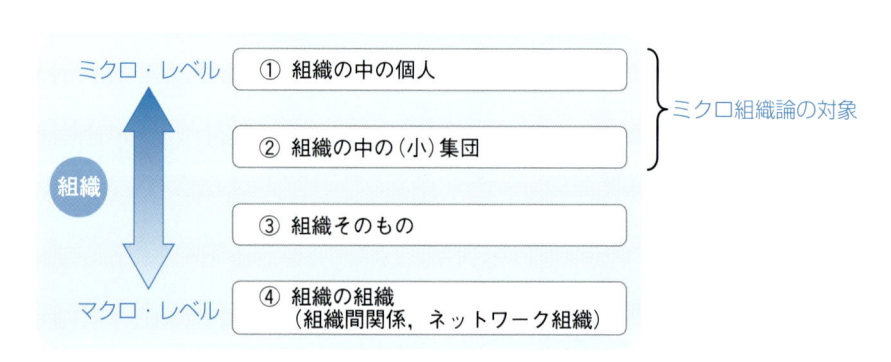

ミクロ・レベル
① 組織の中の個人
② 組織の中の（小）集団 　　　ミクロ組織論の対象

組織

③ 組織そのもの
マクロ・レベル
④ 組織の組織（組織間関係，ネットワーク組織）

○ 組織論の主要3分野

　少なくとも現在，わが国においては，組織論は近代組織論，ミクロ組織論，マクロ組織論の3分野からなるとおおむね理解されているようである。ところが，組織論の発祥元である米国では，いまだにミクロ組織論が学問分野として確立されているとは言い難い状況であるらしい（二村，2004a, p.9）。その代わりに，①や②を主要な研究テーマとする学問分野としては，組織行動論が独立した分野として認知されているという（図表0.2）。

　組織行動論は行動科学的経営学と呼ばれることもあり，基本的には経営学の下位分野の一つととらえられているようである。しかし，0.2節で確認するように米国では，組織論とはやや距離をとって発展してきたと考えられる。したがって，組織行動論の研究テーマは図表0.2のように組織論と重なる部分もあるが，日本におけるミクロ組織論のように，完全に組織論に含まれるような位置づけにはならないのであろう。

　組織行動論はその成り立ちから，動機づけ理論（モチベーション管理の理論）を核としており，心理学的な色彩が強い分野である。さらに現在では組織学習，コミュニケーション，リーダーシップといったサブテーマも充実し，

図表 0.2　組織論の主要3分野と組織行動論

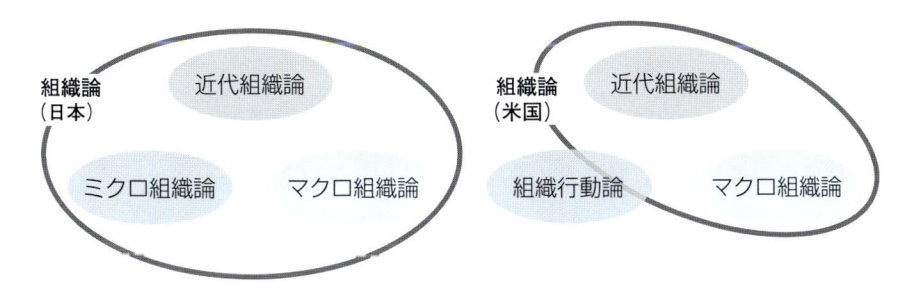

組織論（日本）：近代組織論、ミクロ組織論、マクロ組織論

組織論（米国）：近代組織論、マクロ組織論（組織行動論は一部重なる）

きわめて大きな分野に成長している。もちろんわが国でも，組織行動論の分野における成果の蓄積は十分であり，産業・組織心理学や人的資源管理論などの隣接分野の発展からも，その実質的内容はすでに整っている（二村，2004a, p.9）。

○ 日本におけるミクロ組織論の展開

それにもかかわらず，わが国では組織行動論という呼称はあまり定着せず，こうした分野を指してミクロ組織論と呼ぶようになったが，その理由は大きく2つあると考えられる。一つは訳語の問題である（二村，2004a, p.3）。組織行動論の原語は"organizational behavior"である。これを「組織行動」と訳したわけだが，「組織の中の人間行動」という本来の意味ではなく，「組織そのものの行動」と解釈されがちであったからである。

もう一つは，わが国においては心理学者や社会学者よりも，多くは経営学者が組織行動論を積極的に受容したと考えられるからである。組織行動論はもともと経営学の一分野として発展してきたのだが，行動科学全盛時の米国で成立したために，心理学者を主要な担い手としていた。しかし，組織行動論の中心的な研究対象が「組織の中の」人間行動であったので，おそらくわが国では「組織に対する」ミクロ・レベルの分析であると認識され，経営学の中でもとくに組織論の下位分野として位置づけられたのであろう。

そこでまず0.2節で，組織行動論の成立に至る経緯について，二村（1982a, 2004a）をもとにみていくことにしよう。組織行動論の中核を占める動機づけ理論の萌芽は，テイラーの科学的管理法にみることができる。科学的管理法の中で，賃金システムの設計に関する議論が展開されたことが，動機づけ理論ひいては組織行動論誕生のきっかけになったと考えられる。

0.3節では，組織行動論をミクロ組織論として組織論の中に位置づけてみよう。すでに述べたように，米国において組織行動論は，経営学の中の比較的独立した分野として認知されているが，わが国ではミクロ組織論として，

近代組織論に始まる組織論の一分野として定着しつつある。このような位置づけは，受容の過程からは自然であったといえるが，とくに近代組織論との理論的な関係についてはあいまいなままになっているように思える。

最後に 0.4 節で，本書の構成を紹介しよう。

0.2　組織行動論の成立と展開

○ 動機づけ理論＝モチベーション管理の理論

動機づけ理論は，経営学の分野ではモチベーション管理の理論と呼ばれることがある。一つには，その源流を遡れば，今でいう経営管理や労務管理の研究であったテイラー（Frederick W. Taylor）の科学的管理法（scientific management）に辿り着くからである。科学的管理法の内容については第 3 章で詳述するが，その主要な論点は①課業（作業標準）の設定と管理，②賃金システムの設計であった。このうちの②が，工場労働者の生産性を維持するにはどのような賃金体系がよいかという観点から行われており，モチベーションの源泉を金銭報酬に求める動機づけの考え方が含まれていたのである。

もう一つは，動機づけが問題となるのが，主に経営学が対象とするワーク・モチベーション（従業員の仕事に対する動機づけ）の場面に限ったことではないからであろう。モチベーション研究自体は，心理学だけでなく教育学や社会学の分野でも広く行われている。しかし，組織メンバーのモチベーションをうまく引き出し，できるかぎり管理・統制することが重要視されるのは，やはりワーク・モチベーションの分野においてではないだろうか。経営学が主要な研究対象とする企業という組織ほど，メンバーのモチベーションが組織自体のパフォーマンスに直接的な影響力を有する組織はみられないからである。

このように，動機づけ理論という呼称のほうがカバーする範囲は広いと考えられるが，本書ではとくに断りのないかぎり，モチベーション管理の理論と同様の意味で用いることにする。また，動機づけとモチベーション（motivation）という用語については，前者が後者の訳語なので意味は同じである。

○ 科学的管理法から人間関係論へ

20 世紀初頭に現れたテイラーの科学的管理法は，当時の英国，米国の工場で問題となっていた「怠業」と呼ばれる現象を解決するための方法論である。怠業とは，工場労働者が故意に作業をのろのろと行う現象のことで，テイラーはその解消方法を賃金システムの設計に求めたのである。ここには，金銭報酬のような物理的な条件さえ整えてやれば，動機づけ（られた行動）を引き出すことができるという暗黙の前提がある。つまり，人間とは命令を受けて仕事をするだけの，受動的な器械のような存在であるとする考え方である。

このような動機づけの考え方は，今日的な感覚からすればきわめて単純なものであるといわざるをえない。しかしこれ以降，科学的管理法に触発されるかたちでワーク・モチベーションの実験調査研究が広く行われるようになり，多数のモチベーション管理の理論が展開されることになる。なかでも，実験調査の規模の点，そして，その後のモチベーション研究に対する影響力の大きさの点からも重要なのが，ホーソン実験と呼ばれる一連の実験の成果をもとに展開された人間関係論であった（人間関係論については第 3 章を参照のこと）。

ホーソン実験は科学的管理法の影響を強く受けて計画され，1924～1932 年にかけて実施された大実験である。ホーソン実験の当初の目的は，工場の物理的な作業条件と労働者の作業能率との関係を調べることであった。ところが，テイラー的な動機づけに関する仮説が，次々と否定されるような結果

ばかりが得られ，実験としては大失敗に終わってしまう。むしろ失敗だらけの実験結果は，労働者の作業能率は物理的環境条件よりも，職場の人間関係に対する満足度のような情緒的な状態に依存することを示していた。つまり動機づけを引き出すには，即物的な条件を求める動物的な欲求ではなく，より高尚で人間らしい社会的欲求を満足させる必要があると考えられたのである。こうして，職務満足が生産性や欠勤率といった職務遂行を導くとする人間関係論が誕生することになる。

人間関係論は，職務満足と職務遂行の関係を特定しようとする多数の後続研究を促し，ワーク・モチベーションと呼ばれる研究領域の確立に貢献した。しかし残念なことに，モチベーションに関する人間関係論的仮説は，その後の実験・調査であっさりと否定されてしまった（髙橋，2004，pp. 138-139）。そして1960年代に入ると，当時すでに隆盛をきわめていた行動科学の影響を受けて誕生した，行動科学的経営学ともいわれる組織行動論に取って代わられることになる。

○ 行動科学の成立と組織行動論の誕生

米国の経営大学院において，組織行動論が誕生することになった直接の契機は，1959年に発表されたいわゆる「ゴードン=ハウエル報告」（Gordon & Howell, 1959）である（二村，2004a, p. 3）。二村（1982a, 2004a）によれば，ゴードン=ハウエル報告が，当時の米国の経営大学院教育を時代遅れの職業教育であると批判し，経営学教育における行動科学の重要性を指摘したとある。そしてこれ以降，1960年代を通じて米国の経営大学院に行動科学者，とくに心理学者が大量に採用されていくことになった。心理学者たちは，その数を増すにつれて全国規模の学会を組織し，「organizational behavior」という名称の博士課程をもつようになっていく（二村，1982a, p. 3）。こうした動きが実際の成果として結実したものが，後述する人間資源アプローチと呼ばれる一連の理論展開なのである。

〈行動科学とは〉

 それでは，ゴードン=ハウエル報告が重視していた行動科学とは一体何だったのか。高橋（1995；2003；2006, p.275）によれば，行動科学とは，客観的に観察，測定，分析することができる行動のレベルで人間を科学的に研究する学問である。ここで科学的というのは，自然科学を学問のモデルと考えて，数量化，記号化といった方法を採用することを意味している。その中心となったのは心理学，社会学，人類学であるが，統計学や生態学などとも協同して，行動の観点からこれらを統一する一般理論を追求しようとする学際的研究の一つだったのである。こうした学際的研究への動きは，すでに20世紀初頭にいくつかみられたが，爆発的に広まったのは第2次世界大戦以降のことである（池田，1971, pp.18-19）。有名なのは工学系のOR（Operations Research；作戦研究）だが，行動科学の成立に何らかの影響を及ぼしたという点で重要なのはゲーム理論や情報理論，決定理論であろう。これらは直接的ではないにせよ，人間行動（行動そのものというよりは認知過程や意思決定過程）をテーマとして扱う分野だからである。

 こうした中で，1950年ごろから社会科学の領域では行動科学という言葉が用いられるようになってくる（池田，1971, pp.24-25）。1949年のシカゴ大学でミラー（James G. Miller, 1956）を中心とする研究グループが，初めて行動科学という名称を用いた。1951～1957年にはフォード財団が，行動科学研究に数百万ドル規模の助成を行うプログラム「行動科学計画」を実施し，本格的な展開を迎えることになる。

〈人間資源アプローチの登場と組織行動論の成立〉

 行動科学は，既存の社会科学の諸領域に対して科学的なアプローチの採用を促した。なかでも情報理論の発展は，人間の認知過程を情報処理プロセスとみなす意思決定の科学を成立させ，これは主に経営学の分野で近代組織論として展開されることになった。そしてモチベーション管理の理論においては，言うなれば行動科学運動と近代組織論の理論的整備とを支えとしながら

人間資源アプローチが登場し，研究分野としての組織行動論成立の原動力になったのである（二村，1982a, p.5）。

　モチベーション管理の人間資源アプローチの登場は，人間関係論の批判，継承を意味していた。仕事の特性のように，モチベーションにとって本質的な問題ではなく，人間関係に由来する感情の影響という周辺的な問題にフォーカスしていることが人間関係論の弱点であった（山口，2006, p.24）。このため人間関係論では，モチベーションひいては生産性を説明することはできなかったのだが，動機づけ研究における人間性重視の視点を生み出したことは評価することができる。こうした視点をより明確に示したのが人間資源アプローチだったのである。

　人間資源アプローチは組織行動論の中核をなす理論で，代表的な研究者はリッカート（Rensis Likert），ハーズバーグ（Frederick Herzberg），マグレガー（Douglas McGregor）らである。このアプローチの特徴は，それが前提とする人間観にある。すなわち，名誉や他人からの承認，自己実現を求める人間像を明確に認識したことである。科学的管理法や人間関係論のような考え方しか存在しなかった1960年当時の米国の現状を考えると，仕事に対する動機づけを喚起するには，名誉欲求や自己実現欲求のような人間の高次の欲求を満たさねばならないとしたことは，実に画期的なことであっただろう（二村，2004a, p.5）。

◯ 動機づけ理論としての組織行動論

　組織行動論が研究分野として確立され，人間資源アプローチというかたちで一つの理論化をみたことは，経営学におけるモチベーション研究の活性化と，動機づけに関するさらなる理論化を促すことになった。モチベーション研究に行動科学的アプローチが採用されたことで，1960年代以降の理論展開は大きく2つの方向に分かれて進むことになった。一つはモチベーションの内容論（content theory）あるいは欲求説（need theory），もう一つはモ

チベーションの過程論（process theory）と呼ばれる理論である。

〈内容論〉

　内容論とは，わかりやすくいってしまえば，人は何によって動機づけられるのか，すなわち動機づけ要因は何であるのかを明らかにしようとする理論群の総称である。内容論は，動機づけを引き起こす欲求にはどのようなものがあるかを特定しようとする研究であるともいえるので，欲求説と呼ばれることもある。

　内容論に分類される研究としては，人間性心理学ともいわれるマズロー（Abraham H. Maslow）の欲求段階説（第7章参照）はあまりにも有名である。X理論・Y理論（第4章参照）を提唱したマグレガー，動機づけ衛生理論（第8章参照）を創り上げたハーズバーグの研究にも，マズローの欲求説に類似した考え方が見受けられる。達成動機研究で著名なマクレランド（David C. McClelland）は，とくに動機が形成（喚起）される過程に関心があったようだが（第10章参照），ここには認知心理学の強い影響を見て取ることができる。

〈過程論〉

　これに対して過程論は，人がどのように動機づけられるのかというプロセスを明らかにしようとする理論である。論者によって想定する動機づけ要因は異なるが，それらを所与としたときに，どのようにして実際の行動に結びつくのかを説明しようとするのが過程論である。つまり過程論は，どのような行動を選択（して実行）するかという意思決定過程を問題にするのである。意思決定とは，人がさまざまな情報を認識し，取り込み，解釈するという認知的活動（これはまさに情報処理プロセスである）のことであるから，過程論は，行動科学の中でもとくに認知心理学のアプローチを色濃く受け継いだ理論であるといえるだろう。

　過程論に分類される動機づけの諸理論には，公平理論（equity theory），

目標設定理論（goal-setting theory），自己効力感（self-efficacy）モデルなど，さまざまなものがあるが，やはり代表格はブルーム（Victor H. Vroom）を中心とする期待理論（expectancy theory）であろう（藤田，2004a，p. 62）。

〈内発的動機づけの理論〉

　ところで実は，ここであげた動機づけ理論の中には，一つ重要な理論が抜け落ちている。それはデシ（Edward L. Deci）やアトキンソン（John W. Atkinson）に代表される内発的動機づけの系統の理論である（デシについては第9章，アトキンソンについては第10章で詳述する）。内発的動機づけの理論は，あえて分類するならば内容論に含めるべきであろう。それはこの系統の理論が，有能さと自己決定への欲求や達成欲求といった，内容論と共通する人間的な欲求に動機づけ要因を求めるからである。しかし，これらの欲求からどのようにして動機づけが生じるのかというプロセスについては，認知論的な枠組みを用いて説明している点で，過程論とも共通する側面をもっているのである。

〈動機づけの認知論的アプローチ〉

　こうした動機づけの認知論的アプローチについて，内発的動機づけ（intrinsic motivation）を理論化したデシ（Deci，1975，pp. 93-96，邦訳 pp. 104-107）は，次のようにまとめている。認知論的アプローチは，人間は自らの環境や記憶や情緒的状態から受け取った情報を処理することによって，何をなすべきかを選択するという仮定をおく。このような選択行動のモデルは，エネルギー源（energy source），目標，行動の3要素からなる（図表0.3）。モデルの出発点となるエネルギー源は，欲求という言葉に置き換えてもよい。環境・記憶・情緒的状態から得られた情報は，エネルギー源に対する刺激入力となり，自分が願望する状態すなわち目標が設定されることになる。いったん目標が設定されれば，その目標を達成することができるような行動に従事することになるのである。

図表 0.3　動機づけの認知論的モデル

エネルギー源 →（情報処理）→ 目　標 → 行　動

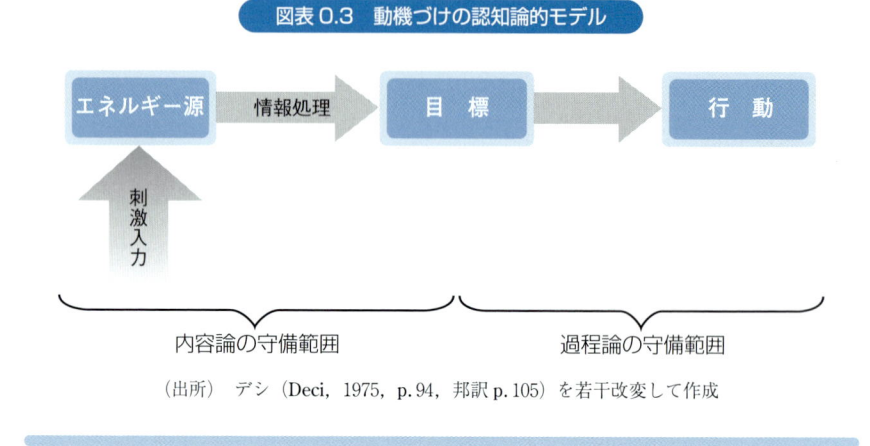

↑ 刺激入力

内容論の守備範囲　　　過程論の守備範囲

（出所）　デシ（Deci, 1975, p.94, 邦訳 p.105）を若干改変して作成

　さらにデシは，内容論が取り扱う欲求の問題は，このモデルの先行刺激の側面つまり前半部分に含まれるとしている。そして過程論を代表する期待理論は，目標達成に対する期待（目標を達成する確率）に焦点をあてているので，このモデルの後半部分を扱ったものである（Deci, 1975, pp.95-96, 邦訳 pp.106-107）。そのほとんどが内容論に含まれる人間資源アプローチも，期待理論に代表される過程論も，すべて認知論だったのである。このような指摘から内発的動機づけのモデルは，内容論における高次の欲求と，過程論における認知要素を重視する視点が結びついたものとみなすことができる（藤田，2004b, pp.78-79）。

0.3　ミクロ組織論

　動機づけ理論を核として発展してきた組織行動論は，わが国ではミクロ組織論として受け入れられた。その理由は，訳語の問題であったり，わが国に

おける受け皿が主として経営学者であったりしたからだが、なぜそれが近代組織論からスタートする組織論の一分野に位置づけられたのだろうか。逆にいえば、なぜ米国ではいまだにミクロ組織論という呼び方が一般化せず、比較的独立した組織行動論のままなのであろうか。

○ 古典的組織論への批判の共有

組織に対する分析レベルの観点からは、組織そのものを分析対象とするのが近代組織論、組織の中の個人・集団を分析対象とするのがミクロ組織論と分けることができるので、組織行動論＝ミクロ組織論ということは理解しやすい。

その一方で、それぞれの分野で中心的な位置を占める理論に関しては、かなりギャップがあるようにみえる。近代組織論の中心は組織均衡論と意思決定論とであり、組織行動論の中心は動機づけ理論、とくに1960年代以降は人間資源アプローチ、認知論的アプローチが主流となっているからである。

しかし、実はいずれも理論的には、科学的管理法などにみられる組織の考え方（これらは古典的組織論と呼ばれることもある）、とくにその前提となる人間観に対する批判から生まれたとされる。その意味では、組織行動論をミクロ組織論として位置づけた、日本的な解釈は非常に適切であると考えられる。

○ 組織内行動の3つの側面

人間が組織に所属して、特定の行動に従事するのはなぜだろうか。その理由を明らかにするものが組織理論であり、当然のことながら、行動に対する解釈の仕方によってバリエーションが生まれてくることになる。

ここに、ゼミの先輩で大学4年生のAさんが作成した報告資料を、人数分コピーしている大学2年生のB君がいるとしよう。彼がその仕事をして

いる理由は，どのような観点から説明することができるだろうか。

【理由①】命令に従っているから……その日の報告資料はAさんが作成して持ってきたのだが，ゼミの開始前にB君に人数分のコピーをとってくるよう指示したからである。下級生は指導教官や上級生の指示命令に従って，ゼミの活動のために必要な仕事の種類や内容，進め方を覚えていかなくてはならないというルールがこのゼミでは定められているのである。

【理由②】Aさんと仲良くなりたいから……Aさんはゼミのエースと目され，一流企業の内定ももらっている優秀な先輩である。この機会にAさんと個人的に親しくなっておけば，B君が就職活動をする来年度にはOB・OG訪問などもしやすくなるかもしれないし，エントリーシートの書き方や面接の注意点などのアドバイスも親身になってしてくれるかもしれない。

【理由③】ゼミの目的に必要だから……当然ゼミには，指導教官の研究テーマに興味があり，その分野についてより詳しく勉強し研究したい学生が参加している。その目的のため，つまりよりスムーズかつ効率的に専門的な勉強をするにはどうしたらいいかという問題に対する解決策に考えをめぐらせた結果，資料のコピーのような下働き的な準備作業を，B君がかって出るのがいちばんいいと思ったからである。

組織行動に対する解釈の仕方としては，おおよそ上記の3つのタイプが考えられる。それぞれのタイプに応じて，どのようにすれば人間の行動を説明（さらに可能であればコントロール）することができるのかという議論の組み立て方は変わってくるはずである。つまり，人間とはどのような存在であるかということについて，どのような仮定（ここでいう「解釈」の仕方）をおいているのかによって，組織および組織行動についての理論は分類されるのである。

〈マーチとサイモンの仮定〉

　近代組織論の金字塔的な業績であるマーチ=サイモン（James G. March & Herbert A. Simon）の"*Organizations*"（1958；1993）によれば，組織についての命題（わかりやすくいえば組織理論）は，すべて人間行動について説明したものである。組織の中の人間行動を説明するためには，人間とはどのような存在であるか（どのように行動するものか）ということについて何らかの仮定をおく必要がある。それは人間の諸属性のうちどれを考慮に入れるべきかという仮定であり，これらの命題には明示的もしくは暗黙のうちに前提として含まれているという。そして，組織内行動についての諸命題をそれが前提とする仮定によって次の3つに大分類している（March & Simon, 1993, p.25, 邦訳 pp.10-11；図表0.4）。

①器械的側面：組織のメンバー，とりわけ従業員は，主として受動的な器械であって，仕事を遂行し，命令を受けることはできるが，行動を引き起こし，影響力を行使するという点ではほとんど重要ではないと仮定している命題。

図表0.4　組織内行動についての3つの仮定

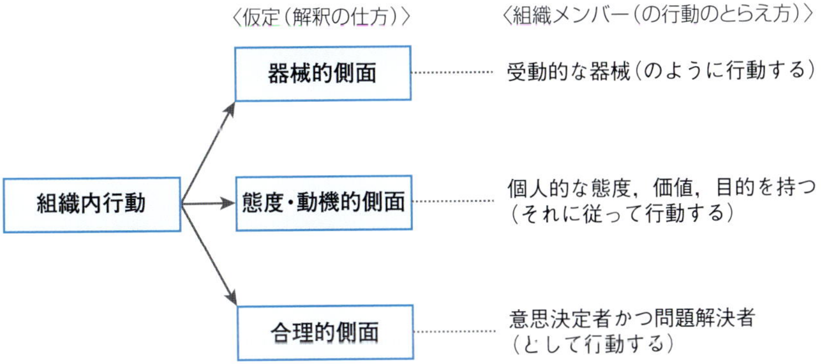

〈仮定（解釈の仕方）〉　　〈組織メンバー（の行動のとらえ方）〉

組織内行動 → 器械的側面 …… 受動的な器械（のように行動する）

組織内行動 → 態度・動機的側面 …… 個人的な態度，価値，目的を持つ（それに従って行動する）

組織内行動 → 合理的側面 …… 意思決定者かつ問題解決者（として行動する）

②動機・態度的側面：メンバーは態度，価値，目的を組織に持ち込むものと仮定している命題。これは，メンバーが組織行動のシステムの中に，参加することを動機づけられ，ないしは誘因づけられなければならないと仮定している。これはまた，メンバーの個人的な諸目的と組織の諸目的とが完全に一致することはないと仮定している。また目的の対立が，現実に，ないしは潜在的にあって，そのために，権力現象とか，態度，勤労意欲が，組織内行動の説明に中心的な重要性をもっていると仮定している。

③合理的側面：組織メンバーは，意思決定者かつ問題解決者であると仮定している命題。これは，知覚と思考の過程が組織の中の行動の説明にとって，中心的な意味をもつものであると仮定している。

もちろんこれらの仮定は「相互になんら矛盾するものではない」し，「人間というものは，これらの側面のすべて，おそらくはそれ以外の側面をも，もっている」と考えられる。それゆえ，優れた組織理論はいずれの側面についても考慮すべきであるが，分析対象とする組織行動の種類によって，いずれかの側面を強調することになる（March & Simon, 1993, p.25, 邦訳 p.11）。

〈組織理論との対応関係〉

では，これらの仮定は，それぞれどのような経営理論と対応するのだろうか。マーチ=サイモンは，①を科学的管理法，②を組織均衡論や動機づけ理論が前提にしているという（March & Simon, 1993, p.25, 邦訳 p.11）。また高橋（2006, p.201）では，①は科学的管理法，②は人間関係論，③は近代組織論によくみられるタイプの命題であるとされている。したがって近代組織論はその流れの中で，理論構築の前提を①科学的管理法→②組織均衡論→③意思決定論へと次第にシフトしてきたといえる。これに対して動機づけ理論は，その重点を①→②人間関係論と推移させたあと，人間資源アプロ

ーチさらに認知論的アプローチへと発展してきたわけである。

こうした発展の方向性については，高橋（2006, pp. 272-273）にも同様の指摘がみられる。古典的組織論に対する批判から，経営組織論はその後，次のおおむね3方向に向けて展開していくことになったという。

(1) 科学的管理法のように組織メンバーを命令を受けて仕事をする受動的器械としてとらえるのではなく，意思決定者としてとらえ，組織を意思決定過程の連鎖として分析しようとする近代組織論
(2) 科学的管理法における唯一最善の組織化の方法を追求する姿勢を批判し，望ましい組織構造，管理システムなどの組織化の方法を環境的条件との適合関係の中で扱おうとするマクロ組織論
(3) 科学的管理法で考えられているような金銭その他の物的条件だけからでは生産能率やモチベーションを説明しきれないことから生まれた個人のモチベーション管理を中心とするミクロ組織論

近代組織論の(1)には，①器械的側面から③合理的側面へのシフトが，ミクロ組織論の(3)には，①から②動機・態度的側面へのシフトが説明されている。そうすると米国では，人間資源アプローチの登場の段階で，動機づけ理論は組織論であることをやめ（近代組織論で整理された①～③の仮定を受け入れずに），組織行動論として独立していく道を選んだのだろうか。答えは否である。動機づけ理論における認知論的アプローチの隆盛は，実は②から③へのシフトだったのである。

☐ 行動科学の影響

〈近代組織論と認知論〉

近代組織論と組織行動論とは，同じようなタイミングでその学問的地位を確立している。すでに述べたように，それは学際的研究が志向され，行動科学や一般システム理論がいわばブームとなっていた第2次世界大戦後の時期

である。こうした時代背景の中，サイバネティクス，情報理論，ゲーム理論，決定理論などの新しい理論が続々と登場してくる。これらの新しい理論はコンピュータの普及と相まって，行動科学やシステムズ・アプローチの実用的価値を高めていくことになるのと同時に，とくに近代組織論の生成と展開にも大きな影響を与えたのである（図表0.5）。そのことを端的に示す例としては，意思決定のプログラム化という考え方をあげることができる（高橋, 2006, p. 277）。

近代組織論における人間についての仮定の変遷（①古典的組織論→②組織均衡論→③意思決定論）は，こうした新しい科学の成果を取り込んだ結果だったのである。近代組織論では，組織メンバーを意思決定する行動主体とみなし，組織を意思決定過程の連鎖的ネットワークつまりシステムとしてとらえる。そして組織メンバーの限定された合理性が，組織の意思決定過程の中でどのように克服されていくのかを解明することを基本的テーマとしている（高橋, 2006, p. 273）。したがって，意思決定過程すなわち認知過程を分析の基本的な単位とする近代組織論は，認知論とほとんど同じものであるとい

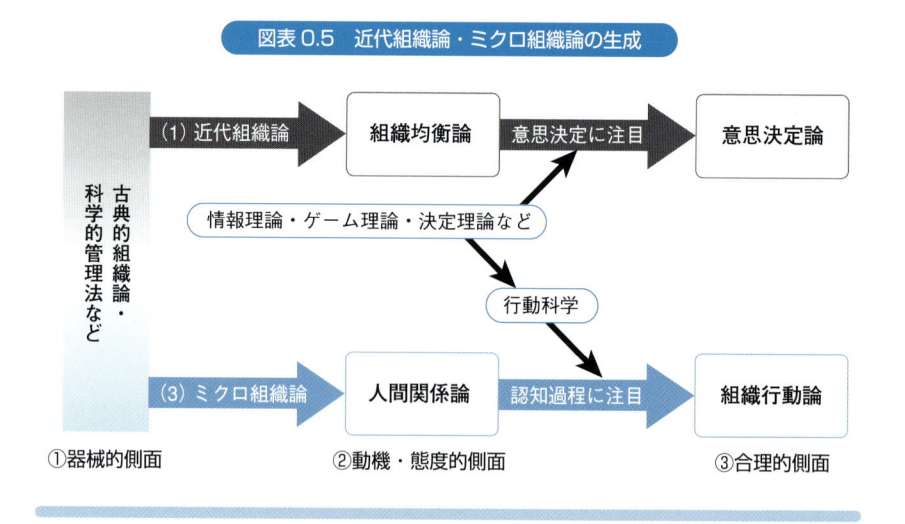

図表0.5　近代組織論・ミクロ組織論の生成

古典的組織論・科学的管理法など
①器械的側面

(1) 近代組織論 → 組織均衡論 → 意思決定に注目 → 意思決定論
②動機・態度的側面

情報理論・ゲーム理論・決定理論など → 行動科学

(3) ミクロ組織論 → 人間関係論 → 認知過程に注目 → 組織行動論
③合理的側面

えるだろう。このことは，第1章で述べる意思決定の考え方（とくに図表1.1）が，図表0.3の後半部分にピタリとあてはまることからも明らかである。

〈組織行動論と認知論〉

　人間資源アプローチを中核とする組織行動論は，経営学における行動科学の展開そのものである。その行動科学にも，情報理論やゲーム理論は大きな影響を及ぼしているから，人間資源アプローチが認知論的色彩を帯びるのは当然のことだろう（図表0.3参照）。

　人間資源アプローチ以降の動機づけ理論は，図表0.3のような動機づけに関する認知過程について明らかにしようとする理論である。この認知過程は情報処理プロセスとして描かれており，意思決定過程にほかならないから，近代組織論で示された人間についての仮定のうちの③合理的側面を前提としていることになる。

　つまり動機づけ理論においても，近代組織論とまったく同様に人間についての仮定がシフトしてきたのである。しかも両者は，古典的組織論をその出発点として共有していることから，動機づけ理論は組織論の一分野つまりミクロ組織論として位置づけられるべきであろう。

〈彼我の違いの理由〉

　わが国で，組織行動論とはミクロ組織論のことであるとの了解を得た背景には，このような解釈があったのではないだろうか。にもかかわらず米国において，動機づけ理論が組織行動論であり続けたのは，これまた行動科学運動のおかげである。組織行動論は古典的組織論から派生して，組織の中の人間行動というミクロ現象を取り扱う組織論だから，わが国では経営学者がこれを受け入れた。しかし米国では，経営学の中の行動科学研究だから，行動科学者とくに心理学者がこれを担うことになった。このため組織行動論は，組織論からいくぶん距離をとって発展してきたのであろう。

0.4 本書の構成と内容

　これまでの議論から明らかなように，本書のタイトルでもある「ミクロ組織論」の歴史は，基本的に動機づけ理論の歴史であった。しかも，現在その主流となっている動機づけの認知論的モデルは，近代組織論の中で発展してきた意思決定論と，理論的な基盤を共有していると考えられる。

　そこで本書では，まず第Ⅰ部（第1章・第2章）において近代組織論について，とくに意思決定に的を絞って紹介することにしよう。第1章では意思決定のプロセスについて説明する。意思決定に対するとらえ方には，最適化意思決定と呼ばれる，主に決定理論や近代経済学の分野で想定され，研究されてきたモデルと，満足化意思決定と呼ばれる，近代組織論の分野において定式化されたモデルとがある。両者を区別する重要な概念が「限定された合理性」である。最適化意思決定が主張するように，問題に対して「最適な」解を導くには，人間の知的能力はあまりに限界が低い。だからといって人間は，本質的に不合理でハチャメチャな存在でもない。限定された合理性の範囲内で，直面する現実の状況の複雑性，多様性に何とか折り合いをつけ，「満足できる」レベルの解を見つけ出し，決定を行っているのである。

　こうした限定された合理性を克服するための，代表的かつ重要なツールが組織なのである。第2章では，限定された合理性しか持ち合わせない人間にも，できるだけ合理的に意思決定をさせるために，組織が現実の状況を単純化することで形成される「状況定義」について紹介しよう。しかし，「状況定義」を行ってなお，組織的な意思決定状況においては一見すると不合理な決定の行われることがある。そこで，素朴な意思決定論の枠組みでは説明しきれない，そうした現実の意思決定状況を説明するための分析枠組みとして提示された「ゴミ箱モデル」について解説していく。

　第Ⅰ部のいずれの章においても，人間の「認知」に焦点があてられて議論

が組み立てられていることを理解してほしい。ミクロ組織論の主要な研究テーマであるモチベーション研究も，近代組織論と同様，人間の「認知的活動」に着目して理論展開が行われていくようになる。そのことを確認するために，第Ⅱ部（第3章～第11章）では，経営学の分野で扱われる代表的な動機づけ理論について，順を追って紹介していくことにしよう。

第3章，第4章では，モチベーション研究が理論構築の前提となる仮定を，①器械的側面から②動機・態度的側面，さらに③合理的側面へとシフトさせ，認知論的色彩を帯びていく過程をみていく。まず第3章で，古典的組織論として知られる「科学的管理法」と，それに触発されるかたちで誕生し一大ムーブメントとなった「人間関係論」について整理しよう。科学的管理法では，人間があたかも「受動的器械」であるかのようにとらえられていたが，その考え方には限界のあることが「ホーソン実験」によって明らかになってしまう。ホーソン実験の成果をもとにして，「勤労意欲」や職場の人間関係に対する「満足度」が，生産性の説明要因として重要であると考える人間関係論が誕生する。しかし人間関係論には数多くの誤謬があり，折しも隆盛を迎えていた「行動科学」の影響を受けて，モチベーション研究は大きく2つの方向に分かれて発展していくことになった。

一つは，まさに意思決定過程そのものである人間の「認知過程」に焦点をあてて理論化を行った，過程論と呼ばれるモチベーション研究である。第5章，第6章で，過程論の代表的な理論である「期待理論」を紹介しよう。第5章では，その後に生まれた期待理論の数あるバリエーションすべての手本ともなった，ブルームの期待理論について，第6章では，そのバリエーションの中でも代表的とされるローラーの期待理論について解説する。

もう一つが，人間の「高次の欲求」に着目する，内容論の初期研究「人間資源アプローチ」と呼ばれるモチベーション研究である。動機づけの人間資源アプローチは，行動科学の成立に影響を与えた学問分野のうちでも，とくに認知心理学の影響を強く受けている。第7章では，人間性心理学ともいわれ，人間資源アプローチに理論構築の基盤を与えたともされる「欲求段階

説」について紹介しよう。続く第8章では，人間資源アプローチの中でももっとも代表的で有名な研究である，ハーズバーグの「動機づけ衛生理論」を取り上げる。

しかし期待理論のような考え方は，「離職・欠勤」については説明力があるものの，「生産性」についてはほとんど説明することができないということが，期待理論の生みの親とも言えるブルーム自身によって明らかにされてしまう。そこで，大学院生としてブルームに師事をしたデシは「内発的動機づけ」の理論化を進めるのだが，内発的動機づけのモデルは内容論における高次の欲求と，過程論における認知要素を重視する視点が結びついたものとみなすことができる。

デシの内発的動機づけ理論については，第9章で詳しくみていこう。第10章では，内発的動機から分化する特殊動機の一つと位置づけられる「達成動機」研究のうち，マクレランドの「動機論」とアトキンソンの「達成動機づけ理論」について紹介する。達成動機づけのアトキンソン理論は，現在でも有力視されているモデルの一つだが，現実を説明することができていないという批判も聞かれる。第11章ではコンピュータ・シミュレーションを用いて，アトキンソン理論の問題点を明らかにするとともに，その有効性について再確認しておこう。

ワーク・モチベーションと呼ばれる過程論以降の代表的研究と，人間資源アプローチ以降，現在では主流となっている内発的動機づけの系統の理論との背後に，意思決定論と同じく「認知論的アプローチ」が息づいていることを，第II部を通じて確認することができるだろう。米国ではやや独立した学問分野として認識され，動機づけ理論をその核とする組織行動論であるが，これはやはり組織論にほかならない。古典的組織論をその出発点とし，行動科学研究の成果を取り入れながら「ミクロ組織論」として発展してきたのである。

第 I 部

意思決定論

第1章　意思決定
第2章　組織的意思決定とゴミ箱モデル

第 1 章

意思決定

　意思決定は行動の選択ともいわれる。人間が行動を起こすのは，自らの欲求を満たすためである。ある欲求を満たす方法は一つとは限らないから，とりうる行動の選択肢はいくつもあることになる。実際に観察される行動は，いくつかの選択肢の中からその欲求をもっともよく満たすものとして選ばれたものなのである。人間の行動について説明するためには，行動に先立って行われる意思決定がどのようなものであるのか理解しなくてはならない。

○ KEY WORDS ○
意思決定前提，最適基準，満足基準，
限定された合理性，意思決定のプログラム化

1.1 意思決定とは何か？

　意思決定論に限らず，人間の行動を認知論の観点から解釈する理論は，人間はどのように行動すればよいかということを決定するものだと仮定する。このため，人間は情報をどのように処理し，とるべき行動についてどのような選択の仕方をするのかという思考過程，すなわち意思決定過程を問題とする。つまり人間は，自らの行動上の選択肢から得られそうな結果に関する自己評価にもとづいて，何をなすべきかを決定するのである。このように考えたとき，人間の行動の主要な決定因は認知的処理過程（cognitive processing）であることになるから，自らの記憶や環境に対する認知や知覚から得られる情報が，その評価プロセスにおいてどのように用いられているかを説明しなくてはならない（Deci, 1975, pp.15-17, 邦訳 pp.17-19）。

　こうした仮定は，人間の行動が目標志向的であることを意味することにもなる。行動の選択肢は実行すればいずれも何らかの結果をもたらし，自分を現在とは異なる状態に導くことになる。そうすると，どの選択肢の導く状態が，自分が希望する最終状態（desired end states）すなわち目標（goals）を達成してくれるのかを評価し選択しなくてはならない。したがって認知論的アプローチは，人間は目標を設定し，目標を達成すると予想される行動を選択することによって，自らの欲求（needs）を満足させようと努力する存在だと考える（Deci, 1975, p.16, 邦訳 p.18）。もっと簡潔に表現すれば，人間は欲求を満たすために，意思決定する行動主体である（桑田・田尾, 1998, p.27）という仮定をおいているのである。

○ 行動の認知論的解釈

　ここに，食事をするために料理を作っているAさんがいるとして，なぜ

そうしているのかを認知論の観点から記述してみよう。料理を作って食事をとるという一連の行動は，満腹になって食欲が満たされた状態を目標としている。逆にいえば，空腹で食欲が満たされていないことに気づいたから，満腹状態を希望して（目標として設定して），意思決定を含む行動系列がスタートした（動機づけられた）のである。

なぜＡさんは空腹であることに気づいたのだろうか。たまたま時計を見て食事の時間だと思ったのかもしれないし，血糖値が下がって腹の虫が鳴ったのかもしれない。あるいはテレビ番組でフレンチ・レストランが紹介されているのを見て，ヨダレが出てきたのかもしれない。いずれにしても何らかの情報をＡさんは認知して取り込んだので，自分が現在空腹であることを知覚したのである。もちろん食事をとれば空腹が満たされ，現在よりも満足度の高い状態が達成されることもわかっているので，満腹状態が目標として設定される。

この目標を達成するためには，とにかく何でもいいから食べればいいわけだから，どんな食事にするかという行動の選択肢はいくつもある。すぐに思いつくのは，(1)冷蔵庫にある食材を使って食事を調えてもいいし，(2)近所のラーメン屋さんでラーメンを食べてもいいし，(3)さっきテレビで観たレストランへ行ってフランス料理を食べてもいいという3つくらいだろうか。これらの選択肢は，Ａさんの記憶（これまでの経験）や環境に含まれる認知要素（情報源といってもよいだろう）を，Ａさん自身が認識して処理することから作られたものである。

とりあえずどれを選んでも，結果的に満腹することはできるだろうから，目標を達成することができない選択肢はなさそうだ。そこでＡさんは，コスト・パフォーマンスの観点から，各選択肢を評価することにした。(1)だと調理に手間がかかるし，好きなものを作れないかもしれないが，何といっても安上がりだし，栄養面でも十分そうである。(2)なら簡単だし好物だけど，(1)よりは高くつくし，栄養も足りない上に塩分やカロリーが気になる。(3)なら幸福感に浸れるし，最近のフランス料理は野菜を多く使うからダイエット

や栄養面に不安はないけど，贅沢すぎるし，お洒落もして出かけないといけないし，一人で行くなんてバカらしい気もする。もちろん評価プロセスで用いられるコストや栄養摂取量や幸福感も，すべて認知要素である。結局Aさんは，(1)ならダイエットもできて一石二鳥かしら，と判断し，調理に勤しんでいるのである〔⇨演習問題 1.1〕。

意思決定のプロセス・モデル

こうした意思決定を構成する種々の活動は，一般にプロセスとして記述されるが，それはどのようなステップを踏んで遂行されるのだろうか。サイモン（Simon, 1977, pp. 40–41, 邦訳 pp. 55–56）は，意思決定は(a)情報活動（intelligence activity），(b)設計活動（design activity），(c)選択活動（choice activity）という3つの活動から構成されるとしている。(a)情報活動とは環境を探索して「意思決定が必要となる機会を見出すこと」であり，解決されるべき問題が何であるかを認識することである。問題が認識されたら，その解決案すなわち利用可能な「行動の代替案を発見し，開発し，分析する」(b)設計活動を行わなくてはならない。解決案がリストアップされたなら，その中から何らかの価値基準に照らしてどの解決案が最良か評価して一つを(c)選択することで，意思決定が行われるのである。意思決定をするためには，意思決定前提（decision premises）と呼ばれる次の5つの要素が必要であるとされている（桑田・田尾，1998, p. 27；cf. March & Simon, 1993, p. 158, 邦訳 pp. 208–209）。

①目標（goals）
②代替的選択肢の集合（set of alternatives）
③各代替的選択肢の期待される結果（consequences）の集合
④各結果がもたらす効用（utility）の集合
⑤意思決定ルール（decision rules）

これらのうち①は，自分がおかれている現在の状態を解釈して，問題を認識するステップである(a)情報活動を通じて設定される。②〜④は，問題解決の準備段階である(b)設計活動の中で認識または形成される。そして⑤は，(c)選択活動を行うときに，行動の選択肢を評価する方法を表している。これら3つの活動は，おおよそ(a)〜(c)の順序に実行されると考えられる。しかし第2章で示すとおり，われわれが実際に選択を行う場面では，一つの意思決定が複数の小さな意思決定の連鎖になっていたり，ある決定がそれに連なる別の決定に対する意思決定前提を提供していたりする。それどころか，目標設定の時点で，あるいはそれに先立ってすでに行動の選択肢をもっていることすらある。このため(a)〜(c)の活動は，そのあいだを行ったり来たりしながら，同時並行的に行われていると考えるのがよさそうである。

　その上で，あえて意思決定過程をプロセスとして示せば，図表 1.1 のように表現することができるだろう。これはあくまでコンピュータが動作する

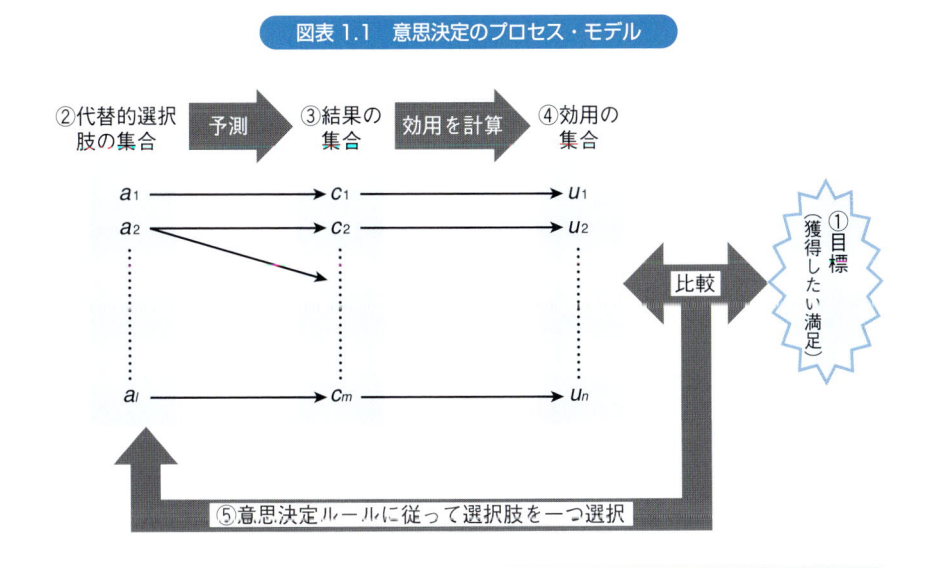

図表 1.1　意思決定のプロセス・モデル

②代替的選択肢の集合 →予測→ ③結果の集合 →効用を計算→ ④効用の集合

$a_1 \longrightarrow c_1 \longrightarrow u_1$
$a_2 \longrightarrow c_2 \longrightarrow u_2$
$\vdots \qquad \vdots \qquad \vdots$
$a_l \longrightarrow c_m \longrightarrow u_n$

比較 ←→ ①目標（獲得したい満足）

⑤意思決定ルールに従って選択肢を一つ選択

かのように，概念的（理想的）には図表 1.1 のように進んでいると考えることができるという程度のものである。

(a)情報活動によって問題が発見されるということは，現状に不満を感じているということである。この不満が解消された状態が①目標であるから，それが達成されれば満足度はアップすることになる。単純化してしまえば，目標とは獲得したい満足のことなのだ。もし問題が認識されないようであれば，すでにその人は満足した状態にあることになる。先ほどの A さんの例に戻れば，時計を見ても食事の時間でなかったり，お腹が鳴ったりしなければ，現在は空腹であるとは認識しなかっただろうし，食事をすることで現在よりも満足度が高まることにも気づかなかっただろう，というわけである。

この問題の存在は意思決定者に不快をもたらすから，解決してしまうか，最悪でも緩和，縮小したいものである。そのための方法が，②目標に到達する可能性のある行動の選択肢であり，たいていの場合は複数あるので集合をなしている。もちろんどの選択肢を選んでも最終的に目標は達成されると予想されるので，これらの選択肢は相互に代替的である（どれを使ってもよい）。

ただし選択肢によって，それを実行した場合に得られるであろう結果は異なる可能性がある。先の A さんの例でいえば，(2)の選択肢は，満腹するという目標の達成だけでなく，(1)や(3)では発生しないであろうカロリーの摂取過多という副次的な結果ももたらしてしまうのである。したがって，③各代替的選択肢が導くと予想される結果も，選択肢の数だけあるので集合になる。

選択肢ごとに結果が異なるということは，各結果が実現した場合にもたらされる効用（これも単純化してしまえば満足度）にも差があるということである。同じように目標は達成されても，副次的な結果がともなったり，コスト（費用，時間，労力など）に差があったりすれば得られる満足度は変わってくる。このため各代替的選択肢の期待される結果の集合に対応して，④各結果がもたらす効用も集合になる。

効用の集合が計算されたら，何らかの基準に従ってもっとも望ましい選択

肢を一つ選択すればよい。もっとも望ましいのは，目標とする満足と同じだけの満足を得られることなので，各代替的選択肢がもたらす効用と目標とを比較して選択肢を評価することになる。このとき，どのような基準で選択をするかという，選択の仕方を表すのが⑤意思決定ルールである〔⇨演習問題1.2〕。

○ 限定された合理性

　ここでもう一度，Ａさんの意思決定の例に戻って，次のような問を発してみよう。果たしてＡさんは正しい選択——合理的な意思決定をしたのだろうか。行動の代替的選択肢がいくつかあり，各選択肢から引き起こされる結果を予測することができて，それらの結果を評価できるようなある価値体系があるとしよう。その価値体系によって，望ましい代替的選択肢を選択するならば，それは「合理的」選択である（Simon, 1976, p.75, 邦訳 p.95）。Ａさんは，代替的行動を３つリストアップし，それぞれが導く結果をきちんと予測した上で，それらをコスト，栄養摂取量，ダイエットなどの基準を盛り込んだ価値体系から評価して選択を行ったので，「合理的」だったといえそうである。

　しかし，残念ながら，最低でもＡさんのとりうる代替的行動はその３つしかなかったという条件を満たさないかぎり，この決定は合理的といえないのである。もし４つめの選択肢が存在して，しかもそれは他の３つよりも大きな効用をもたらすのであれば，Ａさんは最良の（より効用の大きい）選択肢を選択することができなくなるからである。ところがＡさんは，ひょっとしたらあるかもしれない第４の選択肢に気づかないまま選択している。つまりＡさんにとっては選択肢が３つしかないので，主観的には合理的かもしれないが，客観的には必ずしも合理的ではないのである。

　それは，人間のもつ合理性には限界があるからである。Ａさんの例からも明らかなように，普通の人間は，目標を達成する可能性のある代替的選択肢

が，そもそも全部でいくつあるのかさえわからないものである。①利用可能なすべての代替的行動のうち，ほんの2～3しか思い出さないし，②各選択に続いて起こる諸結果についても，正確に予測できるほど完全な知識をもつことなどできない。まして，③まだ実現してもいない将来の満足を，実際に経験したのと同じように評価し比較するなど望むべくもない。そもそも人の認知能力には限界があるため，合理性を発揮しようとしても，これらのことが大きな制約となってのしかかってくるのである（Simon, 1976, p. xxvii, 邦訳序文 p. 27；pp. 81-84，邦訳 pp. 103-107）〔⇨演習問題 1.3〕。

　人は全知全能で無限定に合理的な存在というわけではないが，だからといって本質的に不合理でハチャメチャな存在でもない（高橋，1997, pp. 172-173）。直面する意思決定状況が，「限定された合理性（bounded rationality）」でも処理することができるくらい単純化（代替案が十分少ない，起こりうる結果も限定されている等）されていれば，合理的に意思決定をすることができるのである。複雑すぎる現実の状況を部分的に切り取り，単純化したモデルとして提示することで，合理性に限界のある人間が合理的に行動できるようにしてくれる装置の代表が組織なのである。ところが決定理論や古典的な経済学は，組織によって実現されるこうした作用を仮定せず，孤立した人間のものとして「合理的」選択のモデルを作り上げてきた。そのため，これらの理論では全知的に合理的な人間モデルを想定せざるをえなくなってしまったのである（高橋，1997, p. 173）。これが経済人（economic man）モデルであり，最適化意思決定（optimal decision）を行うことのできる合理的人間なのである。しかし現実には，経済人モデルのような途方もない全能性は，明らかにわれわれには備わっていないし，利用できる時間も労力も限られている。そこでサイモン（Simon, 1976）が考え出したのが，これらの制限を前提として，満足化意思決定（satisfactory decision）を行う経営人（administrative man）モデルである。

1.2 最適化意思決定

　決定理論や古典的経済学にみられる完全合理性を想定した意思決定は，実にさまざまな多くの条件を整えてやらなければ実現することはできない。ある決定が合理的かどうかということは，主観的に，そして相対的にしか決まらないのである（Simon, 1976, p. xxviii, 邦訳序文 p. 29；March & Simon, 1993, p. 160, 邦訳 p. 211）。経済人モデルが非現実的なモデルとなってしまうのは，どのような条件を要求するからなのだろうか。本節では最適化意思決定についてみていくことにしよう。

○ 経済人と最適基準

　経済人モデルとは，次のような特徴をもつ人間モデルを指している（Simon, 1976, pp. xxix–xxx, 邦訳序文 p. 30；March & Simon, 1993, pp. 161–162, 邦訳 pp. 213–214；cf. 高橋，1997，pp. 173–174）。

(1) 経済人は混雑したままの「現実の世界」を扱う。
(2) 最適基準（optimal standard）による選択を行う。すなわち，すべての利用可能な代替的選択肢の中から，最適のものを選択する。ある選択肢が最適であるということは，利用可能な代替的選択肢が一つ残らずわかっていて，(i)それらを比較することのできる諸スケール（効用関数など）の集合が存在しており，(ii)その選択肢がそれらの諸スケールからみて他のすべての選択肢よりもよいという条件を満たさねばならない。

　経済人は，高度に特定化され，明確に定義された環境の中で「最適の」選択を行う。それは一体どのように条件づけられた環境なのだろうか。p. 28で示した意思決定前提に対応させて記述すると，次のようになる（March

& Simon, 1993, p.158, 邦訳 pp.208-209)。

②′ 代替的選択肢の全集合をすでに目の前に陳列している。この集合は，ただ単に「所与」のものであって，どのようにして得られるかは明らかではない。

③′ 各代替的選択肢に，その諸結果の集合が付与されている。どの選択肢を選んだらどのような結果が起こるか，あらかじめわかっているのである。「どのくらい」わかっているのかについて，既存の理論は以下の3つのカテゴリに分けられる。

(a)確実性の理論：意思決定者が，各代替的選択肢に続いて起こるであろう諸結果について，完全で正確な知識をもっていると仮定する理論。

(b)リスクの理論：各代替的選択肢が引き起こす諸結果の確率分布について，正確な知識があると仮定している理論。

(c)不確実性の理論：各代替的選択肢が引き起こす諸結果の集合が，起こりうるすべての諸結果の部分集合になっているが，特定の諸結果の発生に明確な確率を付与することはできないと仮定する理論。

④′ 意思決定者は，諸結果のすべての集合をもっとも好ましいものからもっとも好ましくないものまで順位づける「効用関数」ないしは「選好序列」をあらかじめもっている。

⑤′ 意思決定者は，以下のような基準で，好ましい諸結果の集合をもつ代替的選択肢を選択する。

(a)確実性の場合：最大の効用が得られる選択肢を選択する。

(b)リスクの場合：期待効用が最大となる選択肢を選択する。期待効用とはすべての起こりうる結果に付与されている効用を，生起確率で加重した平均値として定義される。

(c)不確実性の場合：合理性の定義に問題がある（結果についての知識の限界だけが考慮され，選択肢と効用についての知識の限界が無視されている（March & Simon, 1993, p.159, 邦訳 p.210) からである）

が，広く知られている一つの提案はミニマックス原理である。

これほど詳細な条件が，もれなく満たされた素晴らしい意思決定状況など，現実にはほとんど存在しないことは明白である。限定された合理性を認めるならば，経営人が何らかの意味で合理的に意思決定できるとしても，これらの条件がすべてクリアされた状況に限られるということである。こうした操作が組織によって行われることはすでに指摘したが，具体的に意思決定状況はどのように書き換えられるのか。その前に，不確実性下の代表的な意思決定原理について，いくつかみておくことにしよう。これらの意思決定原理が用いられるのは，最適化意思決定の場合だけに限られるわけではないからである。

○ 不確実性下の意思決定原理

不確実性というのは，各代替的選択肢に続いて起こる諸結果について，可能性のあるすべての諸結果の中でどれとどれが起こるかはわかっているが，それぞれの生起確率まではわからないということである。このようなときに，諸結果がもたらす効用をもとに選択肢を選ぶ方法が意思決定原理である。不確実性の場合に用いられる代表的な意思決定原理としては，マクシミン原理（ミニマックス原理），マクシマクス原理，ミニマックス・リグレット原理などがある。ここではこの3つについてだけ紹介することにしよう。ちなみにリスクの場合に用いられる期待効用最大化という行動原理も，意思決定原理の一つである。

図表1.2(A)のようなゼロ和2人ゲーム（zero-sum two-person game）の利得表を考えてみよう。ゼロ和2人ゲームの場合，一方のプレイヤーの利得（payoff：わかりやすくいえば利益）は他方のプレイヤーの損失になるので，両方のプレイヤーの利得を併せて書く必要はない。このため，図表1.2以降の利得表ではプレイヤー1の利得だけを表記してある。この利得表をもと

図表 1.2　マクシミン原理

(A) 利得表

プレイヤー1	プレイヤー2の戦略			
の戦略	1	2	3	4
1	2	2	2	6
2	1	6	2	4
3	0	9	6	0
4	3	3	3	3

(B) 保証水準

s_i
2
1
0
3　←プレイヤー1が選ぶ戦略

にして，プレイヤー1がそれぞれの意思決定原理にもとづいて，どの戦略（代替的行動）を選択するかみていくことにしよう。この項の説明は，基本的に高橋（1993；1997）をもとにしているので，とくに決定理論における意思決定原理について詳しく知りたい読者は，そちらを参照してほしい〔⇨演習問題1.4〕。

〈マクシミン原理〉

マクシミン原理（maximin principle）では，戦略 i をとったときに起こりうる諸結果のうちで，最悪の結果に注目し，それら最悪の結果どうしを比較して戦略を決定する。自分が何かしたときに最悪の場合どうなるかということばかりを想像し，最悪の場合の中でももっともマシなものを選ぶという意味で，悲観的な（pessimistic）決定者が採用する意思決定原理である（高橋，1993，p.7）。

図表 1.2(A)では，プレイヤー1のとりうる戦略は4種類あり，各戦略をとったときに起こりうる結果もそれぞれ4種類ある。たとえば，プレイヤー1が戦略1を選んだとすると，プレイヤー1が得られる利得は |2, 2, 2, 6|のいずれかだから，最悪の結果つまり利得が一番小さくなるのは1番目，2番目，3番目の「2」である。これは戦略1の保証水準（security level：s_i で

表すので戦略1の保証水準は s_1）と呼ばれ，戦略1を選ぶと最低でも「2」の利得が保証されているという意味である。同じようにして，各戦略の保証水準を求めると図表1.2(B)のようになる。このとき，最大の保証水準をもたらす戦略 k を選ぶという意思決定原理が，マクシミン原理である。

〈マクシマクス原理〉

マクシマクス原理（maximax principle）は，楽観的な（optimistic）決定者が採用する意思決定原理である（高橋，1993，p.8）。マクシミン原理とは対照的に，戦略 i をとったときに起こりうる諸結果のうちで，最良の結果に注目するのである。ものごとを良いほうへ良いほうへ考えるということだから，まさに楽観主義といえよう。

図表1.2(A)と同じ利得表，図表1.3(A)が与えられたとき，たとえばマクシマクス原理を採用するプレイヤー1が戦略2を選んだとすると，得られる利得は $\{1, 6, 2, 4\}$ のいずれかである。この中で最良の結果は，利得がいちばん大きくなる2番目の「6」である。これを戦略2の楽観水準（optimism level：o_i で表すので戦略2の楽観水準は o_2）といい，最高に捕れた「捕らぬ狸の皮」を思い描いたものである。同様にして求めた各戦略の楽観水準が図表1.3(B)に示されている。このとき，最大の楽観水準をもたらす戦略 k

図表1.3　マクシマクス原理

プレイヤー1 の戦略	プレイヤー2の戦略				(B) 楽観水準 o_i	
	1	2	3	4		
1	2	2	2	6	6	
2	1	6	2	4	6	
3	0	9	6	0	9	←プレイヤー1が選ぶ戦略
4	3	3	3	3	3	

(A) 利得表

を選ぶという意思決定原理が，マクシマクス原理である。戦略1のときは最高で「狸の皮」は何枚捕れて，戦略2のときは……と予想しておいて，それらの中で最高に「狸の皮」が捕れる戦略を選ぶのだから，何ともはやバラ色である。

〈サベージのミニマックス・リグレット原理〉

「逃した魚は大きい」「後悔先に立たず」などとよくいわれるが，このような後悔（regret）を先に考えておいて，それから意思決定をしようというのがサベージのミニマックス・リグレット原理（Savage's minimax regret principle）である（高橋，1993，p. 10）。マクシミン原理とマクシマクス原理の場合，プレイヤー1はプレイヤー2がどんな戦略をとってくるかということは考慮しないで決定していた。確かに相手の出方がわからないなら，自分の利益だけを考えればいいのだが，ミニマックス・リグレット原理を採用する決定者は，相手の出方が何であっても，とにかく自分が損だけはしないようにと考える人である。

先ほどまでと同じ利得表，図表 1.3(A)において，プレイヤー2が戦略1をとると仮定しよう。このとき，プレイヤー1は戦略4を選べば最大の利得「3」を得ることができるが，誤って戦略3を選んでしまうと「0」しか得られない。その場合，うまくいけばプレイヤー2の戦略1に対して，プレイヤー1は戦略4をとって「3」を獲得することができていたかもしれないはずなのに，実際には戦略3をとって「0」しか得られなかった。「3」を得るチャンスがあったのにそれを失ってしまった，と考えるわけである。

この機会の「損失」がリグレット（regret：r_{tj} で表す）で，プレイヤー2の戦略 j に対してプレイヤー1が最良の戦略をとっていれば得られたはずの利得と，実際にとってしまった戦略 t の利得との差である。このリグレット r_{tj} で，図表 1.3(A)を置き換えた利得表が図表 1.4(A)である。

これに対してマクシミン原理を適用するのだが，リグレットは損失なので最大のものが最悪の結果だから，保証水準（ρ_i）は図表 1.4(B)のようになる。

図表1.4 ミニマックス・リグレット原理

(A) リグレット表

プレイヤー1	プレイヤー2の戦略			
の戦略	1	2	3	4
1	1	7	4	0
2	2	3	4	2
3	3	0	0	6
4	0	6	3	3

(B) 保証水準

ρ_i
7
4 ←プレイヤー1が選ぶ戦略
6
6

その中でもっともマシなものは、できるだけ損をしないもの、つまり最小のものということになる。

1.3　満足化意思決定

　最適化意思決定に課される制約条件は，限定された合理性や経営人モデルを想定することによってどのように修正されるのだろうか。合理性の限界についての指摘（p.32の①〜③）が許容されるような世界，つまり組織の中では，合理性に限界のある人間でも合理的に意思決定ができるのである。以下では，経営人モデルの特徴と，彼が行う満足化意思決定についてみていこう。

○ 経営人と合理的選択の理論

　経営人モデルは，経済人モデルと対比させると，次のような特徴をもっている（Simon, 1976, pp.xxix–xxx, 邦訳序文 p.30；March & Simon, 1993, pp.161-162，邦訳 pp.213-214；高橋，1997，pp.174-175)。

(1)経済人が混雑したままの「現実の世界」をそのまま扱うのに対し，経営人は「現実世界に対する自身の知覚から作り出した単純化したモデル」を扱う。つまり，人間の合理性には限界があるので，合理的選択が可能となるためには，あらかじめ考慮すべき変数のシステムが十分に単純でなくてはならないはずである。そして，こうした意思決定の基礎となる限定された要因の集合に対して，その他の要因からの間接的影響が存在しないようにしなくてはならない（Simon, 1976, p.83, 邦訳 p.105)。こうして経営人は現実の世界を思い切って単純化したモデルを扱うことで，かなり合理性を節約することができる。
(2)経済人の最適基準に対して経営人は満足基準（satisfactory standard）による選択を行う。つまり，(i)満足できるぎりぎりの代替的選択肢をはっきりさせる諸スケールの集合が存在しており，(ii)ある選択肢がこれらすべての諸スケールに適合するか，もしくはそれを超えているならば，その選択肢を選択するのである。こうすると，満足な代替案が一つでも見つかれば十分であり，すべての代替案を検討する必要はなくなるので，最適基準による選択に比べて，はるかに選択に要する時間，労力，能力が少なくてすむ。

こうした経営人モデルを前提にすると，次の2つの基本的特性を組み込んだ「合理的選択の理論（theory of rational choice）」が示される（March & Simon, 1993, p.160, 邦訳 pp.211-212)。

①選択は常に，現実の状況についての限定され，近似的で単純化された「モデル」に照らしてなされる。この選択者のモデルを「状況定義（definition of the situation）」と呼ぶ。
②状況定義の諸要素は「所与」ではなく，それ自体，選択者自らの活動と，彼の環境の中での他の人々の活動を含んでいる心理学的・社会学的過程

の結果である。

　経営人は，現実世界に含まれる無数の要素から，直面する意思決定に関係する要素だけを抜き出して組み上げた，いわば「仮想現実」の中で意思決定を行うのである。こうしたモデル化された仮想現実が状況定義であるが，これは組織によってのみ行われるものではなく，個人でもなかば無意識のうちに行われている。それが意思決定のプログラム化であり，平たくいえば行動パターンを作り上げることである。

　意思決定は，意思決定前提というある種の環境からの刺激に対する反応ととらえることもできる。マーチ=サイモン（March & Simon, 1993, pp.160-161, 邦訳 pp.212-213）によれば，刺激に対する反応にはさまざまなタイプがあるが，一方の極はいわゆる問題解決活動（problem-solving activity）が喚起されるタイプである。まれにしか起こらず，例外的な刺激であるために，まだ状況定義が行われていないからである。このようなときには，代替的行動ないし行動の諸結果を発見することを目的とした探索（search）を含む問題解決活動によって，状況定義を作り，一つ以上の適切な行動プログラムを作成しようとする。

　他方の極は，ある刺激が繰り返して経験されるために学習がされており，行動プログラムのレパートリーを含む状況定義がすぐに思い起こされるタイプである。たとえば通勤や通学のように，同種の意思決定を何度も要求するような刺激に対しては，ある行動プログラムによる反応が常軌化（routinized）されていくのである〔⇨演習問題 1.5〕。

○ 満足基準と決定の質

　こうしたプログラム化を前提とする意思決定モデルが，満足化意思決定である。その特徴を，繰り返しになるがあらためて整理すると次のようになる。ここでも p.33 にならって，意思決定前提に対応させて示してみよう。

②″および③″ 代替的選択肢やそれに付随する結果は，探索過程を通じて逐次的に発見される。反復的な意思決定状況では，行動プログラムのレパートリーを形成し，それらを代替的選択肢の集合として利用する。

④″ 意思決定者は，探索された，またはレパートリーに含まれる諸結果について，満足するか否かという二値的な判定を可能にするスケール（満足レベル）をもっている。このスケールは状況定義の一部として設定され，必要に応じて修正される（March & Simon, 1993, p. 162, 邦訳 pp. 214-215）。

⑤″ 満足基準で代替的選択肢を選択する（p.40の(2)を参照のこと）。ここで注意しなければならないのは，満足基準を用いると必ず代替案が逐次方式（sequential procedure）で探索されるとは限らないことである（高橋，1993，pp.76-82）。マーチ＝サイモンは，逐次方式＝満足基準，同時方式＝最適基準と暗黙のうちに仮定していたが，実はこの対応関係は正しくないということがわかっている。確かに最適基準による選択は，すべての代替案を序列づけるので同時方式といえるが，必ずしも最適基準を採用しない日本企業では，現実には同時方式がかなり多用されているという。日本企業では，決定やコンフリクトの解決にあたって合議を用いることが多いので，複数の代替案をあらかじめ用意してから会議を行うという意味で，同時方式が採用されているのである（高橋（1993，Ch.4）に詳しい解説がある）。

こうした指摘をふまえて，個人の意思決定モデルとして満足化意思決定のプロセスを提示しておこう（図表1.5）。このモデルは，すでに行動プログラムのレパートリーが形成された反復的な決定機会を想定して描かれているが，もしレパートリーがなければ探索過程からスタートし，満足水準の設定，修正も含めた状況定義過程が喚起される。

満足化意思決定の特徴は，解が一意に定まらないことである。満足基準による決定では，最適基準の場合と異なる代替案を選択しうるし，人によって

図表 1.5　満足化意思決定のプロセス・モデル

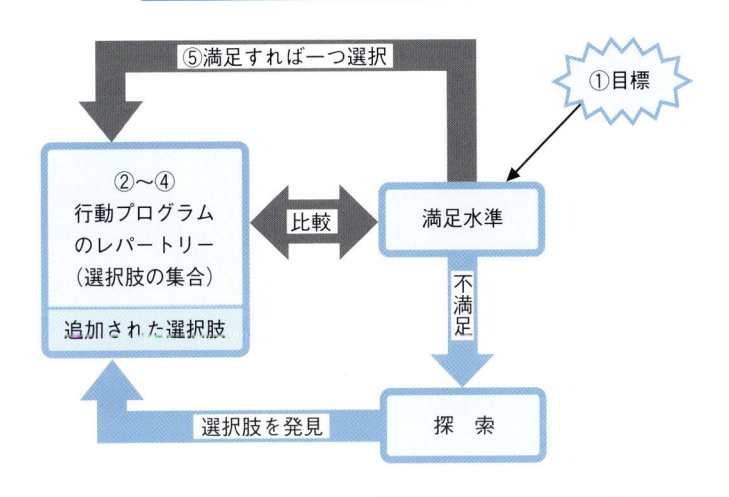

⑤満足すれば一つ選択
①目標
②～④ 行動プログラムのレパートリー（選択肢の集合）
追加された選択肢
比較
満足水準
不満足
選択肢を発見
探索

　は，同じ人でもタイミングによっては異なる代替案を選択することが当然視される。このことは，満足レベルが状況定義の一環として修正されうることと，探索過程の存在に由来する。マーチ＝サイモン（March & Simon, 1993, p.162, 邦訳 p.214）が用いている例を敷衍して，決定の質の違いをみてみよう。ここに，ぶ厚い麻布から麻袋を縫おうとして，無数の縫い針が紛れ込んだ干し草の山から，1本の針を選び出そうとしている人がいる。最適基準で針を選ぶのなら，干し草の山からすべての針を取り出し，もっとも鋭いものからもっとも鋭くないものまで順位づけた上で，1位になった針を選択しなくてはならない。

　他方，満足基準であれば，今手にしている麻布を縫えるくらい鋭ければいいので，干し草の山をてっぺんからでも，すそ野からでも，どこから探し始めてもいい。そして麻布を縫える針が見つかったところで探索を終了すればいいから，探索の仕方によって選ばれる針は異なりうるし，干し草の中に選んだものより鋭い針が残されている可能性は大いにある。もちろん事前に予

想していたよりも，ずっと鋭くない針でその麻布が縫えることがわかれば，次回からは満足レベルを低下させて，今回とは異なる針を選ぶことはまず間違いない。

演習問題

1.1 本文中のAさんの例のように，自分の身近な行動について「認知」に着目しながら，どのようにして選択が行われたか記述してみよう。

1.2 演習問題1.1であげた意思決定の例について，5つの意思決定前提の内容がそれぞれどのようなものであるか列挙してみよう。

1.3 演習問題1.1であげた意思決定の例について，次のような観点からディスカッションを行ってみよう。
- 自分が選択を行ったときの代替的選択肢の他に，利用可能な代替的選択肢が存在したか。
- 代替的選択肢が導くであろう結果の集合について，自分が予想することのできなかった他の結果が存在したか。
- 代替的選択肢を順序づけるスケールには，他に適当なものが存在しなかったか。
- 人間の合理性は，本当に限定されているだろうか。

1.4 不確実性下の代表的な意思決定原理のそれぞれについて，それを採用して意思決定を行った経験があるか考えてみよう。また，そのときの意思決定状況はどのようなものだっただろうか。

1.5 自分の行う意思決定のうちで，プログラム化されているものにはどのようなものがあるだろうか。また，その意思決定前提（状況定義）はどのようにして形成されたのだろうか。

第 2 章

組織的意思決定と
ゴミ箱モデル

　人は，限られた範囲内の問題については合理的な選択を行うことができる。それは人が限定された合理性しか持ち合わせないからだが，そのサイズに合わせて考慮すべき要素の数を減らし，問題のサイズを小さくするための代表的な装置が組織なのであり，組織のこうしたろ過作用は状況定義と呼ばれている。しかし現実には，組織においてさえ，必ずしも合理的とはいえないような決定が生み出されることがよくある。こうした，素朴な意思決定論には馴染まない現実の意思決定状況を説明するための分析枠組みが，ゴミ箱モデルとしてよく知られる考え方である。

○ *KEY WORDS* ○
状況定義，組織化された無政府状態，
ゴミ箱モデル，見過ごし，やり過ごし

2.1 合理性の限界と組織

　第 1 章で紹介した意思決定のモデルは，基本的には個人の意思決定についてのものである。しかし現実には，人間が一人でポツンと孤立して意思決定を行っている例が存在することはなく，人間は常に何らかの意味で組織に所属して意思決定を行っているのである（高橋，1993，p. 61）。なぜ人間は組織を作って，その中で意思決定を行っているのか。その理由は，人間が「限定された合理性（bounded rationality）」しか持ち合わせていないからである。人間の認知能力は，現実の世界の複雑性や多様性に対して著しく限定されており，そこに含まれる要素のすべてを考慮することなどできないのである。

　しかし，考慮すべき要素の数が十分に絞り込まれており，それらのあいだの関係も十分に単純化されていれば，合理的な選択を行うことが可能となる。この現実の世界を単純化した「モデル」が状況定義（definition of the situation）であり，その獲得を可能とする代表的かつ重要な装置が組織なのである。

○ 合理性の限界

　現実の人間には経済人モデルが行うような，全知的で客観的にも合理的な選択を行うことは不可能である。第 1 章の p. 33～34 で列挙したように，意思決定前提が高度に特定化され，明確に定義されたような意思決定状況が現実には存在しないというだけではない。最適基準（optimal standard）にもとづく意思決定が「合理的な」意思決定であるとしても，その説得力が失われてしまうような状況がいくつも指摘されているし，期待効用原理にしても，かなり制限の厳しい仮定をすべて満足するような状況でなければ，無限定に適用可能でないこともわかっているからだ（高橋，1993，p. 62）。

限定された合理性しかもたないわれわれが，問題を設定し，解くことができるのは，代替的選択肢（代替案）の数がごく限られているか，あるいは各選択肢が導くであろう結果やその価値，効用が単純なかたちをしているものばかりなのである（高橋，1993，p.65）。つまり通常，われわれが直面する意思決定状況においては，限定された合理性の範囲内でも解けるくらいに，問題そのものが十分に簡単になっているか，問題を解くにあたって考慮しなければならない環境上の要素の数とそれらの関係が，十分に絞り込まれ簡略化されているのである。これこそが状況定義と呼ばれる，現実の状況を思い切って単純化した仮想現実ともいうべきモデルなのである。われわれが組織の中に身を置いて，そこで形成される状況定義を前にして意思決定を行うのは，次のような意味で人間の合理性が限界をもっているからである（Simon, 1976, p.xxvii, 邦訳序文 p.27；pp.81-84, 邦訳 pp.103-107）。

①選択に際して，利用可能なすべての代替案（多くの場合，無数の代替案）のうち，ほんの2, 3の代替案しか考慮しない。
②各代替案によって引き起こされる諸結果についての知識は，不完全で部分的なものにしかすぎない。
③起こりうる結果に対する価値づけ，もしくは効用序列は不完全である。

　しかし，逆の言い方をすれば，こうした限界が制約とならないような状況をうまくお膳立てしてやることができれば，合理的な選択を行うことができるということでもある。そのための条件についてはすでに第1章で指摘してあるが，ここでは，合理的な意思決定を行うためにはどのようなことが必要になるかという観点から整理し直してみることにしよう。

○ 合理的な選択を行うには——賃貸物件探索の例

　実際の人間の行動は，上記①〜③の点で経済人モデルの最適化意思決定とはかけ離れたものであるということを，高橋（1993, Ch.4）で紹介されて

いる賃貸物件を探す例を敷衍しながら再確認してみよう。また，①〜③の限界の範囲内でできるだけ合理的に選択を行うためにはどうすればいいのかということもあわせて指摘しておこう。それによって，後述する状況定義の形成過程がどのようなものであるのかを理解することができるだろう。なお，ここで取り上げる例のストーリー展開は高橋（1993）とほとんど同じであるが，いくらかアレンジしたものとなっている。

　部屋探しをするにあたって多くの人は，仲介・斡旋を行う不動産業者に出向いて，その業者が管理している物件の情報（具体的には専有面積，間取り，賃料，敷金・礼金，管理費の有無，保険，物件所在地，最寄り駅，築年月，契約期間，入居可能日，設備など）を確認することから始めるだろう。現在では，こうした情報はインターネット上などのポータルサイトや不動産業者のウェブサイトを通じて容易に入手することができるので，自分の希望に合致する物件を管理していそうな業者のあたりをつけてから，不動産業者を訪れる人も少なくないはずだ。そして，実際に当該物件（のうちのいくつか）に自分自身で行ってみて，不動産情報の内容を確認することになる。

　議論の簡略化のために高橋（1993）では，政令指定都市クラスの都市圏で，職場からの通勤時間が1時間以内の範囲の賃貸物件に限定して事例を展開しているが，ここではさらに首都圏で沿線（交通機関）と最寄り駅も指定して部屋探しを行うと仮定して話をすすめよう。

　都心部から30〜40分程度で行くことのできる駅の周辺には，大手不動産業者の特約店や加盟店が管理している賃貸物件（アパート，マンション，一戸建て）だけでも常時数十〜数百件，駅によっては1,000件にも上る物件がある。その他に，地元の不動産業者の管理物件も1店舗あたり数十件はあるので，これらの大半を掲載しているポータルサイトの賃貸情報ページで，たとえば駅から徒歩15分以内の物件に絞り込んだとしても，一時点で候補となる物件数は100〜1,000件程度にはなる。このことは，適当なポータルサイトの賃貸情報ページをみれば，すぐに確認することができる。

　仮に，この100〜1,000件がその時点で利用可能な代替的選択肢のすべて

だとしよう。この段階ですでに，合理性の限界についての指摘①をはるかに上回る数の代替的選択肢が存在してしまい，合理的な選択を行うことなど不可能であることは明らかである。この例では，ある沿線の一つの駅で徒歩15分以内の物件に絞り込んですらこのありさまなのだ。もちろんこの駅にも他に物件がたくさんあるし，首都圏には同様の条件にあてはまる沿線，最寄り駅が他にいくつもあるから，現実にはこの数十倍の数の代替的選択肢が存在することになる。

しかし逆に言えば，あらかじめ選択肢の数を（2，3個とはいわないまでも，せいぜい10個程度にまで）何らかの方法と基準でもって絞り込んでおくことができれば，①については問題にならないということでもある。すでに不動産業者の店舗にいるのであれば，希望の条件をいくつか提示して，管理物件の中からそれに合致するようなものだけを抽出して薦めてもらうこともできる。ウェブサイトを利用しているのであれば，かなり詳細な条件（たとえば最寄り駅からの所要時間，敷金・礼金の有無，間取り図の有無，築年数，バス・トイレの形態，角部屋かどうか，2階以上かどうか等々）を設定して，候補とする物件を絞り込むことが可能である。

さて今度は，これら100〜1,000件の代替的選択肢を評価する（各選択肢から導かれるであろう結果の集合，各結果がもたらすであろう効用の集合を予測する）ことを考えてみよう。ここでは最寄り駅を指定してあって，徒歩15分以内の範囲にある物件に絞り込んであるので，一度に複数の物件を見て回ることができる。一つの物件を調べるのに20分，物件間の移動に20分かかるとして，1日10時間を調査につぎ込んだとしても，1日で12〜13件しか調べることができない。そうすると，すべての利用可能な代替案を調べるのに，1週間〜3カ月はかかってしまうことになる。

綿密な調査スケジュールを組めば，もっと効率的に調べ回ることもできるかもしれないが，よほど暇を持て余している人ならばともかく，普通の人にとってはどだい無理な話である。おそらく数カ月〜半年は費やさねばなるまい。「そして，すべての物件の調査が終わったころには，すでにほとんどの

物件は入居者が決まってしまっているはずだ。ようやく代替案の比較検討に入ろうかという前に，こうした努力は無駄になる」（高橋，1993，p.64）。

つまり合理性の限界についての指摘②を待つまでもなく，代替的選択肢を評価しようという試み自体が徒労に終わるのだが，奇跡的に入居者が決まらないうちにほとんどの物件の調査が終わったとしよう。しかし残念ながら②にあるとおり，各選択肢に付随する結果や効用についての知識（居住した場合の結果の知識）は不完全で部分的なものにしかならないはずである。1日に10件以上も物件を見て回るのにつき合ってくれるような，不動産業者の営業マンはいないに決まっている。つまり物件を外から眺めることはできても，内見までして間取り図のとおりか確認することはできないのである。

もちろんすべての物件を同じ時間帯に観察するわけではないから，陽あたりや風通し，周囲の騒音などは物件ごとにバラバラになってしまう。とくに部屋探しのような決定問題の場合，②の限界を克服するのは非常に難しい。良心的な不動産業者だと，物件内外の写真をウェブサイトなどに掲載する枚数よりもはるかに多くもっていて，それを見せてくれることもあったりする。しかし，それはあくまで物件の一部を切り取っただけの写真にすぎず，だからこそ物件情報には「現況優先」などと書かれているのだ。

それではわれわれは，どのようにして選択を行っているのだろうか。答えは簡単，結果についての知識は不完全なままで選択を行うのである。より正確には，最初からすべての利用可能な代替的選択肢を考慮しようとは思いもしないし，結果についての知識も網羅しようなどとは考えないのである。いわゆる「オススメ物件」のようないくつかの物件について，現地へ赴き内見をしたりする程度であろう。

そうした物件についての知識にしても，たとえば通勤時間や設備，陽あたりなど「これだけは譲れない」というポイントがいくつかはっきりしているだけで，その他についてはどれが自分にとって大事かどうかもよくわからないものである。

指摘③にもあるように，結果についての知識が完全であったとしても，選

好順序をつけられないようなポイントが増えていくだけなので，むしろ混乱して選択することができなくなってしまうからだ。

◯ 状況定義と合理的選択の理論

　こうした例からもわかるように，われわれが実際に決定を行うときには，経済人モデルにおけるそれよりも，問題ははるかに単純で簡単なものになっている。問題を解くにあたって考慮しなければならない結果や効用などの要素についても，はるかに数が少なく，相互の関係も単純化されているし，その限られた数の要素についてのみ選好順序をはっきりとつけられるだけの価値体系あるいは諸スケールさえもっていればいいのである。つまり経営人である人間が「合理的」に意思決定をすることができるとすれば，それは次のような状況の特性が，意思決定に先立ってあらかじめ定められ，与えられているときだけであることになる（高橋，1997，pp. 175-176）。

①考慮すべき小数の代替案の知識。
②代替案によって起こる結果の知識。
③代替案によって起こる結果もしくは代替案それ自体を選好にもとづき順序づける関数。

リスクのケース（第1章 p.34 を参照）を想定するのであれば，さらに

④将来起こりうる事象またはその事象の生起する確率分布についての知識もしくは仮定。

も必要となってくる。これらはすべて，p.47 で示した合理性の限界①〜③を裏返しにしたものである。もし合理的に意思決定をしている人がいるとするならば，彼の直面している状況のこれら3つないし4つの特性は，何らかのプロセスを通じて，意思決定の瞬間までには，あらかじめ記述されているに違いないということになる（高橋，1997，p. 176）。

合理的意思決定者の行動は，こうした特性によってあらかじめ定義された状況に対応してのみ合理的であるにすぎない。したがって，この合理的意思決定者の行動を予測しようとするならば，これら3ないし4特性の集合が，どのようにして形成されるのかを理解しなくてはならない。意思決定者の状況定義を規定する3ないし4特性は，客観的な観察によって明らかにされる性質のもの（「真実」の環境）が必要なのではなく，意思決定者自身と彼をとりまく人々の（認知的）活動によって影響されたものが必要なのである。その人の興味，関心，欲するものが彼の見るものに影響を与え，彼が見るものがまた，彼の欲求し好むものに影響を与えるからだ（March & Simon, 1993, p. 172, 邦訳 pp. 230–231）。

たとえば，公園を散歩しているときに，犬好きであったり犬の飼い主であったりする人は，他の人たちが犬を連れていたら，その犬種や性格，毛並みなどのケアの仕方などが気になることだろう。そうでない人は「あ，犬だ」としか思わないかもしれないし，犬がいたことにすら気づかないかもしれない。あるいは，自分自身は犬にあまり興味をもっていなくても，家族や恋人が犬を欲しがっていたりすれば，公園で見かける犬を気にかけるようになり，自分が飼うならこんな犬がいいなどということまで考えるようになるかもしれない，というわけである。意思決定者は常に何らかの意味で，自分自身だけでなく自分をとりまく人々（つまり所属する組織）の興味，関心，好み，価値観や規範といったものによってフィルタリングされたあとの環境を状況定義として受け入れ，それに対応して合理的な意思決定を行っているのである。

第1章 p. 40でも示した「合理的選択の理論（theory of rational choice）」は，こうした認識に立って示されたものなのである（March & Simon, 1993, p. 160, 邦訳 pp. 211–212）。

①選択は常に，現実の状況についての限定され，近似的で単純化された「モデル」に照らしてなされる。この選択者のモデルを「状況定義」と

呼ぶ。

②状況定義の諸要素は「所与」ではなく，それ自体，選択者自らの活動と，彼の環境の中での他の人々の活動を含んでいる心理学的・社会学的過程の結果である。

この理論では，人間が組織の中に身を置くことによって，組織の中での心理学的・社会学的過程によるろ過作用を受けることを肯定的に扱っている（高橋，1997，p.176）。

人間が直面する現実の状況は，人間の限られた認知能力すなわち限定された合理性では手に負えないくらい，多数の要素からなり，その関係も複雑に絡み合っている。そこで組織（および組織メンバー）が，無数の要素のうちから必要な（考慮しなければならない・関心のある）ものだけを抜き取り，その関係性についても歪みを加えながら単純化を行うというろ過作用を果たすで点で重要になってくるのである（March & Simon, 1993, p.175, 邦訳p.236）。こうしたろ過作用によって作られた，実際にわれわれが直面する意思決定状況が状況定義であり，これが存在することで，合理性に限界のある人間がはじめて合理的に意思決定をすることができるのである。

もちろん自分以外の組織メンバーも，同様のプロセスを経て形成される状況定義を前にして，合理的な意思決定を行っているのだから，その行動はかなりの精度で予測することが可能になる。他のメンバーの行動はまたひるがえって，自分にとっての状況定義を構成する一要素となるので，自分自身の状況定義はさらなる単純化が可能になるのである（高橋，1993，p.69）〔⇨演習問題2.1〕。

2.2 組織と状況定義

　意思決定は，意思決定前提（dicision premise）という，ある種の環境からの刺激に対する反応ととらえることができる。組織の中の合理的意思決定者は，組織のろ過作用の結果として形成された状況定義を意思決定前提として意思決定（decision）を行っているのである。したがって，組織および組織メンバーの選択について分析・考察をするのであれば，意思決定前提がどのようにして定義された状況なのか，すなわち状況定義の形成過程そのものを明らかにする必要があることになる。

　状況定義に含まれる諸要素自体は，意思決定前提を構成する5つの要素（第1章 p.28 を参照）と同じものである。状況定義の形成プロセスは，目的（目標）および価値にも，利用可能な代替案の集合，各代替案に付随する結果の集合についての知識にも，もれなく作用する（March & Simon, 1993, p.175, 邦訳 p.236）。それぞれの要素は，組織の中の心理学的・社会学的過程によって，どのように形成されてくるものなのか。高橋（1993, Ch.4）をもとにして，状況定義の諸要素が形成されるプロセスと，その受容によって状況定義が形成される局面についてみていくことにしよう。

○ 状況定義の諸要素の形成過程

　状況定義の形成プロセスを分析すれば，組織メンバーが直面する意思決定前提がどのようなものであるかを明らかにすることができるので，その人がどのようなことに関心をもち，どのような行動をとるかについてもおおよそ予測することができるようになる。たとえばサイモン（Simon, 1976）は，販売部長，生産計画部長，工場長，製品デザイン担当技師の架空の会話を設定し，それぞれの関心事が次のようなものになることは容易に予想すること

ができるという（pp. xviii–xix，邦訳序文 p. 17）。

①販売部長は低価格，迅速な納期，製品の品質に対する顧客の希望に関心をもち，

②生産計画部長は販売の予想可能性を望み，

③工場長はより長いリード・タイムと顧客に無謀な約束をしないことを望み，

④製品デザイン技師はデザイン改良に対して工場側の融通が利かないことに不平を言う。

なぜなら彼らは，特定の組織的ポジションにあり，特定の種類のコミュニケーションを受け，特定の部門目標に責任をもち，しかも特定の種類の圧力を経験しているからである。つまり状況定義は，組織構造，コミュニケーションの内容や量やチャネルなど，水平的および垂直的な分業のあり方，そしてこれらによって割り当てられた組織単位（部門）の下位目的を実行する際に受け取る刺激の種類などによって決まることになる。組織メンバーが，組織のネットワークの中でどのような位置を占めているかをみれば，当該メンバーが他のどのメンバーおよびどの組織単位に影響を受けるか，あるいは影響を及ぼしているかを特定することができる。したがって，さまざまな組織の中で，さまざまなパーソナリティをもった人がそれぞれのポストに就いているにもかかわらず，その状況定義についてはある程度特定が可能なので，組織メンバーの行動をおおまかに予測することもある程度可能なのである。

　ある組織メンバーの意思決定前提となる状況が，他の組織メンバーや組織単位によって定義されるというのはどういうことなのか。高橋（1993, Ch. 4）では，ある個人（Aさん）の行う意思決定過程を図式化して考察することで，そのプロセスを非常にわかりやすく解説してくれている。図表2.1 が，Aさんの行う意思決定過程を図示したもので，このプロセスの全体は，Aさん自身が行うさらに細かく分かれたいくつかの意思決定の連鎖として描かれている。

この例における意思決定では，Aさんの直面する意思決定前提はxで表され，xが刺激入力となってAさんの意思決定プロセス全体がスタートすることになっている。xに対する反応として，プロセスの最後の意思決定でAさんはaという行動の選択肢を選択して実行することになる。この最後の意思決定における意思決定前提のうち，満足の諸基準と，選択肢aを含む代替的選択肢の集合は，それぞれ別のサブ・プロセスにおいて作られる。満足の諸基準は，図表2.1の上側4つの意思決定において，代替的選択肢の集合は下側4つの意思決定において設定されるのである。

図表2.1に示されたプロセスを，やはり高橋（1993）にならって，前節

図表2.1　個人（Aさん）の意思決定の連鎖

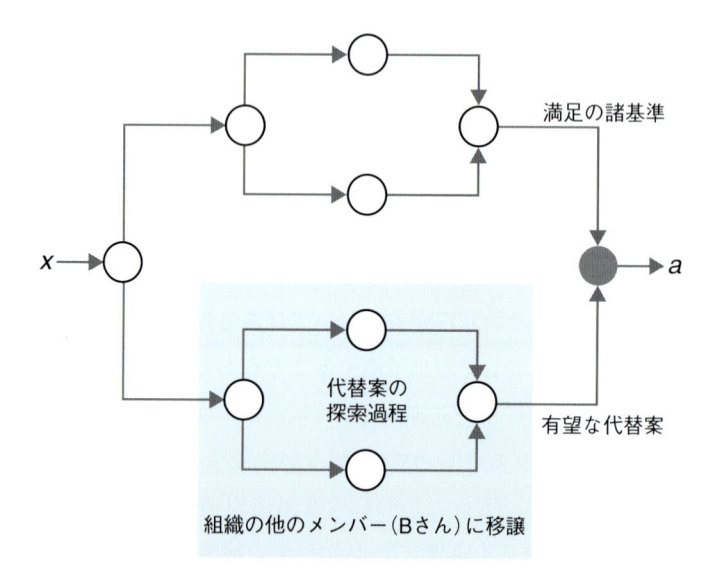

（出所）高橋（1993, p.70）に若干加筆
（注）〇：（意思決定全体を構成するサブの）意思決定
　　　→：意思決定前提（の入力）

の部屋探しの例にあてはめて解説しておこう。図表2.1の上側のサブ・プロセスでは，最後の意思決定（図中の●）で利用する満足の諸スケールが設定される。いくつもの物件情報のうちから，「これだけは譲れない」というポイントがどれであるのかを選択する意思決定がこれにあたるだろう。最後の意思決定●で代替案となる物件の集合を，評価するスケールそのものを選択肢として探索し，選択するのである。

　評価スケールについては，個人的な意思決定であるか，組織的な意思決定であるかによらず，似たような探索プロセスが展開されると考えられる。Aさん自身の好みに従って物件を評価すればいいのだが，賃貸情報誌やウェブサイトに掲載される物件情報の項目の中から気になるものを選んでもいいし，引っ越しの経験があまりなければ家族，友人，同僚などからどの項目を考慮すれば，より満足のいく物件選びができそうか聞けばいいのである。

　他方，図表2.1の下側のサブ・プロセス（図中の網かけ部分）は，Aさんが完全に個人的に行うのは若干難しいといえる。まさか街中を闇雲に歩き回って，入居者募集中の貼り紙がしてあるアパートやマンションを探すわけにはいくまい。もしAさんが会社に勤めているなら，代替案となる物件の探索は，会社の他のメンバーであるBさん（たとえば人事部厚生課で住居の手配を担当しているベテラン社員）にやってもらえばいいのである。つまり，Aさんは自分の意思決定過程の一部を組織（実際には組織を構成するメンバーであるBさん）に移譲することで，意思決定プロセス全体に要する労力・能力・時間を節約することができるようになるのだ。

　Aさんが会社員でなかったとしても，このサブ・プロセスを何らかの組織に移譲することはもちろん可能である（むしろ多くの場合そうであろう）。不動産会社のウェブサイトを利用したり，営業マンに相談したりするというのは，その会社の組織に（潜在的な）顧客として参加して，代替案の探索をその組織に移譲しているとみなすことができるからである。何らかの組織のメンバーとなり，意思決定過程の分業を可能にすることで，その全体を自分自身で行うとしたら直面しなければいけないはずだった状況が，より単純に

定義されるのである〔⇨演習問題 2.2〕。

○ 状況定義の形成局面

　他の組織メンバーに移譲した意思決定の結果を，状況定義（の一部）として受容するということは，そのメンバーの影響に従うということでもある。こうした組織メンバー間で互いに影響を及ぼしあう関係として，よく思い浮かべられるのは管理過程（administrative process）であろう。すなわち，組織の階層構造として表された指示命令系統に沿って，組織階層の上層にいくほどより管理業務的な意思決定を，下層にいくほどより現業的な意思決定を行うようにして，意思決定過程の分業を行うというものである。

　確かに一般的には，部下は上司の指示命令に従って仕事をする，つまり部下は上司の決定を自らの意思決定前提の一部として受容し，単純化された状況を前にして意思決定を行う。しかし管理過程の本質は，組織メンバーの意思決定過程で利用される意思決定前提について，その一部を決定する意思決定をそのメンバーから取り上げ，さらにその意思決定を行い，結果を伝達してくれるメンバーを選択したり，その結果を意思決定前提として必要とする他のメンバーに伝達したりするための，正規の組織的手続きを確立することにある（高橋，1993，p.71）。

　したがって管理過程は，組織の階層構造に沿うように垂直方向にのみ存在するわけではなく，水平方向を含めたあらゆる方向に，すなわち組織内の公式，非公式のコミュニケーション・チャネルのすべてに存在するものなのである。

　組織メンバーが，他の組織メンバーからもたらされる意思決定前提を状況定義として受容することは，管理過程の確立と軌を一にするものである。このことは組織メンバーが，純粋に個人的な価値や目的の観点から意思決定を行うのではなく，組織にとっての価値や目的の観点から意思決定を行うようになることを意味する。状況定義が形成される局面で重要な影響を及ぼす現

象として，高橋（1993）は次の2つをあげている。

①一体化（identification）：組織のメンバーが組織の観点から意思決定を行う現象。
②権威（authority）：組織のメンバーが他のメンバーの意思決定の結果を自分の意思決定前提として受容する現象。

〈一体化と状況定義〉
　一体化は，状況定義の形成局面のうちでも，とくに「現実の世界」を単純化する際に重要な役割を果たすとされる。組織と組織メンバーとが，目的や価値を共有する現象を一体化と呼ぶが，組織と個人とでその意味するところはやや趣が異なる。

　組織にとっての一体化とは，組織メンバーの目的を組織にとって望ましいものに変えることである。組織メンバーはそれぞれに個性をもって組織に参加するので，個人の諸目的は組織にとって所与のものではない。しかし組織は，メンバーを新規に採用する手続き（recruitment procedures）や組織内の実践（organizational practices）を通して，メンバーの目的を操作することができるものである（March & Simon, 1993, p.83, 邦訳 p.100）。

　他方，個人にとっての一体化は，簡単にいってしまえば自分と組織を同一視することである。「身内意識」をもつ日本人には非常に理解しやすい考え方であろう。勤め人であれば「うちの会社は……」「うちの部長は……」という言い方で，所属する組織あるいはその下位集団の観点から発言を行うことは，ごく普通にみられる。ゼミや研究室に所属する学生ならば「うちの先生は……」などと，あたかも家族や親戚の一員であるかのように指導教官を扱ってくれる（ありがたいことではあるが，冷静に考えると何かおかしい）。つまり，ある人が意思決定を行うにあたって，特定の集団にとっての結果の観点からいくつかの代替案を評価するとき，その人はその集団に自身を一体化しているというのである（Simon, 1976, p.205, 邦訳 p.260）。

なぜ一体化によって状況が単純化されるのだろうか。状況定義の要素の一つとして目的をあげることができるが，これは多くの場合，下位集団の目的である。組織全体の目的は複雑すぎて，個人の思考の範囲内に入らないので，手段―目的分析によって分割・単純化された特定の手段が，下位集団の目的として割り当てられるからだ。

　この下位集団に一体化することで，注意の焦点（focus of attention）が生じる。その結果，ある基準を排除して，それ以外のものに特別の注意を払うという単純化が行われ，他の下位目的や組織全体の目的の他の局面は無視するという選択的不注意（selective inattention）が行われる。それと同時に，他の下位集団から提示された代替案の結果のうち，自分が所属する下位集団の目的に関連するものに特別の注意を払う選択的注意（selective attention）も行われるのである（March & Simon, 1993, pp. 173-175, 邦訳 pp. 231-236）。

〈権威と状況定義〉

　状況定義の形成に重要な役割を果たす現象としての権威は，日常的な用法よりも広義の一般的な概念である。権威とは，なんら批判的な検討や考慮をすることなしに伝達（命令）を受容する現象を指している。組織メンバーは，他人の意思決定が彼自身の選択の前提として役立つのであれば，伝達された他人の意思決定によって彼自身の選択が導かれることを許容する。そしてこれらの前提の便宜性については，彼自身の側で考えることをしないものである（Simon, 1976, p. 125, 邦訳 p. 161）。つまり，伝達された意思決定前提が自分にとって役に立つものであるとき，その伝達には権威が備わっているということになる。

　組織メンバーが，組織内の伝達を権威ある意思決定前提として受容するのは，限定された合理性が大きな理由である。さらに，普通は伝達内容の適否を吟味するのに必要な専門的知識も持ち合わせていないし，意思決定に割くことのできる時間・労力の制約もあるので，組織内の伝達を権威あるものとして受容するのである。

たとえば会社の社長は，社長秘書が整理・伝達する伝言，スケジュール，アポイントメントなどに対してなんら批判的な検討や考慮をすることなしに受容することがほとんどである（高橋，1993，p.74）。これらは当然，社長自身の意思決定前提に組み込まれるものだが，社長自らいちいち意思決定をしているだけの合理性もないし，時間にもエネルギーにも余裕がない。これらの意思決定を秘書に任せておけば，自身の意思決定前提として役に立つことがわかっているので，秘書の伝達は権威あるものとして社長に受容されているのである。つまり組織メンバーは，自分の意思決定の基礎となっているいくつかの諸前提を組織が決める（Simon, 1976, p.123, 邦訳 p.159）ことを受け入れることで，自分の意思決定過程を単純化し，その結果として状況定義が形成されているのである。

2.3　ゴミ箱モデル

　組織によって形成される状況定義を意思決定前提として受け入れることで，限定された合理性しかもたない人間にも，その範囲内での合理的な意思決定を可能にするのが組織という装置である。現実の状況をふるいにかけ，歪みを加えながら単純化し，限定された合理性のサイズに合わせた状況定義を作り出すのが，組織の重要な機能の一つであるといえるだろう。
　ところが組織の中にあってさえ，大きな問題にぶつかって立ち往生したり，チャレンジしたりを繰り返していく（高橋，1997，p.182）。つまり状況定義を利用してなお，問題が大きすぎて解くことができなかったり，とりあえず手にしている代替案で問題を解くことができるかどうかわからなかったり，ひどいときには意思決定過程の一部がどの組織メンバーに移譲されているのかも定かでなかったりするのである。そして，問題が解かれないまま意思決定過程が終了し，何だかよくわからない代替案を選択して決定としてしまう

ことも少なくない。

○ 組織化された無政府状態

こうした素朴な意思決定論には馴染まない，現実の意思決定状況を説明するための分析枠組みとして，マーチ（James G. March）はコーエン（Michael D. Cohen），オルセン（Johan P. Olsen）とともにゴミ箱モデル（garbage can model）を提唱することになる（Cohen, March & Olsen, 1972）。上述したような特徴をもち，実際の組織においてしばしば観察される状況は，組織化された無政府状態（organized anarchy）と呼ばれる。これは次のような特徴をもった組織，あるいは意思決定の機会のことである。

①問題のある選好（problematic preferences）
②不明確な技術（unclear technology）
③流動的参加（fluid participation）

実際の組織では，①経済人モデルが用いるような首尾一貫した効用関数のようなものを用いることは難しく，バラバラでぼんやりとした選好序列のバラエティを基礎として決定を行っている。

また，②ある代替案が，ある特定の結果をもたらすという比較的もっともらしい前提も，技術が不確実であいまいなままの状況下では非常に疑わしい。とくに技術革新著しい現代においては，むしろ代替案がどのような結果をもたらすかはわからないことのほうが多く，単純な試行錯誤の手続き，過去のアクシデントにおける学習の残り物などに頼って，組織は何とかやっていっているのである。

そして，③意思決定，とくにルーチンではない非定型の意思決定に誰が参加するのか，あるいは結果として誰の意見が入ってくるのかという点に関しても，参加者は確定的な組織メンバーにとどまらないし，かなり流動的な側面が強いのも事実である（Cohen et al., 1972；高橋, 1997, pp. 182-183）。

これら組織化された無政府状態の特徴は，あらゆる組織で部分的，一時的であるにせよ存在するのである（Cohen et al., 1972）。そのような組織では，参加者によって，さまざまな種類の問題と解が勝手に作り出されては，「選択機会」に投げ込まれている。自らが示されるべき選択機会を捜し求めている「問題」，自らがその答えになるかもしれない問題を捜し求めている「解」，そして，仕事を探し求めている意思決定者たるべき「参加者」，こういったものの単なる集まりとして組織をみたほうがよいというのである（高橋，1997, p.183）。そこでゴミ箱モデルでは，問題，解，参加者，選択機会の独立で外生的な流れを仮定することになる（Cohen et al., 1972）〔⇨演習問題2.3〕。

ところで，実際にはゴミ箱モデルは，コンピュータ・シミュレーションのモデルとして提示されるのだが，このモデルに対しては欠陥品であるという批判がある。ベンダー=モー=ショッツ（Bendor, Moe & Shotts, 2001）は，①ゴミ箱モデルのアイデアを肝心のシミュレーション・モデルが再現できていないために，②コーエンら（Cohen et al., 1972）はシミュレーション結果から誤ったインプリケーション（予想される結果，含意）を引き出していると指摘する。その一方で稲水（2006）は，ベンダーら（Bendor et al., 2001）の批判①は認めつつも，オリジナルのシミュレーション・モデルによるシミュレーション結果でもって，実際の組織で観察された意思決定過程を説明することができたので，オリジナル・モデルがまったく無価値であるとはいえないとしている。

そこで以下では，コーエンら（Cohen et al., 1972）で示されるモデルのシミュレーション結果やインプリケーションについてはほんの一部を紹介するにとどめ，ゴミ箱モデルの基本的な考え方と，ゴミ箱モデルから導かれる決定のタイプについて解説していくことにしよう。

ゴミ箱モデルの基本構造には，状況定義の一部である組織構造についての仮定が含まれている。それにもかかわらず，ゴミ箱モデルの決定タイプには問題解決をともなわないものが現れてしまう。この点からゴミ箱モデルは，

組織化された無政府状態にある組織の意思決定状況を，巧みに概念化した分析枠組みであるといえるだろう。

○ 基本的アイデア

　組織とは，問題を捜し求めている選択，選択機会を捜し求めている問題と（参加者の）意識，自らがその答えになるであろう問題を捜し求めている解，仕事を探し求めている意思決定者の集合である。そして選択機会は，さまざまな種類の問題や解が，参加者によって作られては放り込まれるゴミ箱であるとみなすことができる。

　組織的意思決定をこのようにとらえると，選択の意味が時間の経過とともにどのように変化するのかということに注意を向けなくてはならない。その変化に影響を及ぼすのは，タイミングの戦略的効果，選択機会や問題の出現，利用可能なエネルギーの時系列パターン，組織構造の影響力である。したがってゴミ箱モデルでは，意思決定は問題，解，参加者，選択機会という4つの比較的独立した組織内の流れの産物であり，問題，解，参加者は同時性（simultaneity）によって結びつけられると仮定され，意思決定プロセスはタイミングに影響されることになる（高橋，1997, p.183）。

　ゴミ箱モデルにおける，これら4つの基本的な概念と，それらの流れとはどのようなものであるのかということを，コーエンら（Cohen et al., 1972）に従って確認しておこう。

〈選択機会〉

　選択機会（choice opportunities）とは，組織が「決定」と呼ばれるような行動を生み出すことを期待されている機会のことである。契約の締結，従業員の雇用・昇進・解雇，金銭の支出，責任の割り当てといった機会が定期的に出現するため，あらゆる組織が選択機会を宣言する方法をもっている。その流れ（a stream of choices）は，選択機会が決定のためにアクティブにな

る日時である出現時刻（entry time）と，その選択機会に参加資格のある参加者のリストである決定構造（decision structure）によって特徴づけられる。

〈参加者〉

　参加者（participants）はいろいろな選択機会に入ったり出たりするが，ある選択機会に入るということは，他の選択機会から出るということである。どの選択機会に入るかということは，残された選択機会と新しく出現した選択機会の属性に依存する。ある選択機会に対しての参加者の減少は，参加者の時間（つまりエネルギー）が他の選択機会に奪われていることを意味している（高橋，1997, p.184）。そこで，参加者からのエネルギーの流れ（a stream of energy from participants）について，各参加者は意思決定に利用可能なエネルギーの時系列をもち，各期ただ一つの選択機会に特定量の潜在的エネルギーを投入すると仮定される。

〈問題〉

　問題（problems）は，組織内外の人々の関心事であり，その内容はライフスタイル，家族，仕事におけるフラストレーション，キャリアなどなどさまざまである。問題の解決と決定とは独立で，決定が行われたときでも，問題は解決されないこともある。問題が選択機会に入っていないときに，その選択機会が完結すれば「決定」が行われたとみなすのである（高橋，1997, p.184）。問題の流れ（a stream of problems）は，出現時刻，その問題が入っている選択機会において解決されるのに必要となるエネルギー必要量，その問題がアクセス可能な選択機会のリストであるアクセス構造（access structure）によって特徴づけられ，各問題は各期においてただ一つの選択機会に投入されていることが仮定される。

〈解〉

　解（solutions）は，ほとんど問題とは無関係に，誰かが生み出したもので

ある。問題をうまく定式化するまで解を見つけることができないと，格言のようにいわれるが，組織的意思決定の場合は，解を知って初めて何が問題であったかわかることもしばしばである。しかも参加者がエネルギーを選択機会に投入するとはいっても，ただ一所懸命で熱意があるというだけでは決定には至らないのであり，よい解，説得力のある解をともなってこそ，努力も積み重なり，熱意も実ろうというものである（高橋，1997，p. 184）。つまり，解の流れと組織内の探索手順の効率とにバリエーションがあると考えられるので，同じ問題でも異なる時間に解決しようとすると，異なるエネルギー量が必要になると仮定される。そこで，システムに解が流れ込んでくる割合（a rate of flow of solutions）に焦点をあて，0～1の値をとる解係数（solution coefficient）を考え，この解係数によって参加者の供給した潜在的エネルギーが毎期割り引かれ，効果的エネルギーとして問題解決に貢献するという仮定をおいている。

以上にみてきた4つの要素は，互いに比較的独立して，しかも外生的に（組織プロセスともかなり無関係に）組織というシステムに流れ込んでいるとみなされる。これらの要素が結びつき，選択機会が決定に至る条件として，次のような（各要素の動きに関する）仮定がおかれる。

①エネルギー加法性の仮定：選択機会が決定に至るためには，各選択機会は，それに投入されている問題のエネルギー必要量の合計と同量の，有効なエネルギーを必要とする。ある選択機会に投入されている有効なエネルギーの合計が，エネルギー必要量に達するかそれを超えたとき決定がされる。

②エネルギー配分の仮定：各参加者のエネルギーは，各期ではただ一つの選択機会に投入されているが，各参加者は自分がアクセス可能な選択機会の中でも，決定にいちばん近い選択機会，つまり他の参加者の貢献によって前期末のエネルギー不足がもっとも小さくなっている選択機会に，

自分のエネルギーを投入する。

③問題配分の仮定：各問題は各期においてただ一つの選択機会に投入されており，その選択機会は，アクセス可能な選択機会の中から決定にいちばん近いものが選ばれる。問題間に優先順位は存在しない。

○ 決定構造・アクセス構造と決定のタイプ

　こうしたゴミ箱モデルにおけるさまざまな仮定からは，「問題解決」「見過ごし」「やり過ごし」という3タイプの決定が導かれると考えられている。事実，コーエンら（Cohen et al., 1972）によるシミュレーションでも，決定構造・アクセス構造のいずれももたない未分割版（unsegmented version）と呼ばれるモデルを利用した高橋（1997）によるシミュレーションでも，これら3タイプの決定が観察されている。すでに述べたように，決定構造・アクセス構造は状況定義の一部をなすものであり，組織構造上の要素としてゴミ箱モデルに組み込まれている。そこで決定構造・アクセス構造について，ごく簡単に解説した上で，ゴミ箱モデルの決定タイプを紹介することにしよう。

　決定構造が，参加者が参加可能な選択機会のリスト，アクセス構造が，問題が入ることのできる選択機会のリストを表すという違いがあるだけで，両者はいずれも数学の行列によって表現することができる。そしていずれの構造とも，未分割（unsegmented），階層的（hierarchical），専門的（specialized）の3タイプに分類される。ここでは決定構造のほうを取り上げて解説することにしよう。

　まず未分割と呼ばれる決定構造では，すべての参加者がすべての選択機会に参加することができる。図表2.2(A)に未分割決定構造の行列を示したが，行が参加者，列が選択機会を表し，すべての要素が1となっている。同様に，階層的決定構造の場合には，上三角行列（対角要素とその右上の要素が1，対角要素の左下の要素が0となる行列）となり，組織階層を上がるほどより

図表 2.2　決定構造・アクセス構造の 3 分類

$$D_0 = \begin{pmatrix} 1 & 1 & 1 \\ 1 & 1 & 1 \\ 1 & 1 & 1 \end{pmatrix} \qquad D_1 = \begin{pmatrix} 1 & 1 & 1 \\ 0 & 1 & 1 \\ 0 & 0 & 1 \end{pmatrix} \qquad D_2 = \begin{pmatrix} 1 & 0 & 0 \\ 0 & 1 & 0 \\ 0 & 0 & 1 \end{pmatrix}$$

(A) 未分割構造　　　　　　(B) 階層的構造　　　　　　(C) 専門的構造

（出所）　コーエンら（Cohen, March & Olsen, 1972）を簡略化

多くの選択機会への参加が可能となる（図表 2.2(B)）。専門的決定構造の場合には，対角行列（対角要素だけが 1，それ以外は 0 となる行列）になり，各参加者はただ一つの選択機会にしか参加することができない（図表 2.2(C)）。

コーエンら（Cohen et al., 1972）は，どのタイプの決定構造・アクセス構造が採用されるかによって，問題解決，見過ごし，やり過ごしそれぞれの決定タイプの割合が変化するという。どのような組織構造の下で，どのような決定タイプが多くなるのだろうか。まずは 3 つの決定タイプがどのようなものなのかについて，高橋（1997, pp. 187-188）をもとにみていこう〔⇨演習問題 2.4〕。

(1) **問題解決による決定**（decision making by resolution）：選択機会は，ある期間，問題を抱えており，そのあいだは参加者によってエネルギーが投入される（すなわち問題を解く作業が行われる）。問題解決に必要なエネルギー量が投入されたところで，問題は解決され，決定が行われる。これは従来の決定理論型の議論においても，暗黙のうちに仮定されていたおなじみの決定である。

(2) **見過ごしによる決定**（decision making by oversight）：問題が他の選択機会に入っているときに，その問題が入るべき選択機会が新しく出現し，

すぐに参加者がエネルギーを投入すると決定が行われる。他の選択機会に問題が存在しているかもしれないのに，それを見過ごして決定しているので，時間もエネルギーも最小限しか要しない決定である。

(3) やり過ごしによる決定（decision making by flight）：問題が間違った選択機会に入ってしまい，その問題にとってより魅力的な選択機会が出現するまで，その選択機会に居座ることがある。つまり，問題自体が難しいか，複数の問題が入っているためにエネルギー必要量が大きいと，選択機会が問題を抱えたまま解決されずにいることになる。しかし，もし問題がその選択機会を出て行ってしまえば，エネルギー必要量が減り，決定が可能になるが，このときの決定では出ていった問題は解決されたわけではなく，ただ他の選択機会に飛び移っただけである。問題をやり過ごしているうちに，問題のほうが選択機会から出て行ってしまい，決定に至るのである。ただし，複数の問題のうちのいくつかが出ていくことで，その分エネルギー必要量が減り，残った問題が解決されることもあるが，このようなケースをコーエンら（Cohen et al., 1972）は，(1)問題解決による決定に含めている。

さて，コーエンら（Cohen et al., 1972）のシミュレーションからは，実に8つものインプリケーションが導かれているのだが，稲水（2006）が指摘するように彼らの解釈には誤りがある可能性が高い。そうした可能性も含めて稲水（2006）は，この8つのインプリケーションを次のようにまとめている。すなわち，決定構造・アクセス構造ともに未分割である組織構造（参加者，問題，解が選択機会間を自由に行き来できる状況）では，選択機会や参加者，問題，解の組合せが変転し，タイミングに左右された決定が多くなる。

ところがベンダーら（Bendor et al., 2001）も稲水（2006）も，ゴミ箱モデルのシミュレーション・モデルを再構築した上でシミュレーションを実行し，まったく逆の結論を導いている。それは，決定構造・アクセス構造ともに未分割な組織構造では，参加者と問題がひとかたまりになって選択機会を

渡り歩く現象が観察されたというものである。問題のエネルギー必要量が小さい場合には，参加者がわっと集まって問題を解決しては次の選択機会に移り……というプロセスを繰り返し，問題解決による決定ばかりが行われ，エネルギー必要量が大きいと，問題が解決されないまま参加者とともに決定機会を移動し，やり過ごしによる決定ばかりになったという（稲水，2006）。

さらに興味深いのは，決定構造・アクセス構造ともに階層的な組織構造を仮定してシミュレーションを行ったところ，参加者と問題の組合せがさまざまに変化するという，典型的なゴミ箱的状況が出現したことである（稲水，2006）。そこでは，問題解決，見過ごし，やり過ごしがランダムに行われており，まさに決定がタイミングに左右されていた。これは，ある意味あたりまえのことで，参加者も問題も解も入ることのできる選択機会が組織構造によって限定されているのだから，すべての選択機会でまったく同じ参加者，問題，解の組合せが出現することはまずなくなるだろう。

階層的な組織構造において，むしろ危険なのは，組織の上層に位置する管理者ほど，より多くの選択機会に参加することができるために，彼らのエネルギーが分散してしまうことにあると考えられる。下層に位置する現業員は，限られた選択機会にしか参加することができないので，エネルギーは分散せず問題解決が行われる可能性は高くなるだろう。

しかし，その意思決定の前提となる管理者の決定が，見過ごしややり過ごしによる決定ばかりだったらどうなるだろうか。現業員にもたらされる状況定義は，役に立たないものばかりになり，結果として組織全体で見過ごし，やり過ごしばかりしてしまうことになるかもしれない。

演習問題

2.1　本文中の部屋探しの例のように，自分自身で意思決定前提をすべて用意することは明らかに無理な意思決定を行ってきているはずである。そのような意思決定状況について記述し，状況定義をどこから（誰から）受け入れたのか，またそれは意思決定前提の5要素のうちどれにあたるのか考えてみよう。

2.2　演習問題1.1であげた意思決定の例について，図表2.1のような意思決定の連鎖として記述してみよう。

2.3　自分の所属する組織（部活動，サークル，ゼミ，アルバイト先など）において，組織化された無政府状態が発生しているか考えてみよう。とくに①問題のある選好，②不明確な技術，③流動的参加のそれぞれについて，あてはまっているかどうか検討していこう。

2.4　自分の所属する組織において，(1)問題解決による決定，(2)見過ごしによる決定，(3)やり過ごしによる決定，それぞれが行われた例をあげてディスカッションを行ってみよう。ゴミ箱モデルの基本的アイデア（p.64）のそれぞれが，どのような特徴を有していたか注意しながら検討しよう。たとえば，(a)選択機会についてであれば，どのようなタイミングでアクティブになったか，他の選択機会はアクティブになっていたか，選択機会に参加することのできるメンバーは誰々であったか，などである。

2.5　〔応用問題〕(2)見過ごしによる決定，(3)やり過ごしによる決定は，いずれも問題解決をともなわないので，組織の病理現象として指摘されることが多い。しかしこれらの決定タイプは，単に病理現象として切って捨ててしまってかまわないものなのだろうか。それぞれのタイプのメリット・デメリットについてディスカッションを行ってみよう。

第Ⅱ部

動機づけ理論

第3章　科学的管理法から人間関係論へ
第4章　人間資源アプローチの登場
第5章　期待理論①
第6章　期待理論②
第7章　欲求説
第8章　動機づけ衛生理論
第9章　内発的動機づけ
第10章　達成動機づけ
第11章　達成動機づけの課題選択シミュレーション

第3章

科学的管理法から人間関係論へ

　テイラーの科学的管理法は，今でいう経営管理，労務管理に関する方法論で，純粋な動機づけ理論とはいえない。しかし，その主要な論点に賃金システムの設計があり，金銭に代表される外的報酬にモチベーションの源泉を求める動機づけの考え方がここからスタートする。

　テイラー的な動機づけに関する仮説を検証するために企画された一大実験がホーソン実験で，その実験の成果にもとづいて，職務満足が生産性や欠勤率といった職務遂行を導くと考える人間関係論が誕生する。

○ *KEY WORDS* ○
科学的管理法，組織的怠業，テイラー・システム，
自発性，ホーソン実験，満足（職務満足），人間関係論

3.1 科学的管理法

　テイラー（Frederick W. Taylor）の科学的管理法（scientific management）は，近代的経営管理の源流の一つとして位置づけられており，20世紀初頭に米国を中心として展開された（高橋, 2004, p.120）。提唱者のテイラーは製鋼会社に勤務していたが，当時の米国では激しい企業間競争のために，商品価格の引き下げがしばしば行われていた。その際に会社は，値下げ分のコスト圧縮を労働者の賃金引き下げでまかなうことが多かった。労働者たちからしてみれば，業績を上げても給料は増えないので，あくせく働くとばかをみることになってしまう。経営者にとっても労働者にとっても悪循環に陥っていたのである（山口, 2006, p.21）。なぜこうなってしまうのだろうか。

○ システムが人をサボらせる

　19世紀末〜20世紀初頭の英国，米国の工場では，一日に可能な作業量が経営者にばれないようにするために，工員が故意に仕事をゆっくりと行う「怠業（soldiering）」と呼ばれる現象が問題になっていた。こうした現象は，ほとんどすべての工場に共通していたという（Taylor, 1911, Ch.1）。

　テイラーは，怠業はその原因によって2種類に分けられると考えた（Taylor, 1903, Ch.2）。一つは，人間は本能的に楽をしたがるものだから，本能にもとづく怠業は避けられないものとして自然的怠業（natural soldiering）と名づけられた。もう一つが組織的怠業（systematic soldiering）で，組織すなわちシステムのほうに原因があるとされた怠業である。自然的怠業のほうはどうしようもないかもしれないが，組織的怠業のほうならシステムを工夫することで解消することができ，そうすることで労使ともに繁栄をもたらすことができるとテイラーは考えたのである。

組織的怠業が発生するメカニズムは多少複雑だが，次のように整理することができる（高橋，2004，pp. 121-122）。当時の工場では出来高払いで賃金が支払われていた。これは，あらかじめ工賃単価を決めておき，出来高に応じて賃金が支払われるというもので，出来高給制度（piece rate system）と呼ばれている。工員の側からみれば，働けば働くほど給料は増えるわけだから，出来高を増やそうとして一所懸命働くことになる。当然のことながら，工員の習熟度も次第に上がってくるから生産性は向上することになる。経営者にとっては，出来高の増加は人件費の膨張を意味するから，出来高の割には利益率が伸び悩むことになる。

　これを嫌った経営者が，実際に何度か人件費を抑えるために工賃単価の切り下げを行ってしまったらしい。それほどの出来高が可能だとわかっていたら，始めから工賃単価を低く設定しておいたのに，というわけである。そんなことをされれば工員たちが，工賃単価を維持することができるくらいのペースでほどほどに働いたほうがいいと考えるのは当然である。出来高を増したばっかりに工賃単価が切り下げられると，それまでと同じ給料をもらうためには，それまで以上の出来高を達成しなくてはならないからである。ただし，そのことに気づいたからといって自分だけがゆっくり働いていては，自分だけがひどい目にあう可能性が高い。そのことに気づいていない他の工員たちがんばって生産性を上げてしまうと，結局工賃単価は切り下げられてしまい，出来高を増やさなかった自分だけが低賃金に甘んじなくてはいけないからだ。そこで「サボるならみんなで一緒にサボらないと」ということで，工員は自分たちの利益や仲間との関係に配慮をめぐらせて「組織的」に怠業していたのである〔⇨演習問題 3.1〕。

○ 科学的管理法

　この組織的怠業の解決策として，テイラーが提案したのが次の2つである（cf. 高橋，2004，p. 122）。

①標準の設定：「科学的に」目標となる課業を設定する。職長や経験工まかせの成行管理による，目分量式の非能率的な動作は，管理者が責任分担をして，時間研究・動作研究を利用して最善の方法へ置き換えていく（Taylor, 1911, pp. 24-26, 邦訳 pp. 240-241）。

②差別出来高給制度（differential rate piece work）の採用：科学的に設定された課業を指図どおりの時間内に正しく達成したら，通常の賃金より30～100％の割増賃金を支給する（Taylor, 1911, p. 27, 邦訳 p. 252）。

このようにすれば，まず工賃単価の切り下げは必要なくなる。課業（俗にいうノルマ）設定のもとになる作業標準は，「科学」を利用して求められた唯一最善の作業方法なので，それよりも速かったり効率的だったりする方法はないはずだからだ。したがって，課業を超えるような出来高を達成することは，めったに起こらないと考えられる。

これに差別出来高給制度を組み合わせれば，がんばって働いて課業を少しでも超えることができれば，割増賃金をもらえることにもなるのでモチベーションを低下させることもない。精を出して働いて出来高を増すと工賃単価切り下げという憂き目にあうと，工員たちが思い込まなくなるというのである。

ちなみに差別出来高給制度とは，図表 3.1 のようなグラフで表現される賃金システムである（Taylor, 1903, pp. 81-83, 邦訳 pp. 105-107）。図表 3.1 では標準が 10 単位に設定されている。10 単位未満だった場合は工賃単価 25 セントで（グラフ A），一日の出来高が 10 単位以上であった場合は工賃単価 35 セントで（グラフ B に切り替わって）賃金が支払われるというものである。

こうした①，②の発想は現代の成果主義に通ずるものがあるが，序章（p. 13）で示した次のような人間観がその根底にあることが読み取れるだろう。

図表3.1　差別出来高給制度

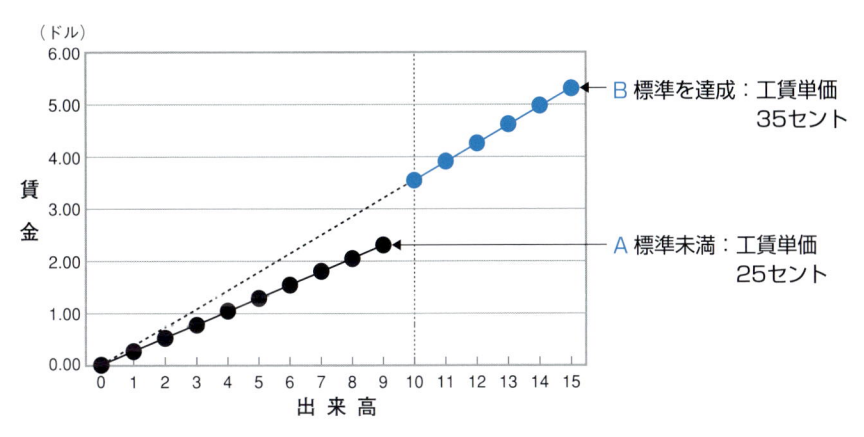

B 標準を達成：工賃単価 35セント
A 標準未満：工賃単価 25セント

（出所）テイラー（Taylor, 1903, pp.81-83, 邦訳 pp.105-107）より作成

器械的側面：組織のメンバー，とりわけ従業員は，主として受動的な器械であって，仕事を遂行し，命令を受けることはできるが，行動を引き起こし，影響力を行使するという点ではほとんど重要ではないと仮定している命題（March & Simon, 1993, p.25, 邦訳 pp.10-11）。

つまり科学的管理法では，工場や組織を精密にデザインされた機械のイメージでとらえ，そこで働く工員たちはその機械の部品や歯車であるとみなしていたのである（山口, 2006, p.22）。工員たちは自発的，能動的に行動することができないから，当然，責任を引き受けることもできない。だから課業設定の権限は現場から取り上げて，経営者が責任をもって行うべきだ，となるのである。そして，歯車に油を差すとスムーズに動くようになるのと同じ理屈で，工員たちをどんどん働かせるためには「高い賃金」という油を差せばよいのだと考えるようになっていった。事実テイラーは，その人の能力に見合った量の仕事を与えることを前提にしながらも，「同業の平均よりも

30～100％だけ余計に賃金を支払えば，彼らは喜んで最大の速さで仕事をするに相違ない」と言い切ってしまっている（Taylor, 1903, p.25, 邦訳 pp.57-60）。

◯ テイラー・システム

　科学的管理法の具体的な解決策のうち，1つめ（科学的な標準の設定）は手法的には大成功を収めた。それが「テイラー・システム」で，フォード・システムとならんで大量生産方式を支えてきたことは，まさに偉大な足跡といえる（高橋，2004, pp.123-126）。テイラー・システムの根幹をなすのは，テイラーは時間研究（time study），ギルブレス夫妻（Frank B. & Lillian M. Gilbreth）は動作研究（motion study）と呼んでいた作業設計の手法で，これらの手法は現代のインダストリアル・エンジニアリング（Industrial Engineering；IE）にも継承され，生き続けている。今でも IE で使われている「探す」「見出す」「選ぶ」など18の基本動作を要素化したサーブリッグ（therblig）は，ギルブレスを逆さに読んだものである。

　科学的管理法の原理を応用した例として，ギルブレス（Frank B. Gilbreth）が行ったレンガ積み職人の研究事例が，テイラー（Taylor, 1911, pp.77-81, 邦訳 pp.282-285, cf.高橋，2004, pp.123-124）でも紹介されている。ギルブレスは，レンガ積み職人の各動作について分析と研究を行った。職人の速さと疲労とに少しでも影響を及ぼすような要素はどんな細かいものでも実験して，不必要な動作は一つひとつこれを省いてしまい，遅い動作は速い動作と取り替えていった。分業の仕方，作業内容に至るまで動作研究を行い，標準的な条件の下で，レンガ1個を積むのに要する動作を18から5，場合によっては2にまで減らしてしまったといわれる。その結果作られた新しいレンガ積みの方法を，実際に工場を建てる際に応用したところ，旧来の方法では1人1時間あたり120個しか積めなかったレンガが，新しい方法では350個も積めるようになったという。

ちなみに，時間研究と動作研究の差異は次のように整理することができる。時間研究は，次のような一連の分析のプロセスであると定義される（Gilbreth & Gilbreth, 1917, pp.58-59；cf.Taylor, 1903, Ch.4）。まず一流の工具を選び出し，その作業動作を要素動作に分解する。そして要素動作ごとに所要時間を測定する。それらの時間を集計して，作業動作に要する最短時間を発見する。

　これに対して動作研究は，その名のとおり労働者の作業時間よりも作業動作に焦点をあてており，たとえば，豆電球を作業者の身体各部位につけてビデオ撮影し，運動軌跡を分析するなどの方法を用いる（芳賀, 2006, pp.59-60）。これにより無駄な動作，加工や組立のミスを引き起こしやすい動作，非効率的な動作を徹底的に削ぎ落とした唯一最善の方法を探ることをめざすものである（cf.Gilbreth & Gilbreth, 1917, Ch.3）。具体的には，道具や材料の配置を工夫する，作業手順を改善する，スムーズな連続動作や複数動作の同時遂行が可能なように作業者を教育訓練するなどして実現される（ギルブレスのレンガ積み職人の研究において，これらが実際にどのように行われたかがテイラー（Taylor, 1911, Ch.5）に詳しく紹介されている）。

3.2　科学的管理法の動機づけ側面

　さて，それではテイラーが提示したもう一つの解決策，差別出来高給制度として表現された動機づけの考え方はその後どうなったのだろうか。たとえば金銭報酬のように，職務に従事する当事者からみて，他人から与えられる報酬のことを外的報酬と呼ぶ。そして，外的報酬を与えることでモチベーションが高まるという考え方を前提とした理論を，総称して外発的な動機づけ理論という。テイラーが編み出した差別出来高給制度は，動機づけ理論と呼ぶにはきわめてシンプルではあるが，外発的動機づけの一つといえるだろう。

○「人はパンのみにて生くるにあらず」

　差別出来高給制度の，事前に設定された標準を達成することができた場合には高い工賃単価，標準を達成することができなかった場合には低い工賃単価で賃金が支払われるというのは，まさに成果主義そのものである（高橋，2004，pp. 123-126）。すでに100年ほども前に，成果主義的な発想が存在したことは驚きだが，こちらは結局，役に立たないと捨てられてしまった。

　高橋（2004）が的確に指摘するように，このような賃金制度の下では，作業者が能力を最大限発揮して，創造的な仕事をする——つまりモチベーションを高めるようにならないことはすぐにわかる。標準をどれほど巧く（＝科学的に）設定するかということは問題にならない。事前に標準を与えられた作業者としては，それがどのように決められたものであれ，標準をクリアしさえすればいいだけである。熟練によってたやすく標準を超えられるようになったとしても，さらなる潜在的可能性を発揮する必要はどこにもない。それを防ぐために，また経営者が標準を変更して工賃単価を変えたりすれば，元の木阿弥である。

　出来高給制度にせよ，差別出来高給制度にせよ，その発想の根底には次の2つの仮定が横たわっている。一つは自然的怠業，人間は本能として楽をしたがるものだという仮定である。もう一つが器械的側面，多くの人間には自発性や創造性は備わっておらず，仕事をさせるためには外的な統制が必要だという仮定である。もちろん，人間にはこうした側面がまったくないとは言い切れないが，それらを強調しすぎて，その上に立って管理の理論を創ろうとするのは明らかに間違っている。

　こうした指摘が，約半世紀後の1960年代に2人の研究者によって展開されることになる。一人は「X理論・Y理論」を提唱したマグレガー（McGregor, 1960），もう一人は期待理論を提唱し，内発的動機づけのデシを指導したブルーム（Vroom, 1964 ; 1995）である。詳細はそれぞれ第4章と第5章とで紹介するが，両者ともこうした2つの仮定にもとづくような外

発的な動機づけ理論では,企業内の人間行動や生産性への動機づけを説明することはできないとしていた。20世紀半ば以降にみられた,行動科学の発展と動機づけの人間資源アプローチの隆盛は,こうした発想の転換を反映したものであったといえるだろう。

○ 自発性と科学的管理法

実はテイラー（Taylor, 1911, Ch. 2）の中にも,同じような意味合いの下りがある。20世紀初頭当時の管理法の中で最良のものは,「自発性（イニシアチブ）と誘因（initiative and incentive）」の管理法だというのである。この管理法では,工場の現場に関する知識や技能をもっとも蓄積しているのは,管理者（職長や工場長も含む）ではなく部下の工員たちであると考える（事実そうであったという）。したがって,作業方法や作業手順の効率化を最大限に達成するためには,彼らにできるだけ自発的に仕事をしてもらうことがいちばんである。ただし,こうした自発性を引き出すためには「特別の誘因」が必要になるので,昇進・昇格を早くするとか,割増賃金や賞与を与えるとか,環境や条件面で待遇をよくするといった仕組みが用意されなくてはならない（Taylor, 1911, pp. 32–35, 邦訳 pp. 247–249）。

ところがテイラーは,こうした旧式の管理法では成功は工員の自発性に依存することになるが,工員たちに自発性を発揮させることには望みがないので,成功するのはまれなケースだと断じてしまった（Taylor, 1911, pp. 35–36, 邦訳 pp. 249–250）。普通の人間には,一生を通じて楽なゆっくりした歩調で仕事をしようとする傾向があることには「疑問の余地がない」からである。よほど熟慮した末か,手本をみた結果か,良心の呵責からか,他人から強制された結果でなくては,その歩調を早くすることがないとテイラーは考えた。そして,人並み外れたエネルギーと活力と野心をもって,自ら目標を定め,せっせと働くような人はきわめて少なく,例外にすぎないとまで言い切っている（Taylor, 1911, p. 19, 邦訳 p. 235）。

そこで科学的管理法の出番である。科学的管理法では，作業方法や作業手順を分析して標準を設定し，作業の全般計画を策定するが，これらの仕事は旧式の管理法では工員の自発性に依存していた部分である。従来，工員たちはこれらの仕事に加えて肉体労働をしなくてはならなかったのだが，「普通の人間」には向いていない。だから管理者が責任分担をして，それまで工員まかせになっていた目分量式の方法を「科学的な」知識体系に昇華させ，それをもとに工員たちを教育し成長させてやらなくてはならないのである。そうすれば，旧制度に比べて工員たちは，はるかに高いレベルで自発性を発揮するようになるという（Taylor, 1911, pp. 36-38, 邦訳 pp. 249-251）。だからこそ賃金システムとしては，成果主義のような「特別な誘因」を備えた差別出来高給制度を考え出したのである。

⃝ 奪われた自発性

つまり科学的管理法は，旧制度の下では工員たちの自発性が発揮されていたカイゼンのような知的労働を，工員たちの手に余るものとして管理者の役割としてしまったといえる。工員たちには肉体労働のみを分担させ，差別出来高給制度によって自発性を引き出そうとしたのである。その当時，最良とされていた自発性と誘因の管理法から，自発性を引き出す要素（＝知的労働）を分離して工員たちから取り上げ，誘因にあたる要素のみを残したわけだ。こんなことをして，どうして以前より自発性の発揮レベルが向上するというのか。

こうした科学的管理法とは対照的に，現場の自発性を重視したがために成功した例が，高橋（2004, pp. 128-131）で2つも紹介されている。詳しくは高橋（2004）をみてもらうことにして，ここではポイントだけを指摘しておくことにする。一つは，トヨタ生産方式の中心的な要素として有名なカイゼンである。実はカイゼンの概念自体は IE の基本であり，テイラー・システムが定着した米国でも手法自体は当然のように用いられていた。しかし，

その背後にあった考え方は科学的管理法とまったく同じで，カイゼンのように頭を使う仕事は，経営者，管理者，技術者，コンサルタントの仕事とされていたのである。それに対して日本で行われていたカイゼンは，手法としてはテイラー・システムでも，その運用は現場の労働者に任されていた。つまり，工員の自発性に依存した成功は，条件次第でたやすく実現できるものなのである。

　そしてもう一つ，より重要な例が，テイラーと同時期にフランスで専門経営者として活躍していた，経営管理論の始祖といわれるアンリ・ファヨール（Henry Fayol）である。ファヨールは自分が用いていた管理原則の一つとして「イニシアチブ」をあげている。イニシアチブをとる，つまり自ら計画し成功させることは最高の満足をもたらすので，どんな社会階層の人にとっても，イニシアチブを確保しなければモチベーションもあがらないといっていたのである。自然的怠業の仮定の呪縛から，テイラーは抜け出せなかったのである〔⇨演習問題 3.2〕。

3.3　人間関係論

　ここまでみてきたように，科学的管理法に含まれていた動機づけの考え方は失敗してしまったのだが，テイラーの人並み外れたエネルギーに触発されて，ワーク・モチベーションの科学的研究，科学的実験が始まっている。人間関係論がその成果をもとにして生まれたことで有名な，いわゆるホーソン実験である。ホーソン実験における発見は，その後のモチベーション研究の発展の方向性に大きな影響を及ぼすことになる。それでは，ホーソン実験とはいったいどんな実験でどんな結果になったのか，そして人間関係論はどのようにして成立したのか，みていくことにしよう。

○ ホーソン実験の概要

ホーソン実験（Hawthorne experiment）は，米国はシカゴ市にあるウェスタン・エレクトリック（Western Electric）社のホーソン工場で，1924～1932年に行われた一連の実験のことである。ホーソン実験は，照明実験，継電器（リレー）組立作業実験，バンク捲取観察実験など多数の実験から成り立っている。いずれの実験も基本的には，テイラーの科学的管理法の考え方を前提に計画されており，職場の物理的環境条件が従業員の作業能率に及ぼす影響を明らかにすることが目的とされていた。

一般にホーソン実験は，ハーバード大学の研究グループが実施したとされているが，もともとは従業員の生産性に関心をもっていた同社が独自に開始したようである（Hoopes, 2003, Ch.5）。最初に行われた照明実験は，自然光がよいとするギルブレス（Frank B. Gilbreth）の主張と，人工光のほうが生産性は向上するので費用対効果の点で優れているとするゼネラル・エレクトリック（General Electric；GE）社の主張のどちらが正しいかを証明するために行われた。GEが自社の主張を中立的な第三者に証明してもらうために，ホーソン工場での実験資金の拠出を全米研究評議会に求めたのである。

結論を先取りしてしまうと，ホーソン実験は大失敗に終わってしまう。テイラー的な考え方からすると当然だと思われた仮説が，次々と見事なまでに裏切られ続けるのである（高橋, 2004, p.133）。とくに照明実験や継電器組立作業実験は，物理的条件と作業能率とのあいだに何らの相関も見出せず，見事なまでの失敗であった。こうした結果に困り果てたウェスタン・エレクトリック社が，ハーバード・ビジネス・スクールに泣きついたところ，メイヨー（Elton Mayo），レスリスバーガー（Flits J. Roethlisberger），ワーナー（William L. Warner）といった研究者たちが，1928年4月から実験へのアドバイスと結果の解釈に乗り出した（Hoopes, 2003, Ch.5）。

その一連の失敗した結果から，実験者たちも研究者たちも学ぶことになる（Roethlisberger, 1941, Ch.2）。人間行動の動機に関する仮説が，そもそも

間違っていたのではないかということに気づいたのだ。つまり従業員の作業能率は，作業条件の物理的変化に対する単純な反応として変化するのではなく，それらの条件変化が従業員に与える人間的意味（human meaning）に規定されるというのである。

人間的意味とは，従業員の周囲で起こる事柄がその人に対してもつ意味とされているので，自分がおかれている環境の変化に対する認知から形成される，心理的，情緒的状態つまり感情のことである。レスリスバーガーはそれらの感情の中でも，とくに勤労意欲（morale）に決定的な影響力をもつものとして，仕事，同僚および上司に対して抱く感情を指摘している（Roethlisberger, 1941, p.15, 邦訳p.18）。こうして，職場という公式組織の中に自然発生する非公式集団における従業員の地位が，その人の生産高の水準に反映されるということを強調する人間関係論が誕生することになる（高橋, 2004, p.133）。

若干，話が横道に逸れるが，「非公式集団」とは何かということを説明しておこう。ここでいう非公式集団とは，一般的な意味・用法での非公式組織にあたるものである。一般に「公式組織」とは，組織図によって表現される組織構造に位置づけられるもので，具体的には企業の中の部，課，係といった部門を思い浮かべて差し支えない。これに対して非公式組織は，目的に対して合理的，計画的に編成された組織ではなく，「公式組織」の周辺に自然発生的に生成する組織である。

ただし普通，経営学の分野で公式組織というときには，バーナードによって定義された「2人以上の人々の意識的に調整された活動や諸力のシステム」（Barnard, 1938; 1968, p.73, 邦訳p.76）を指して用いられる。そして公式組織は，次の3つの条件

①コミュニケーション：相互に意思を伝達できる人々がいること。
②貢献意欲：それらの人々は行為を貢献しようとする意欲をもっていること。

③共通目的：共通目的の達成をめざしていること。

がそろったときに成立する（Barnard, 1968, p. 82, 邦訳 p. 75）。

　その一方で，とくに意識された共通目的もなしに（したがって多くの場合，目的への貢献意欲ももたずに），コミュニケーションを取り合って相互作用をする人々が存在することがある（Barnard, 1968, Ch. 9）。これがバーナードのいう非公式組織であり，公式組織が成立することで，その周辺に非公式組織が誕生することもあれば，非公式組織をベースにして，時と場合に応じて公式組織が成立してくることもある。

　こうした定義を前提に考えると，人間関係論でいう非公式集団は，バーナードの非公式組織と同じものであるといえる。つまり，公式組織の成立条件①～③のうち，③（そして多くの場合②も）が満たされていないような集団を非公式組織と呼べばいいのである。しかし一般的な意味での「公式組織」は，かなり形式的な要件定義しか行われていないあいまいな概念にすぎず，非公式組織あるいは非公式集団の概念と対をなしているとは言い難い。もちろんわれわれが日常的に見かける多くの組織において，必ずしも公式組織が成立しているとは限らないことには注意が必要である。

○ 最初の失敗——照明実験

　ホーソン実験は，1924年に一連の照明実験をもって開始された（Roethlisberger, 1941, pp. 9-11, 邦訳 pp. 11-14）。その目的は，照明の質と量とが従業員の作業能率にどのような影響を及ぼすか——まさにテイラー的な着想というべき「唯一最善の照明のあり方」（高橋, 2004, p. 133）——を発見することであった。この実験では，従業員は次の2つのグループに分けられた。

　①実験群（test group）：さまざまな照明度の下で作業するグループ
　②統制群（control group）：できるだけ一定の照明度の下で作業を続けるグループ

この２グループのあいだで作業能率を比較することで，照明条件の影響力を調べることができるわけである。

　照明実験は５つのフェーズからなり，それぞれのフェーズで実験群の照明度は次のように変化させられた。もちろん統制群については，全期間を通じてほぼ一定の照明度が保たれている。

- フェーズ１：照明度を３段階で徐々に高めていく。
- フェーズ２：照明度を２段階で徐々に下げていく。
- フェーズ３：照明度を一定に保ったままで，従業員には照明度が次第に高まっていると告げる。
- フェーズ４：照明度を一定に保ったままで，従業員には照明度が次第に下がっていると告げる。
- フェーズ５：照明度を月明かり程度の明るさにまで落とす。

　このように照明度をさまざまに変化させて生産高を測定してみたところ，フェーズ１とフェーズ２では，なんと実験群の生産高だけでなく，照明度を一定にしておいた統制群の生産高も，ともに上昇してしまった。しかも生産高の増加量も，両グループでほとんど同じだった。フェーズ３とフェーズ４では，実験群の従業員からそれぞれ照明度に関する満足，不平が報告されはしたが，生産高にはほとんど変化がなかった。さらにフェーズ５に至っても，生産高は減少しなかったというのであるから驚きである。

　つまり，何かおかしなことが起こったことはわかるのだが，おかしいのは実験者たちなのか，被験者である従業員なのか，実験のやり方そのものなのか判断がつかなかった。少なくとも実験結果からは，照明度と作業能率とのあいだには，何の相関関係もないということが明らかになっただけである。しかし，この実験では照明度というたった一つの要因しかコントロールしていなかったので，そもそも実験のデザイン自体に問題があることを，実験者たちは認識していた。そこで彼らは，この段階でこうした結論を下してしまうことを潔しとせず，従業員の作業能率に影響を及ぼす他の要因についても

っとよくコントロールした状態で，まったく新しい実験を計画すべきだと考え始めた。

○ またもや失敗──継電器組立作業実験

こうして，1927年4月～1932年半ばまでの5年以上の期間にわたって，継電器組立作業実験が行われた (Mayo, 1933, pp.60-63, 邦訳pp.60-63)。この実験では，6人の熟練した女性従業員が選ばれ，パーティションによってメインの組立ラインから隔離された実験室に配置された。熟練工を選んだのは，学習による影響を避けるためである。また照明実験での教訓から，従業員の態度や感情の変化に気づきやすいし，生産高の変化も正確に測定できるので，小さなグループを編成した。実験室には十分な照明が確保された作業台が設置され，温度と湿度まで測定されていた。彼女たちのうち5人は作業台で組立作業を担当し，1人はその5人に部品を取ってきて割り当てる役割にした。

そして適当な期間をおいて，作業条件にさまざまな変化が導入され，これらの変化が生産高にどのような影響を与えるのかが検討された (Roethlisberger, 1941, pp.11-15, 邦訳pp.14-18)。導入された実験条件には，休憩の回数や時間やタイミング，作業時間や作業日数の変化，軽食の提供といったものがあった。また記録されていたデータには，生産高は量・品質とも，さらに組立に要した時間，温度・湿度に加えて各従業員の睡眠時間から食事の内容，果ては定期身体検査の記録まで含まれていた。23期5年間の実験期間を通じて，文書にして数トンという資料が集積されたという。

さて，それではどのような結果が得られたのだろうか。高橋 (2004) で非常にわかりやすく整理されているので，これをもとに，メイヨー (Mayo, 1933, pp.63-70, 邦訳pp.63-69) とレスリスバーガー (Roethlisberger, 1941, pp.11-15, 邦訳pp.14-18) も参考にしながら，結果をまとめてみよう。

【準備期間：1, 2 期】

実験室に移動する前の 2 週間，移動してから作業条件を何も変えずに 5 週間，5 人の女性従業員の生産高を測定した。

【条件を改善し続けた 1 年半：3～11 期】

賃金システム，休憩時間の取り方，特製ランチ（スープかコーヒーとサンドイッチ）の提供，就業時間の短縮，週休 2 日の導入などについて作業条件を変更した。この間，条件を改善するにつれて，生産能率は徐々に上昇していった。就業時間・就業日数については条件の入れ替え，他の条件は積み上げ。

【条件をリセットした 12 週間：12 期】

1928 年 9 月から 12 週間，すべての実験条件を撤廃し，調査開始時の第 3 期と同じ状態に戻してみた。同時に従業員に対する「面接プログラム」がスタートした。作業条件は悪化させたのに，生産高は依然としてきわめて高い水準を保ち続けて，それまでのいかなる期間の生産高をも超え，12 週間ずっと低下の傾向を示さなかった。

【条件を復活させた 31 週間：13 期】

1929 年 6 月末までの 31 週間，実験条件を第 7 期とほぼ同じ（休憩時間の取り方は同じ，軽食についてはドリンクのみ提供）に戻したところ，生産高はこれまでのうちで最高のものとなった。

【条件の繰り返しと結果の確認：14 期以降】

1929 年 7 月 1 日から始まる第 14 期は実験条件を第 11 期と同じに，1929 年 9 月 1 日から始まる第 15 期は第 13 期と同じに戻したとあるが，これ以降の期の具体的な条件についてはメイヨー（Mayo, 1933）には記述がない。

これら期間のうち，実験条件がほぼ同じで比較可能な第 7 期，第 10 期，第 13 期では，一貫して生産高は上昇傾向をとり続けた。実験条件を適用していない第 3 期と第 12 期とを比較しても，週あたりの生産高は第 12 期のほ

うが格段に高いことが見て取れる（Mayo, 1933, p.65, PLATE VIII, 邦訳 p.65, 第8図）。こうした実験結果に対する報告レポートが、メイヨー（Mayo, 1933, pp.71-73, 邦訳 pp.70-72）でいくつか抜粋されているので、目につくものを紹介しよう。

- 休憩時間の変化とはまったく無関係に、生産高の上昇傾向は継続した。
- 実験室の作業条件に対する満足度は、目を見張る上昇をみせた。
- 実験室に移動してからの5人の女性従業員の欠勤率は、約80%も減少した。
- より自由で、厳しい監督もなく、作業ペースを自分で調整できると、気分よく楽しく働ける。

ここまでくれば、テイラー的な発想——「科学的な」課業管理と「特別な誘因」——では生産性を説明することができないことは、誰の目にも明らかである。それではこうした結果は、どのように解釈されるべきなのだろうか。レスリスバーガー（Roethlisberger, 1941, pp.14-15, 邦訳 pp.17-18）によれば、さまざまな実験条件を設定するために実験者たちが被験者たちの完全な協力を得ようと懸命に努めた結果、工場で普段行われていたあらゆる作業慣習はすべて変えられてしまったという。具体的には、

- 彼女たちは、導入されるべき変化についていちいち意見を求められ、そして実に実験計画の中のいくつかは、彼女たちの同意を得られなかったがために放棄されたことさえあった。
- 彼女たちは、加えられた変化に対する自分たちの考えについて丁寧な質問を受けたが、それらの話し合いの場所としては、多くは重役室が使用された。
- 彼女たちは、監督者もおかれず、作業中のおしゃべりも許され、もはや完全に「こわい者」なしであった。

つまり、さまざまな実験条件が設定されていく過程で、それまで実験室で

行われていたテイラー流の監督方法が根本から改変されてしまったのである。適切な「管理」方法を探るための実験だったはずなのに，テイラー的な「管理」を取り去ることで生産性が向上するという，何とも皮肉な結果に終わったのだ。女性従業員たちの協力的態度，および生産能率向上の原因は，実にここに求めねばならなかったことに実験者たちは気づいたのである。

○ 新たな人間観の登場

　ホーソン実験の実験者・研究者たちは，従業員の行動が，何をなすべきかという命令とそれに対して支払われる給与のような物理的条件によって規定されるという考え方を放棄した (Roethlisberger, 1941, pp. 23-26, 邦訳 pp. 27-31)。そして，ほとんどの人間は，友人や職場の仲間から立派な人として認められることによって得られる満足を望むので，こうした社会的承認がなければ従業員の協力は得られないと考えるようになった。このことはまさに，マーチ=サイモン (March & Simon, 1993) が示した組織内行動についての器械的側面の命題から，動機・態度的側面の命題への移行を表しているといえるだろう。

　社会的承認によって，従業員は組織内での自らの地位を確認することができるわけだが，研究者たちはとくに非公式な従業員の集団に関心をもった。作業環境の物理的変化があった場合，職場における人間関係とそれに対する満足度が変化する。それゆえ物理的変化のもつ人間的意味は，変化の影響を受ける従業員が所属する，職場の非公式集団のあり方に依存することになると考えたからだ。したがって，変化に対する反応として観察される従業員の社会的行動（生産高もその表現の一つにすぎない）は，非公式集団がもつ規範やその人に抱かせる感情によって，またその集団におけるその人の地位によって大きく影響を受けるというのである (Roethlisberger, 1941, pp. 18-23, 邦訳 pp. 22-27)。

　こうして誕生した人間関係論の影響は絶大で，とくに第2次世界大戦後は，

欧米だけでなく日本でも人間関係論にもとづく新たな施策が盛んに取り入れられた（高橋, 2004, pp. 137-138）。たとえば，カウンセリングや人事相談制度，人間関係訓練，提案制度や職場懇談制度の導入，苦情処理機関や福利厚生施設，レクリエーション活動の充実など枚挙にいとまがないほどである（黒川, 1982）。まさに，従業員の欲求の満足化による生産性拡大運動（Vroom, 1995, p. 212, 邦訳 p. 209）ともいうべき，一大ブームを巻き起こしたのである〔⇨演習問題 3.3〕。

　しかし人間関係論は廃れるのも早かった。人間関係論が，職務満足と，生産性や欠勤率で測定される職務遂行とのあいだの関係性を指摘したことから，ワーク・モチベーションと呼ばれる研究領域が確立されたといってよい。ところが残念なことに，それらの後続研究によってモチベーションに関する人間関係論的仮説はあっさりと否定されることになる。そして，モチベーションの人間資源アプローチを中核的な理論とする組織行動論に取って代わられることになるのである。

演習問題

3.1 組織的怠業のように,「正直者が馬鹿をみる」ような仕組みになっているため,故意に生産性を落として作業をするような例が身近にないか探してみよう。そのとき,報酬にあたるものは出来高給制度のような体系で与えられているだろうか,検討してみよう。

3.2 20世紀初頭当時に最良とされていた「自発性と誘因」の管理法から,科学的管理法は自発性の要素を取り去ってしまったと考えられる。演習問題3.1であげた例では,自発性を発揮する余地は残されていただろうか。もし残されていなかったとしたら,それは誰の手にあったか考えてみよう。

3.3 本文中で例として上げられた制度のように,仕事そのものの種類や内容はまったく変化しないまま,仕事を行う環境条件だけが改善され,充実していくことで,本当に生産性(モチベーション)は向上するだろうか。ヒントとしては,仕事そのものはおもしろくも何ともないが,福利厚生だけはやたらと充実しているというような会社に就職したいと思うか,そのような会社でモチベーションを高められると思うかどうかということについて,ディスカッションを行ってみるといいだろう。

第 4 章

人間資源アプローチの登場

　モチベーションの人間関係論的仮説は，その後の調査，研究で相次いで否定され，行動科学の影響を強く受けて成立した組織行動論に取って代わられる。これ以降のモチベーション研究は，基本的に人間の認知過程を分析の対象としているが，フォーカスの仕方によって内容論と過程論とに分けることができる。とくに内容論の初期の研究は人間資源アプローチと呼ばれるが，人間の高次の欲求に着目したことが，モチベーション研究における大きな転換点になったと考えられる。

○ KEY WORDS ○
職務満足，職務遂行，社会的欲求，高次の欲求，X 理論・Y 理論

4.1 人間関係論の検証

　モチベーションの人間関係論的仮説は，単純にいえば「高い職務満足が高い生産性を導く」というものであった。そこで，こうした職務満足（job satisfaction）と職務行動（job behavior）との関係をより特定しようとして，ワーク・モチベーションと呼ばれる分野が確立され，多数の後続研究がスタートする。その結果，職務行動の中でも離転職（turnover）や欠勤（absences）に関しては，職務満足とのあいだにポジティブな関係が見出されることになった。しかし残念なことに，生産性のような職務遂行（job performance）と職務満足とのあいだには，ほとんど何の関係性もないことが明らかになってしまう。

○ 職務満足と職務遂行

　期待理論を提唱したことで有名なブルーム（Victor H. Vroom）は，職務満足と職務行動との関係について検証しようとした研究について膨大なレビューを行っている（Vroom, 1964；1995, Ch. 6）。とくに職務満足と職務遂行の関係については，ミシガン大学の社会調査研究所による保険会社と鉄道会社の調査報告書がそれぞれ1950年と1951年に出版されており，疑問を投げかけるような結果になっているという。いずれの会社でも，生産性の高い部門と低い部門とのあいだで，賃金，ステータス，会社に対する満足度に違いがなかったのである。それどころか保険会社では，生産性の高いグループのほうが低いグループよりも，会社の方針に対してはより批判的だった。さらに鉄道会社では，生産性の高いグループのほうが低いグループよりも，仕事に対する内発的な満足度は低いと訴えていた。つまり人間関係論的仮説とはまったく逆の結果になっていたのである。

ブルームはさらに，ブレイフィールド゠クロケット（Arthur H. Brayfield & Walter H. Crockett, 1955）のレビュー研究では，従業員の態度と生産性のあいだに単純でわかりやすい関係があるという証拠はほとんどないとする，もっと壊滅的な結論を導いたと指摘している。その上でブルームは，職務満足と職務遂行の相関関係を調べた 20 もの研究をレビューして，離職，欠勤，生産性との関係について次のようにまとめている（Vroom, 1995, p. 218, 邦訳 p. 215；cf. 高橋，2004, p. 139）。

①職務満足と離職確率とのあいだには一貫した負の関係がある。ただし，個人ベースの満足度と自発的退出の予測との関係，部門ごとの満足度の平均と離職率との関係についてである。
②職務満足と欠勤とのあいだには，やや一貫性を欠くが，負の関係がある。
③職務満足と職務遂行のあいだには単純な関係は存在しない。両変数の相関は非常に広範囲にばらついており，相関係数のメディアン 0.14 にはほとんど意味がない。両者の関係の強度および方向に影響する条件も不明である。

つまり，職務に対して満足していれば離職や欠勤という行動は起こりにくく，不満足であれば離職・欠勤が起こりやすくなるのである。自分の現在の仕事に魅力を感じているほど，その仕事にとどまり続けるという関係であると，ブルームは解釈している。それに対して，職務満足と職務遂行のあいだには関係がないということになる。しかもこのことは，職務満足と職務遂行が概念的にも実証的にも異なる結果変数であることを示しているので，職務遂行を動機づける要因について明らかにする必要があるとブルームは指摘する（Vroom, 1995, pp. 218-219, 邦訳 pp. 215-216）。

○ 満足・不満足と意思決定

さて，人間関係論によって提示された仮説が否定されたことはわかるが，

どうも議論が錯綜しているような印象を受ける。その理由は，第1に職務満足の概念自体があいまいなためである。普通，職務満足といったとき，それがあたかも単一の変数によって測定されると考えがちであるが，実際には複雑な変数のセットを用いて測定されており，実際そうせざるをえないからである（Vroom, 1995, Ch.5）。このため既存研究では，監督，会社の方針，賃金，職場の人間関係といったさまざまな要因にもとづいて，職務満足を測定しようとしてきたのである。

ところが職務満足における混乱は，実はこれだけではなかった。動機づけ衛生理論を提唱したことで，人間資源アプローチの論者として有名なハーズバーグ（Herzberg et al., 1959 ; 1993 ; Herzberg, 1966）は，満足と不満足とは独立した現象で，それぞれに影響を及ぼす要因もまたかなり綺麗に区別することができるという。一般的には，満足が減少していけば，当然その分だけ不満足が増大してくると考えられている。つまり満足と不満足とは表裏一体のもので，満足していないということはすなわち不満足であるということだととらえられやすい。しかし実は必ずしもそうではないのである。

動機づけ衛生理論については第8章で詳述するが，ハーズバーグら（Herzberg et al., 1993, pp.80-82）は職務満足をもたらす満足要因と，職務不満足をもたらす不満要因とが別個のものであるとの調査結果を得ている。ハーズバーグによれば，前述したような監督，賃金といった，それまで職務満足をもたらすと考えられてきた要因は実は不満要因にすぎず，職務満足とは関連しないという。つまりこの当時のモチベーション研究のほとんどが，職務満足といいながら実際には職務不満足のなさを測定していただけなのではないだろうか。そう考えれば，いくら不満足がなくなったからといって，せっせと働いて生産性を上げるというようなことはなく，せいぜい退職したりサボったりしなくなるくらいだろうということは非常に理解しやすい〔⇨演習問題4.1〕。

第2の理由は，職務遂行つまりジョブ・パフォーマンスの中に，離職，欠勤といったパフォーマンスと言い切るには違和感のある指標から，生産性の

ようなパフォーマンスそのものという指標までを一緒くたにして含めてしまっていたからである（高橋, 2004, pp. 140-142）。こうした混乱を明確に整理してくれるのが，マーチ=サイモン（March & Simon, 1993, p. 67, 邦訳pp. 74-75）による組織メンバーが行う意思決定の分類で，それは次の2種類に区別される。

(a)参加（退出）の意思決定：組織に参加するか，もしくは組織を離れるかという意思決定。
(b)生産の意思決定：組織によって要求された率（rate）で生産するか，もしくはそれを拒否するかという意思決定。

ちなみに(a)参加の意思決定は，より正確には退出の意思決定と呼ぶべきである。その意味するところが，「これから新規に，ある組織に参加するか否か」というより「すでに参加している組織にさらに参加し続けるか否か」だからである。また(b)生産の意思決定は，「効率的に生産するかどうか」という表現に改めるべきで（高橋, 2004, p. 141），こちらが生産への動機づけ，つまりワーク・モチベーションに対応する意思決定と考えられる。こうした分類を行った上でマーチ=サイモンは，当時のワーク・モチベーションの文献では，離職・欠勤（退出の意思決定）と生産性（生産の意思決定）とを区別しなかったために，議論が混乱していたとしている（March & Simon, 1993, p. 67, 邦訳p. 75）。

以上の議論をふまえれば，p. 99で示したブルームの結論①〜③は，次のように修正されるだろう。

(1)職務不満足と離職・欠勤（退出の意思決定）のあいだには正の相関関係がある。
(2)職務不満足と生産性（生産の意思決定＝動機づけ）のあいだには何の関係もない。

さらに突っ込んで考えると，③職務満足と職務遂行とのあいだの相関が広

範囲にばらついているのは，不満足との相関をとってしまったためで，ひょっとしたら満足とのあいだには何らかの関係があるのかもしれない。満足と不満足とは独立なので，ある面では（たとえば，給与には）不満をもっているけど，他の面では（たとえば，仕事の内容には）満足しているということがありうるからだ。

人間関係論の誤謬

　ホーソン実験の結果を解釈した研究者たちは，なぜ職務満足と生産性のあいだに単純な線形関係を仮定してしまったのだろうか。確かに実験期間を通じて，満足感の上昇にともなって生産性も向上していった。しかし生産性の増加は，まったく別の理由からもたらされていたのである（より詳しくは高橋（2004, Ch.3）を参照のこと）。実は，継電器組立作業実験の被験者に選ばれた5人の女性従業員のうち，何と3人もが実験期間中に入れ替わっていた（このことはメイヨー（Mayo, 1933, Ch.3）でも明示されている）。

- 実験の最初の1年（1927年）のうちに，当初選ばれた5人のうち作業者番号1番と2番の2人が脱落した。第8期（1928年1月〜）の早いうちに，彼女たちと同等かそれ以上のスキルをもつ別の2人が替わって入り，同じ番号を引き継いで，実験の最後まで作業を行った。
- 当初メンバー5人のうち，作業者番号5番は1929年半ばにいったんホーソン工場を辞めたが，1年後に同じグループのもとのポジションに復帰している。彼女がいないあいだは別の従業員が替わりに参加していた。

　このうちの1番と2番の従業員は反抗的であったために解雇され，替わりに入った2人は，経済的な問題から仕事を必要としていた生産的で経験のある従業員であったという批判がある（Carey, 1967）。実験室全体の生産性の増加は，新しく入った2人の努力が刺激になったためだというのである。実際，この実験の被験者5人の，1927〜1932年の平均毎時生産高のグラフ

（Mayo, 1933, p.72, PLATE IX, 邦訳 p.71, 第9図）をみてみると，1番と2番の生産高は交替直後から跳ね上がっていることがわかる。実験条件がほぼ同じであるために比較検討され，生産高が上昇傾向をとり続けていた第7期，第10期，第13期では，第7期が終わるころに5人中2人がもともと生産性の高い従業員に交替したのだから当然の結果だろう。

　仮にも科学的実験と銘打っておきながら，被験者の「管理」があまりにお粗末である。ウェスタン・エレクトリック社が独自に実験を開始し，にっちもさっちもいかなくなってハーバード大学の研究者たちに実験の途中で助けを求めたことも，もちろん理由の一つであろう。しかし当時の米国では，工場労働者の定着率は非常に悪く，T型フォードで有名なフォード社の離職率は月40%にも上ったと伝えられている（高橋，2004, p.143）。これだけ離転職を頻繁に目にしていれば，実験の被験者を多少入れ替えたことを研究者たちがとくに気にかけなかったとしても，仕方がないのかもしれない。こうした事実からだけでも，職務満足と生産性を関係づけるのは早計といえるだろう。

4.2　人間資源アプローチ

　人間関係論に刺激を受けて成立したワーク・モチベーションの分野の後続研究によって，モチベーションの人間関係論的仮説は科学的に否定されてしまった。しかしこれらの研究と，折からの行動科学の発展によって，人間行動に関する知識の蓄積が進んできたことで，人間の欲求に対する考え方にも変化がみられた。人間主義心理学の言葉を借りれば，社会的欲求（social needs）の満足化が高い生産性を導くというのが，人間関係論の考え方であったといえる。これに対して人間資源アプローチは，より高尚で人間的な自尊欲求（esteem needs）や自己実現欲求（self-actualization needs）といった

欲求が人間には備わっていることを認める。そしてモチベーションの源泉を，これらの欲求の満足化にこそ求めるべきだと考えるのである。

○ やっぱり自発性が大事

実は，継電器組立作業実験の第1期～第7期までのあいだ（1927年4月～1928年1月）だけでも，週あたり生産高は10%程度向上し，5人の被験者それぞれの平均毎時生産高も上昇しているのだが，その理由が賃金の上昇にあったことまで明らかになっている（Gillespie, 1991, Ch.2；Hoopes, 2003, Ch.5）。この実験を企画したのはホーソン工場の技術監督者ペノック（George A. Pennock）で，自らの出世のために，賃金を変えずに生産高を増やせるような人事管理手法を発見しようと考えていた。このため反抗的な態度を示した2人の女性従業員を，もっとも生産性の高い従業員に入れ替えてまで，生産高の記録を作ろうとしていたらしい。

それにもかかわらず，第3期には早くも通常とは異なる賃金システムが導入された。実験室の5人の生産高にもとづいて計算された歩合給による出来高給制度で，しかも実験期間を通じて固定されていた（Hoopes, 2003, pp.147-148，邦訳 pp.208-210）。これに対して同じ継電器を組み立てるメインの組立ラインでは，100人以上の従業員が働くライン全体の生産高をもとに歩合が計算されていたので，一人ひとりの生産高が歩合に与える影響はほとんどなかった。つまり実験室の5人だけには，非常に強い金銭的インセンティブが最初から与えられていたわけである。その上で休憩時間，軽食，就業時間などの条件を追加的に変更したため，生産性向上の原因を測りかねたペノックが彼女たちに理由を聞いてみたところ，賃金が上昇したのでそれに応えるかたちで生産量を増やそうと努力したという説明があったという。実験室の監督者を努めたハイバーガー（Homer Hibarger；この人物は彼女たちの上司ではない）も，これと同じ結論に達していた（Gillespie, 1991, p.83）。

このような光景はどこかで目にしたことがないだろうか。まさに「特別な

誘因」が高い生産性をもたらすとした，あのテイラー流の管理の世界である。だからといって，テイラー流の賃金システムが従業員の満足まで引き出したと考えるのは，あまりに短絡的である。ここで注意しなければいけないのは，科学的管理法は20世紀初頭当時に最良とされていた「自発性と誘因」の管理法から，自発性の要素を取り去って特別な誘因のみを残した管理法だということである。継電器組立作業実験の実験室では，科学的管理法とは逆に自発性が従業員の手に返され，そのことが満足感の高揚につながったと考えられる。実験室ではテイラー流の監督方法が根本的に改変され，5人の女性従業員はあたかも管理者の一員であるかのように扱われていた。彼女たちは自ら実験室の作業環境を設計し，管理者や監督者には気づかれないように生産量を調整することができていた（Gillespie, 1991, pp.56-64）ので，ここに満足を感じていた可能性がある（実は交替させられた2人は，こっそり生産調整をしていることがばれたからである）。

　メイヨーは自分に都合のいいように実験の結果を無視したり歪曲したりしたようだが（Hoopes, 2003, Ch.5），この実験では「従業員の社会的幸福（social well-being）と自己決定（self-determination）とがもっとも重視され，本来の仕事である継電器の組立は付随的なものとされるような環境」（Mayo, 1933, p.77, 邦訳 p.76）が出現したと評している。前半部分はメイヨーの希望的観測かもしれないが，後半部分は的を射ているように思われる。彼女たちにしてみれば，実験の名の下に仕事のあり方を自ら工夫することこそが任務であり，組立作業はその一部としてついでに行っていただけなのかもしれない。しかも，実験に関する打ち合わせのときには重役室が使われていたから，彼女たちは会社のお偉方に認められていると感じて幸福だったのだ（Roethlisberger, 1941, pp.13-15, 邦訳 pp.16-18）。したがって，生産性向上の理由は賃金の上乗せにあったと考えていいだろうが，満足度上昇の理由は（実験者たちが意図していなかった）イニシアチブの回復や承認に求めるべきであっただろう。

○ 人間関係論の批判と継承

ホーソン実験における生産性向上，欠勤率の低下，職務満足の増大という結果は，第1節での議論を前提にすれば，それぞれ次のような原因によるものと考えられる。

①実験条件のうち賃金システムの変更→生産性向上
②実験条件による物理的作業条件の改善→職務不満足の減少→欠勤率の低下
③イニシアチブの回復とそれに対する承認→職務満足の増大→実験へのコミットメント

人間関係学派の研究者たちは，まず①の原因（賃金の上昇）を初めのうちは無視し，その効果を認めたあともできるだけ過小評価しようと努めた。そして，もともと「幸福な労働者は能率的かつ生産的労働者である」という仮説をもっていたので（高橋，2004，p.142），それに無理やり合わせるかたちで，②の原因と①の結果を，職場の人間関係の変化（人間的意味の獲得）を介して結びつけたのである。これでは，いくら後続研究で職務満足と生産性の関係を調べてみても，相関関係など見つかるはずがない〔⇨演習問題4.2〕。

こうした強引な因果関係を前提にして解釈すれば，実験の結果観察された満足感の高揚は，職場の人間関係に対する満足であり，社会的欲求の満足化から得られたことになる。ただし当時は，職務満足と職務不満足とを独立とする考え方（Herzberg et al., 1993；Herzberg, 1966）がなかったので，満足感の高揚といいつつも実際には不満足の低下を観察していた可能性もある。その意味で，③の因果関係はそれこそ仮説にすぎないが，高次の欲求に着目する人間資源アプローチの観点からは人間関係論的仮説よりもはるかに妥当性が高い仮説といえるだろう。

つまりホーソン実験の結果の中に，すでに人間資源アプローチ的な仮説③

を適用すべき箇所が見え隠れするのだが，人間関係学派の研究者たちはまだそのことに気づかなかった。しかしワーク・モチベーションと呼ばれる研究領域を成立させ，人間行動に関する知識の蓄積を促したことで，人間関係論自体は否定されてしまったが，仮説③のような考え方にもとづく新しい動機づけ理論を生み出すことにもなった。すなわち，人間には尊敬欲求や自己実現欲求のような高次の欲求が備わっていることを認め，それらの欲求を満足させるために人間は行動すると考える，モチベーション管理の人間資源アプローチを誕生させたのである。こうしたことから人間資源アプローチは，人間関係論に対する批判と継承を意味するとされることもある（二村，2004a，p.5）。

○ 高次の欲求への着目

　動機づけの人間資源アプローチが高次の欲求に着目するようになった背景を，人間資源アプローチの代表的論者の一人であるマグレガー（Douglas McGregor）は次のように説明する（McGregor, 1960, Ch.3）。

　まず，人間とは自分の欲求を満たそうとして働く動物で，その欲求には5つの次元があり，階層構造をなしている。明言はされていないが，マグレガー（McGregor, 1960）の第3章の引用文献リストにマズローの1954年の著作があるので，マズローの欲求段階説をマグレガーは支持しているようである。欲求の5つの次元とは次のとおりである。

①生理的欲求（physiological needs）
②安全に対する欲求（safety needs）
③社会的欲求（social needs）
④自我の欲求（egoistic needs）
　(a)自らを重んじる心に関するもので，自尊心と自信をもちたいという欲求，自治の欲求，完成の欲求，能力を伸ばしたい欲求，知識欲など。

(b) 自己の評判に関するもので，地位に対する欲求，認められたいという欲求，正しく評価されたいという欲求，同僚からしかるべき尊敬を得たいという欲求など。

⑤自己実現欲求（needs for self-fulfillment）

これらの欲求は，より低次のものが満たされるとモチベーションの源泉にはならなくなり，より高次の欲求が行動を動機づけるようになるという，欲求の逐次的・段階的出現を仮定している点もマズローの欲求段階説と共通している。1960年当時の米国では生活水準も十分に向上し，経営者は生理的欲求や安全に対する欲求をよく満たすようになっているので，従業員のモチベーションを引き出すためには社会的欲求や自我の欲求が重要になってきた。このような変化を理解しない経営者は，いくら給料を払っても能率は上がらないので，仕方なく処罰するぞと脅しをかけることになる。この「アメとムチ」の理論のような，高次の欲求を前提としない管理方法を使っていると，従業員が低次の欲求を満たすもの（賃金，作業環境，福利厚生など）を求めるように行動させてしまうことになる。

ちなみにマズローの欲求段階説には，実証的な根拠があるわけではなく，単なる「思想」「アイデア」か，せいぜい「仮説」と呼べるにすぎないものである（高橋，2004，p. 165）。したがってマグレガーがいうように，時代が下るとともにモチベーションの源泉となる欲求が変化してきたというよりは，もともと人間には高次の欲求として観察されるような欲求が生まれながらに備わっており，本来ならばそれを満たさなければならなかっただけなのかもしれない。しかし人間行動に関する知識が不足していたために，研究者も経営者もそのことに気づかず，低次の欲求を想定した理論や管理方法を創り上げてきてしまったのではないだろうか。

4.3 X理論・Y理論

 動機づけ理論の中心が，人間関係論から人間資源アプローチへと推移したことは，モチベーション管理の対象である人間を，どのような存在とみなすかという人間モデルの変化ととらえることもできる。二村（1982b）は，科学的管理法に代表される古典的組織論から人間資源アプローチまでの人間モデルの変化を，図表4.1のようにまとめている。
 古典的組織論が前提とする経済的人間というのは，金銭に代表される外的報酬に動機づけられる人間のことである。人間主義心理学でいうところの生理的欲求や安全欲求に，モチベーションの源泉を求める考え方といえよう。これが，人間関係論では社会的欲求にもとづいて行動する社会的人間，人間資源アプローチでは尊敬欲求や自己実現欲求にもとづいて行動する自尊人や自己実現人へと移行してきたのである。

○ X理論──命令統制に関する伝統的見解

 こうした人間モデルの変遷を如実に表しているのが，マグレガー（McGregor, 1960）の「X理論・Y理論」として知られる理論的考察である。X理論・Y

図表4.1　動機づけ理論の人間モデル

古典的組織論	人間関係論	人間資源アプローチ	
経済的人間	社会的人間	自尊人	自己実現人

（出所）　二村（1982b, p.249）より改変

理論は動機づけ理論というよりは，経営管理や労務管理の理論といったほうが適切かもしれない。マグレガーは，組織に関する理論や経営施策の背後には，必ず人間の性質や行動に対する何らかの考え方つまり理論があると考えた。それらの理論を2つに類型化してX理論，Y理論と名づけた上で，それぞれにもとづく管理の方法について吟味をしているからである。

1960年当時，たいていの組織に関する文献や経営政策・施策で，暗黙のうちに了解されていた人間の性質・行動に関する仮定は，次の3点に要約することができる（McGregor, 1960, pp. 33-34, 邦訳 pp. 38-40）。

① 普通の人間は生来仕事が嫌いで，できることなら仕事はしたくないと思っている。
② 仕事嫌いというこの人間の特性のせいで，企業目標の達成に向けて十分な努力をさせるためには，たいていの人間は強制されたり，統制されたり，命令されたり，処罰するぞと脅されたりしなければならない。
③ 普通の人間は命令されるほうが好きで，責任を回避することを望み，あまり野心をもたず，何よりもまず安全を望んでいる。

マグレガーはこうした一連の仮定を「X理論（Theory X）」と名づけた。X理論を前提にすると，経営者が従業員を働かせる（統制する）ためには，権限（authority）の行使による命令・統制が基本的原則となる（McGregor, 1960, Ch2）。組織階層とか指揮命令の統一とか専門的分業といった，長年のあいだ経営学の教室で講義されている教科書的組織原則も，この原則からそのまま導き出されたものである。教科書的組織原則は，論理的で説得力のある考え方として，企業経営の現場にも大きな影響を与えてきた。

しかしX理論のような考え方は，すでにこの当時の米国では，社会的・経済的・政治的環境にそぐわなくなってきているという。マグレガーによれば，人を動かす，つまり統制することができるためには，相手とのあいだに何らかの依存関係が存在することが前提となる。依存関係の性質と程度によって，適切な統制方法は変わってくるが，当時の米国企業における労使のあ

いだの依存関係が，権限至上主義や権限中心主義の統制方法を受けつけないようなものになってきていたのである。

◯ 権限による統制の破綻

　20世紀初頭の米国では，従業員が経営者に対して強く依存していたため，権限をわりとうまく行使できた（McGregor, 1960, pp. 21-26, 邦訳 pp. 23-29）。経営者は解雇するぞと脅す一種の刑罰権を，最終手段として保持していたからである。ところが1930年代の社会立法の整備，失業手当の支給，団体交渉の普及などによって，従業員の権利が保護されるようになると同時に，経営者の権限は相対的に弱められていった。従業員にしてみれば，たとえ特定の会社をクビになったとしても他に働き口があるし，むしろ労働協約によって経営者の解雇権が制限されるようになっているので，経営者に対する依存度をどんどん弱めていったのである。

　これとは対照的に，経営者サイドは従業員に対する依存度をますます強めることになった。経営者が企業の目標を達成するためには，部下を頼りにしなくてはならなくなったからである。これまでのような従業員から経営者への一方的な依存関係ではなく，高度な相互依存関係が近代企業（modern industrial organization）の際だった特徴になっているのである。経営者が従業員に対して依存度を強めるようになった理由について，マグレガーはある逸話を用いて説明しているだけ（McGregor, 1960, p. 23, 邦訳 p. 26）だが，要するにこういうことであろう。近代企業においては，20世紀初頭に比べても，はるかに膨大な量の高度な知識や技術を生産活動に用いるようになった。当然，経営者や管理者がそうした知識や技術をすべて修得し，管理することはできないから，従業員にも提供してもらわざるをえない。つまり企業目標の達成は，従業員が能力やスキルを身につけ，存分に発揮してくれるかどうかに大きく左右されるようになってしまったわけだ。

　こうした依存関係の性質を取り入れて，組織理論そのものにおける変革が

必要であるとマグレガーは結論する。「腕づくで人を使うやり方から相手に応じた人の使い方へ」と，統制方法を臨機応変に使い分ける必要があるというのである（McGregor, 1960, pp. 30-32, 邦訳 pp. 35-37）。そして1960年当時の米国ではすでに，こうした考え方を反映した，人事管理に関する新理論が生まれてきていた。その背景には，社会科学のさまざまな分野で人間行動に関する知識が蓄積されてきたことがある（McGregor, 1960, p. 47, 邦訳 p. 54）。

○ Y理論——個人的目標と企業目標の統合

こうした新しい理論の背景にある人間の性質・行動に関する仮定を，マグレガーは「Y理論（Theory Y）」と名づけている。Y理論の考え方は次の6点に要約される（McGregor, 1960, pp. 47-48, 邦訳 pp. 54-55）。

①仕事で心身を使うのは，遊びや休憩の場合と同じように自然なことである。普通の人間は生来仕事が嫌いということはない。条件次第で仕事は満足の源にも，処罰の源にもなる。

②外的な統制や処罰による脅しだけが，組織目標に向けて努力させる手段ではない。人は自ら進んで身を委ねた目的のためには，自ら命令し自ら統制するものだ。

③目的に身を委ねるかどうかは，その目的の達成から得られる報酬の関数である。もっとも重要な報酬は，たとえば自我の欲求や自己実現の欲求の満足などで，これらは組織目標に向けて努力すれば直接得られるものである。

④適切な条件下では，普通の人間は責任を引き受けるだけでなく，自ら進んで責任をとることも学習する。責任回避，野心のなさ，安全第一というのは，一般的に経験の結果そうなるのであって，生まれながらの性質ではない。

⑤組織的問題の解決にあたって，比較的高度な想像力，創意工夫，創造力を駆使する能力は多くの人に備わっているものであり，一部の人だけのものではない。

⑥現代の企業のような条件下では，普通の人間の知的潜在能力はほんの一部しか生かされていない。

その上でマグレガーは，X理論から導かれる組織原則――「階層原則（scalar principle）」に反対し，Y理論から導かれる「統合の原則（principle of integration）」にもとづく経営への移行を主張することになる（McGregor, 1960, pp. 49-53, 邦訳 pp. 56-61）。ここで階層原則とは，X理論の3つの特徴からも明らかなように，人間の行動をコントロールするためには権限の行使や命令が必要であるとする考え方のことである。経営者の側からみれば，従業員を働かせるためには，強制・命令・脅しといった外部からの統制が必要であるということになる。従業員の側からすると，経営者の思惑とは無関係に，誰かから命令されたり脅されたりしているから仕事をしていると認識しているのなら，それは階層原則に則った行動になるのである。

統合とは，組織目標と従業員の個人的な欲求や目標との統合を意味するが，組織の成功を従業員が自分の目標として受け入れるということである。従業員が自らの目標を最高に実現するには，企業の成功に向けて努力することがいちばんの早道になっていると，従業員が思うような条件（環境）を社内に作り出さなくてはならないのである。従業員が組織目標に納得していれば，自発的に自分を命令，統制しながらその達成に努力するようになる（McGregor, 1960, pp. 53-57, 邦訳 pp. 62-66）。このようにY理論は，人間の自己統制能力を高く評価するので，組織目標への納得が得られれば，X理論のような外的統制は必要なくなるという〔⇨演習問題4.3〕。

4.4 動機づけ理論の分類軸

　こうして米国では1950年代ごろから，人間資源アプローチを中核的な理論として動機づけ理論が発展していくことになる。そして行動科学の強い影響を受けて，これ以降の動機づけ理論のほとんどが認知論としての体裁を整えていくことは，すでに指摘したとおりである。人間資源アプローチ以降の動機づけ理論は，一般に内容論と過程論とに大きく分けられ，認知論的モデル（序章図表 0.3）のうちそれぞれ前半と後半にフォーカスしたものと理解される。ところが最近では，こうした分類方法に対する批判もみられるようになった。そこで本章の締めくくりに，第5章以降で紹介するいくつかの動機づけ理論が，どのように位置づけられるのかをみておくことにしよう。

○ 内容論 VS 過程論

　動機づけ理論の分類方法として，伝統的，一般的に認められているのが内容論と過程論とに大きく区分する方法である（Campbell & Pritchard, 1976；Bowditch & Buono, 2001, Ch. 3；Sagini, 2001, Ch. 13；田尾，1999など）。内容論に分類される研究は，人は何によって動機づけられるのか，すなわち動機づけ要因は何であるのかということを問題にする。動機を形成する原因となる欲求は，どのような種類のものかを特定しようとする研究であるともいえるので，欲求説と呼ばれることもある。動機づけ要因としては，人間の欲求，職場の環境，物理的作業条件，人間関係などさまざまなものが想定されるが，これらの要因が認知的活動に情報として入力されることで，どのような動機，動機づけが生じるかを明らかにしようとするのである。

　これに対して過程論に分類される研究は，人がどのように動機づけられるのかというプロセスを問題にする。内容論が基本的に，動機の形成過程にあ

たる認知過程の前半部分にフォーカスするのに対して，過程論は動機を所与として，動機づけの方向性，強度，持続性などの決定過程にあたる後半部分にフォーカスしているのである。人がある行動をとるにいたった意思決定過程あるいは認知的選択過程を，期待（主観確率）や誘意性といった変数を用いて記述するので，まさに認知論そのものといっていいだろう。こうした変数を用いることから，内容論よりは過程論のほうが，具体的な行動に対する予測という点では優れているとされる。

しかしいずれのタイプの理論についても，いくらかの限界が指摘されている（Bussing, 1997）。内容論に関しては，普遍的ですべての人にとって重要性をもつような欲求を，必ずしも識別することができないという批判がある。あるいは，おかれている情況によらずに有効性をもつ動機づけ要因を，特定しにくいという弱点もある。しかも，内容論で取り上げられる動機づけ要因は構成概念（construct）であることがほとんどなので，行動やパフォーマンスといった結果変数との因果関係が見せかけのものであったり，直接的なものでなかったりすることもある。つまり，特定の動機づけ要因が特定の行動を導くメカニズムを明らかにすることができないというのである。

◻ 行動の予測

具体的にどのような行動がとられるかという，行動選択のメカニズムは過程論の研究対象であるとされている。ところが実は過程論でも，こうした予測ははとんどできないという。せいぜい，どのような行動にもっとも動機づけられそうか，もっとも選択されやすい，もっとも努力が投入されやすい行動はどれかということが予測可能であるにすぎないのである。それは過程論が，行動選択の認知的な処理過程だけに焦点をあてるからである。

このため最近の動機づけ研究では，動機づけられた行動の予測という弱点を克服するために，意思決定や（実際の）行動という視点が導入されているという（Bussing, 1997, p.459）。ビュシング（Andre Bussing）は，内容論・

図表 4.2 動機づけ理論の分類法

	行動の予測 遠い ← → 近い		
内容論的	●欲求段階説 ●動機づけ衛生理論	●内発的動機づけ	
↕		●Rubiconモデル （統合型アプローチ） ●達成動機づけ	
過程論的		●公平理論 ●認知的不協和理論 ●期待理論	●目標設定理論 ●自己効力感モデル

過程論という分類軸に加えて，行動の予測に近いか（proximal to action）遠いか（distal to action）という分類軸を導入して，動機づけの既存研究を分類している（Bussing, 1997）。

図表 4.2 の分類マトリックスでは，一見してわかるように右上（内容論でかつ行動の予測に近いもの）と左下（過程論でかつ行動の予測から遠いもの）に位置づけられる動機づけ理論がない。つまり，内容論的な志向が強い理論であれば，必然的に行動の予測からは遠ざかり，過程論的な志向が強い理論であれば，必然的に行動の予測に近づくのである。このことから，この分類マトリックスを構成する 2 つの軸が，実はほとんどパラレルなものであったということがわかる。

さらに興味深いことに，この分類マトリックスの左上の（内容論志向・行動予測から遠い）ほうに位置づけられる理論は，内発的動機づけの系統の研究である。逆に，右下の（過程論志向・行動予測に近い）ほうに位置づけられるほど，外的報酬を想定する外発的動機づけの系統の理論になっている。そこで本書では，基本的に伝統に則して，内容論・過程論という呼び方で両者を区別することにしたい。ただし，デシ（Deci, 1975）の内発的動機づけ

やアトキンソン（Atkinson, 1964 ; 1978）の達成動機づけを，内容論に含めることはあまりないようなので，内発的な動機づけ理論・外発的な動機づけ理論という呼び方を，これらを含めた広義の意味で用いることにする。

演 習 問 題

4.1　職務満足，職務不満足を規定する要因には，どのようなものが考えられるだろうか。第8章でハーズバーグの調査結果を紹介するが，その前に予想をしてみよう。

4.2　演習問題4.1であげた諸要因は，それぞれどのような職務行動に影響を及ぼすと考えられるか，ディスカッションを行ってみよう。またそれらの仮説は，どのタイプの動機づけ理論と符合するか考えてみよう。

4.3　マグレガーが主張するように，一見すると指示命令に従って仕事をしているが，実際には自己統制によってモチベーションが維持されているような経験をしたことはないだろうか。あるとしたら，その場面にはY理論のような6つの考え方があてはまっているか検討してみよう。

第5章

期待理論 ①

　金銭に代表される外的報酬は，人間の動機づけに対して大きな影響力をもっている。人は働いて金銭を得なければ生活していくことはできず，より多くの金銭はより高い水準の生活レベルをもたらす。だからこそ，人は金銭的報酬の獲得を目的として動機づけられ，より高い金銭的報酬が得られればよりいっそう意欲を燃やし努力を投ずるようになると考えられる。これが期待理論に代表される，外発的な動機づけ理論の基本的な考え方である。

○ KEY WORDS ○
外的報酬，誘意性，期待，手段性，内的報酬，達成欲求

5.1 期待理論の位置づけ

ブルームに代表される期待理論（Vroom, 1964；1995）は，金銭的報酬を中心とする外的報酬にもとづく動機づけの理論である。外発的な動機づけ理論では基本的に，打算的で合理的な人間を仮定し，そうした人間に，ある特定の行為を行わせようとする動機づけを定式化している（高橋，1997, p.114）。こうした考え方の原型は，1930年代の研究にまで遡るといわれているが，ワーク・モチベーションの認知的モデルとして洗練されたかたちにまとめたのがブルームなのである。期待理論のモデルを構築する上で，それまでのモチベーションについての考え方を，ブルームがどのように整理したのかみておくことにしよう。

○ モチベーションの性質

ブルーム以前のモチベーション研究では，大きく分けて2つの異なる種類の問題が取り上げられてきた（Vroom, 1995, Ch.2）。一つは，活動を開始させたり，継続させたり，停止させたりする刺激にはどのようなものがあるのかという問題である。こうした問題を扱う研究では，活動を導くエネルギーがどのようにして生じるのか，エネルギー量がどのようにして決まるのか——活動のレベルや行動の大きさ——を解明することが，基本的なテーマとなる。これらの理論は，現代的な動機づけ理論の分類法に従えば，モチベーションの内容論にあたる理論群である。

もう一つは，行動の方向あるいは種類がどのようにして決定されるのかという問題である。どのような条件がそろったときに，ある特定の行動が選択されたり，ある方向から別の方向へシフトしたりするのかを解明することを基本的命題とする研究である。こちらは，質的に異なるいくつかの行動の中

からどれを選択するかという,まさに意思決定プロセスを重視しており,モチベーションの過程論にあたる研究である。そして当時のモチベーション研究は,どちらかといえばこの行動選択の問題をより重視していた。それどころか1つめの問題についても,行動選択の理論と同様の概念や用語で説明することができないかを考察する心理学者がいたという。

　こうしたことからブルームは,モチベーション研究の中心的な問題は後者であると結論づけている。つまり動機づけられた行動とは,中枢神経系による制御,または自発的意思による制御のもとに置かれている行動 (Vroom, 1995, p.10, 邦訳 p.7) のことであり,条件反射や脊髄反射のような行動ではないというのである。ブルームが例としてあげている瞳孔の反応や心臓の動悸などは,確かに自らの意志でどうこうできるものではないから,モチベーション研究の守備範囲に含めてはいけない。しかし内容論的なアプローチの研究では,こうした非自発的行動もモチベーションの問題として取り上げかねないので,過程論的なアプローチの研究が望ましいとブルームは考えていたようである。

○ 期待理論の考え方

　ブルームの理論では,職務遂行から得られる報酬の効用である誘意性 (valence) と,その報酬を獲得できるとの主観確率である期待 (expectancy) とのかけ算の合計値が,その職務に対する動機づけの強さを決定すると考えられている。こうしたモデルの構造は,レウィン (Kurt Lewin) やトールマン (Edward C. Tolman),あるいはアトキンソン (John W. Atkinson) などによって開発されたモデルに近似しており,期待や誘意性といったモデルに含まれる諸概念も,彼らの提示する概念を援用したものである。まずは期待理論の基本的な構造について,高橋 (1997, Ch.4) および藤田 (2004a) をもとにして詳しくみていくことにしよう。

　期待理論の基本的な考え方を単純化すると,次の3点に要約することがで

きる（高橋, 2004, Ch.3）。

①ある「行為（仕事）」を行うことで「1次の結果（成果）」が確率的に決まる。この両者をつなぐ確率を，期待理論では「期待」と呼ぶ。
②「1次の結果」（成果あるいは手段）に従って「2次の結果（報酬あるいは目的）」が確率的に決まる。成果の種類によってはマイナスの効き方をすることもあるので，両者をつなぐ確率のようなものは−1以上1以下の値をとり手段性（instrumentality）と呼ばれる。
③「2次の結果（報酬）」の魅力度は金額ではなく効用で表され，これを誘意性と呼ぶ。

こうした関係を図解したのが図表5.1である。「①仕事→②成果→③報酬」という関係が成立するということは，仕事をすると何らかの成果を上げることができ，その成果次第で得られる報酬が決まってくるということである。このとき，同じ仕事をしても上げられる成果にはバリエーションがありうるし，同じ成果を上げても査定等によって得られる報酬にも差が出うる。だから「→」の部分は確率的に表されるのである〔⇨演習問題5.1〕。

図表5.1の図式のとおりに獲得可能な報酬のバリエーションが決まったなら，今度はゲーム理論のバックワード・インダクションのように，③から遡って計算を始めればよい（③→②→①）。

【逆算1】「1次の結果（成果）」の誘意性を計算する（③→②）：「2次の結果（報酬）」の誘意性と「手段性」を報酬のバリエーションごとに掛け算して足し合わせる。
【逆算2】「行為（仕事）」の誘意性を計算する（②→①）：「1次の結果（成果）」の誘意性と「期待」を成果のバリエーションごとに掛け算して足し合わせる。

これは期待値の計算方法と同じなので，要するに「行為（仕事）」の誘意性の期待値が大きければ「行為」に向かわせる力，つまり動機づけも高くな

図表 5.1　期待理論の基本的な考え方

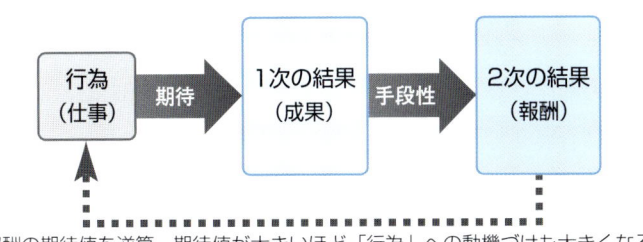

行為（仕事） →期待→ 1次の結果（成果） →手段性→ 2次の結果（報酬）

報酬の期待値を逆算，期待値が大きいほど「行為」への動機づけも大きくなる

（出所）　高橋（2004, p.147）を若干改変

るというのである。このことは極論すれば，当選金額の期待値がより大きい「くじ」を選んで引くかのように，仕事を選ぶということを意味する。

5.2　期待理論のブルーム・モデル

　こうした期待理論の基本的構造を，ブルームは経済学の期待効用原理に酷似した数学的モデルとして単純明快に表現している。しかし，誘意性や手段性といった概念が難しく少し理解しにくいところがある。そこで以下では，ブルーム（Vroom, 1995, Ch.2）に沿ってモデルの定式化を紹介した上で，このモデルがあてはまるような具体的状況を仮定し，数値例を用いて実際に動機づけの強さを計算してみよう。同時にモデル内の概念のいくつかについても吟味してみることにしよう。

○ ブルーム・モデルの構造

　ブルーム（Vroom, 1995, Ch.2）は動機づけの決定構造を，次のような2つの命題にまとめており，前節で示したバックワード・インダクション（③→②→①）の順序に沿って提示している。ここでは期待理論の基本構造（①→②→③）に合わせて，順序を入れ替えて検討していくことにする。

> 【命題2】人がある行為を遂行するように作用する力は，すべての結果の誘意性と，その行為がすべての結果の獲得をもたらすという期待との，積の代数和の単調増加関数である（傍点は筆者による）。

　つまり，1次の結果 j の誘意性（効用）を V_{ij} とし，行為 i が結果 j をもたらす期待（主観確率）を $p_i(j)$ とすると，行為 i に対する動機づけ F_i は，

$$F_i = f_i\left(\sum_{j=1}^{m} p_i(j) V_{ij}\right) \quad i=1, 2, 3, \cdots\cdots, l \tag{5.1}$$

と表される。ただし f_i は単調増加関数である（Vroom, 1995, Proposition 2）。

　この【命題2】はp.122で示した【逆算2】に対応しており，人は代替的行為の選択肢の中から，もっとも強い正の（またはもっとも弱い負の）力に対応した行為を選択するという仮定なので，主観的な期待効用を最大化する方法で人は選択を行うという意思決定論と同様の定式化であることになる（Vroom, 1995, p.22, 邦訳 p.20）。このことから期待理論は「期待×誘意性」理論ともいわれ，職務に対する動機づけは，ミクロ経済学でいう期待効用によって決まるとしている。期待効用原理との違いは，形式的には関数 f_i が存在していることであるが，f_i が単調増加関数であるため，結果的には期待効用

$$\sum_{j=1}^{m} p_i(j) V_{ij}$$

が大きくなるほど，行為 i に対する動機づけの程度は大きくなる。

　さらに，(5.1)式の中にある1次の結果 j の誘意性 V_{ij} は，それと結びつ

いた2次の結果 k の獲得に役立つ（手段になる）ことによって獲得されると考えられる。したがって，

> 【命題1】ある人にとってある結果の誘意性は，他のすべての結果の誘意性と，他のすべての結果の獲得に対するその結果の手段性の程度との，積の代数和の単調増加関数である（傍点は筆者による）。

1次の結果 j の誘意性 V_{1j} は，それがもたらす2次の結果 k の誘意性を V_{2k} とし，結果 j から結果 k への手段性を I_{jk} とすると，

$$V_{1j} = g_j \left(\sum_{k=1}^{n} I_{jk} V_{2k} \right) \quad j = 1, 2, 3, \cdots, m \quad (5.2)$$

と表される。ただし，$-1 \leq I_{jk} \leq 1$ で，g_j は単調増加関数である（Vroom, 1995, Proposition 1）。

こちらの【命題1】が p.122 で示した【逆算1】に対応するが，実はブルーム自身は「手段」「目的」という表現をしてはいるものの「1次の結果」「2次の結果」という区別を明示的には行っていない。しかし結果の誘意性は，「外的に媒介された報酬（externally mediated rewards）」と関係していると信じる度合（手段性）によって決まるとしている（Vroom, 1995, pp.18-19，邦訳 pp.16-18）。このことから【命題2】の「すべての結果」と【命題1】の「ある結果」「その結果」というのは，行為の目標すなわち1次の結果で，【命題1】の「他のすべての結果」というのは，目標達成に対する外的報酬すなわち2次の結果であると理解すべきであろう（Deci, 1975, p.119, 邦訳 p.134）。

ただし，ブルームの名誉のためにつけ加えておくと，ブルームが期待と手段性の差異について説明する行（Vroom, 1995, p.21, 邦訳 p.19）で，こうした区別を行っていると解釈することは十分可能である。その差異についてブルームは，期待が「活動―結果」間の関連性を表すのに対して，手段性は「結果―結果」間の関連性を表すとしている。そして手段性は，「第1番目の結果」が「第2番目の結果」の獲得の条件であると信じられている度合

図表5.2 ブルーム・モデルの構造

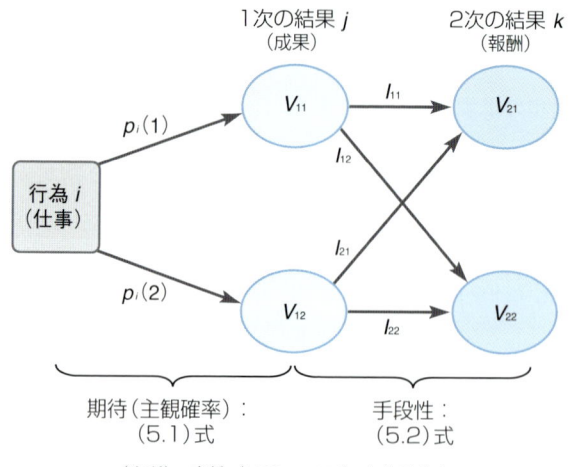

1次の結果 j（成果）／2次の結果 k（報酬）

行為 i（仕事） — $p_i(1)$ → V_{11} — I_{11} → V_{21}
　　　　　　　　　　　　　　　　　I_{12} → V_{22}
　　　　　　 — $p_i(2)$ → V_{12} — I_{21} → V_{21}
　　　　　　　　　　　　　　　　　I_{22} → V_{22}

期待（主観確率）：(5.1)式　　手段性：(5.2)式

（出所）　高橋（1993, p.152）を若干改変

いを表すとしているので，前者が目標，後者が外的報酬であるとブルームは考えていたに違いない（少なくとも筆者はそう思っている）。

　図表5.1 で示した基本的な考え方に，以上2つの命題における定式化を織り込んで，より具体的に示したものが図表5.2 である。

　図表5.2 では単純化のために，行為 i がもたらすと予想される1次の結果 j のバリエーションを2種類（V_{11}, V_{12}），1次の結果のいずれに対しても，与えられる2次の結果 k のバリエーションは共通の2種類（V_{21}, V_{22}）と仮定している。つまり行為 i を遂行したとすると，得られる成果は成功か失敗のどちらかであり，成功しても失敗しても2種類の報酬のどちらももらえる可能性があるというような仮定である。そして(5.1)式がこのモデルの前半部分に，(5.2)式が後半部分に対応した誘意性の期待値の計算式である。

◯ 期待理論の状況例

　期待理論の考え方を用いて，動機づけの強さを計算することができるような仕事は，実はある種の仕事に限られてしまう。すでに p.122 で指摘したように，それは「くじ引き」のような性質の仕事なのである。こうした仕事が備える特徴も明らかにしながら，ブルーム・モデルの具体的状況を設定していってみよう。

　ここに居酒屋でアルバイトをする勤労学生 A 君がいるとしよう。A 君の仕事はいわゆるフロア係で，オーダー取り，配膳，下膳，会計など接客が彼の基本的な仕事である。普段，A 君は時給 1,000 円で働いており，これらの仕事のどれをこなしたからといって，彼がもらう給料の何％がその仕事によって稼ぎ出されているかということはわからない。もちろん勤務時間中の A 君は，必要な仕事，指示された仕事はやらなければならず，仕事を選り好みするわけにはいかない。当選金額の高そうな「くじ」を選ぶかのように，儲かりそうな仕事を選んで行うということはできないのである。

　つまり時給制で行うような仕事は，期待理論の枠組みにあてはまらないということになる。逆に言えば，期待理論で説明することができるような仕事は，職務の内容や範囲を一つひとつ明確に切り分けておくことができるという特徴を備えていなければならないのである。では A 君がこの居酒屋で，このような種類の仕事をする機会があるだろうか。次のような情況を考えてみよう〔⇨演習問題 5.2〕。

　ある日，A 君は 22 時までの勤務を終えて，帰り支度をしようと更衣室へ向かった。すると不意に店長に呼び止められ，残業を持ちかけられた。パーティ・ルームに入っていたお客さんがグラスを割ってお酒をぶちまけてしまい，ガラスの破片も飛散しているのでちょっと大がかりな清掃が必要だという。小一時間で片づけることはできそうだが，やってくれるなら残業代を多めにつけてもいいと言ってくれている。このお店はグループ内でも成績優秀店だし，店長は気前もいいし，ひょっとすると 2 時間分くらいの残業代はつ

けてもらえそうだ．A君はこのお店で働いて長いので，そのくらいの仕事なら30分もあれば片づけてしまう自信もある．そこでA君は二つ返事で引き受け，残業をすることにした．A君の「仕事」は「清掃」である．

　それでは，この「清掃」の「成果」にはどのようなものが考えられるだろうか．期待理論では，どのような仕事をしたらどのような結果が得られるかが，はっきりとわかっていなくてはならない．そこでここでは，当初の予想どおり首尾よく清掃を終えて，30分の実働でまんまと倍以上の時給をせしめることができる「成功」と，予想に反して手間取ってしまい，せいぜい普段の倍程度の時給にしかならない「失敗」とがあると仮定しよう．もちろんA君はこれまでの経験から，それぞれの成果の「期待」も主観的に表現することができる．「成功」の期待は0.8，「失敗」の期待は0.2であるとしよう．

　さて，それぞれの成果に対する「報酬」であるが，これは「外的に媒介された報酬」なのでA君が自分でその多寡を決定することはできない．「外的に」決まるというのは，単純化してしまえば「他人が」決めるということなので，A君の自己評価とは独立に店長が報酬を決定しなくてはならない．先ほどの会話から，店長は1時間程度の作業と見積もっているようなので，報酬の残業代はご褒美的な2時間分2,000円と，最低限の1時間分1,000円とが予想される．少し現実味は薄れるが，ここでは成果と報酬を一対一対応させずに，実働30分の「成功」の場合でも，店長はそれと気づかずに残業代2,000円をつけてくれることもあるし，逆に気づいて時給2倍なら十分だろうと1,000円しかつけてくれないこともあると仮定しよう．同様に「失敗」の場合にも，店長の当初見積に対して多めの2,000円をくれることもあるし，A君の実力は知っているのでもともとそのつもりだった1,000円しかくれないこともあるとしよう．

　このように報酬の種類は店長が勝手に決めてしまうのだが，自分の上げた成果がそれぞれの報酬の獲得に役立つと信じる度合いを表す「手段性」については，A君が自分で表現することができる．今日はお店も混雑しているので，「清掃」の正味作業時間にまで店長の気が回るかどうかはまったくわか

らない。「成功」したときにどちらの報酬がもらえるかは五分五分だろうと，「成功」の残業代 2,000 円に対する手段性は 0.5，1,000 円に対する手段性も 0.5 であると A 君は考えた。他方「失敗」の場合には，店長は自分の見積が甘かったと気づき，残業代 2,000 円をつけてくれる可能性のほうが若干高いと A 君は予想した。たとえば「失敗」の残業代 2,000 円に対する手段性は 0.7，1,000 円に対する手段性は 0.3 である。ここで注意がいるのは，この例では手段性を確率に置き換えている点である。手段性は -1 以上 1 以下の値をとりうるのだが，負の値を設定すると話がややこしくなるのでここでは単純化してしまった。マイナスの手段性の意味については後ほど検討してみよう。

　最後に報酬の効用である「誘意性」はどのように表現されるだろうか。A 君は自分の普段の時給 1,000 円を基準にして，今回の報酬の効用を算出することにした。もし「成功」したときに残業代 2,000 円をせしめることができれば，普段の 4 倍の時給で働いたことになるので，その効用は 4,000 である。「成功」したときの 1,000 円は，同様に 2 倍の時給ということで効用は 2,000 である。逆にもし「失敗」した場合は，それでも残業代 2,000 円がもらえれば効用は 2,000，1,000 円しかもらえなければ効用は 1,000 ということになる。

◯ 動機づけの強さの計算例

　ここまでの状況設定で表現された各数値を，図表 5.2 のモデル図に書き込んだものが図表 5.3 である。ただし，ここでは「報酬」には次の 4 種類があるとしている。すなわち，「成功して 2,000 円を得る」という時給換算 4,000 円の報酬，「成功して 1,000 円を得る」という時給換算 2,000 円の報酬，「失敗して 2,000 円を得る」という時給換算 2,000 円の報酬，「失敗して 1,000 円を得る」という時給換算 1,000 円の報酬である。あとは p.124〜125 で示した(5.1)式，(5.2)式を用いて，「仕事」「成果」それぞれの誘意性（期

図表5.3 A君の仕事のブルーム・モデルによる表現①

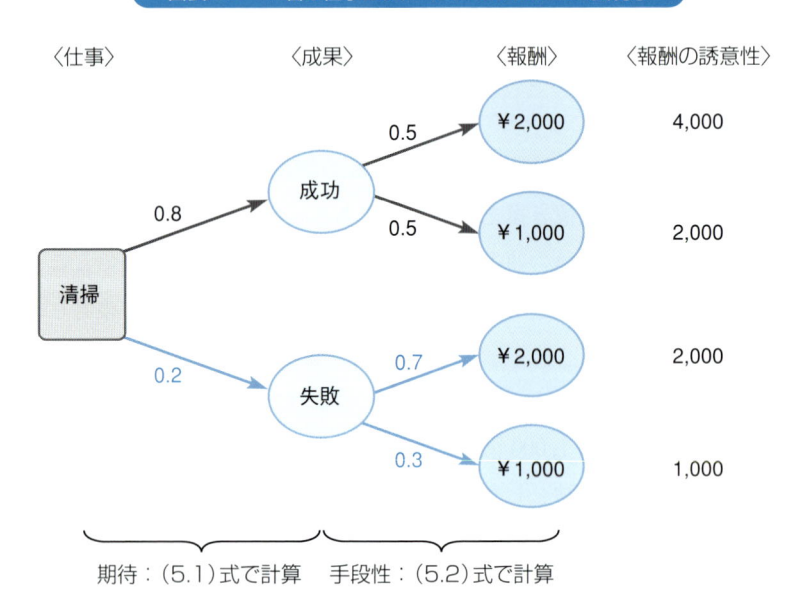

〈仕事〉　〈成果〉　〈報酬〉　〈報酬の誘意性〉

清掃 →(0.8)→ 成功 →(0.5)→ ¥2,000　4,000
　　　　　　　　　　→(0.5)→ ¥1,000　2,000
　　→(0.2)→ 失敗 →(0.7)→ ¥2,000　2,000
　　　　　　　　　　→(0.3)→ ¥1,000　1,000

期待：(5.1)式で計算　　手段性：(5.2)式で計算

待効用）を計算してやればよい。なお以下の計算式では，(5.1)式，(5.2)式とも関数の部分は単調増加が仮定されているので省いてしまっている。

動機づけの強さの計算は逆算になるので，まず(5.2)式を用いて2種類の成果それぞれの誘意性を計算しよう。「成功」の誘意性は，「成功」から伸びる1本目の矢印に付された手段性0.5と1つめの報酬の誘意性4,000の積と，2本目の矢印の手段性0.5と2つめの報酬の誘意性2,000の積とを足し合わせたものであるから，

　「成功」の誘意性＝0.5×4000＋0.5×2000＝3000

となる。同様に「失敗」については，

「失敗」の誘意性＝0.7×2000＋0.3×1000＝1700

である。

　次にこれら2つの成果の誘意性と(5.1)式を用いて，A君の仕事「清掃」の誘意性を計算しよう。「清掃」から伸びる1本目の矢印に付された期待0.8と「成功」の誘意性3,000の積と，2本目の矢印の期待0.2と「失敗」の誘意性1,700の積とを足し合わせればよいので，

「清掃」の誘意性＝0.8×3000＋0.2×1700＝2740

である。これがA君の「清掃」に対する動機づけの強さを表していることになる。

　このような計算をしたところで，果たしてA君が「清掃」に動機づけられるのか，この数値で表される動機づけのレベルは高いのか低いのか，何とも言えないというのが正直なところだろう。先ほど状況設定を行う中で，A君は残業を引き受けたことにしてしまったが，本当にA君は普段行う仕事よりも意欲的に残業に取り組むだろうか。ちょっと乱暴な議論だが次のように考えれば，この残業が普段の仕事よりも報酬の面では魅力的であることはすぐわかる。

　今回の「清掃」という仕事には，30分ですんでしまう「成功」という結果と，1時間かかってしまう「失敗」という結果とが予想されていた。前者が80％の確率で，後者が20％の確率で達成可能なので，正味作業時間の期待値を計算してやると0.6時間ということになる。もしこの時間をA君が普段どおりに勤務した場合，600円しか稼げないことになる。これに対して「清掃」から得られる報酬の期待値を計算してやると1,540円（報酬の効用ではなく報酬の額なので単位は円）となり，同じ時間でなんと2.5倍以上の報酬を獲得できる可能性があることになるのだ。

　これならA君が「清掃」に普段の仕事以上の魅力を感じ，その仕事を選択することには大いにうなずける。しかし，仕事に対するやる気や意欲，や

りがいや楽しさを感じるという面ではどうだろうか。この例では「成功」でも「失敗」でも，残業代2,000円と1,000円いずれの報酬もありうるので，「成功」のほうが結果としては圧倒的に望ましい（このことはそれぞれの結果の誘意性3,000と1,700にも表れている）。それならA君としては，一所懸命努力してできるだけ効率的に「清掃」をしようとするより，適度に手を抜いて時間を短縮し，よりよい結果を確実に達成しておいたほうがいいと考えても不思議ではない。期待理論のような考え方では，人にその仕事をさせるにはどうしたらいいかということはうまく説明することができそうだが，仕事に対する意欲や努力のレベルについてはどうやら異なる結論を導きそうである。

5.3　人間行動に関する帰結

　もともとブルームの期待理論は行動選択の理論の延長線上にあるので，実際に選択された行動への動機づけがもっとも大きかったとみなすモデルとなっている。しかし行動選択の理論の枠組みで，活動のレベルや行動の大きさまでを説明しようとすることにはどうも無理があるらしい。そこでもう一つ，A君が遂行可能な仕事を設定して同じように動機づけの強さを計算し，A君がどちらの仕事を選択するか，つまりどちらの仕事により強く動機づけられるかを検討してみることにしよう。これにより，期待理論のとおりに人が動機づけられるとすると，人間の行動に関してどのような結論が導かれるのかということが明らかになってくるはずである。

◯ 仕 事 の 選 択

　先に p.127 で設定した状況例では，パーティ・ルームの「清掃」をA君

自身が行うという残業のオプション①しか提示されていなかったが，もう一つ次のようなオプション②を追加してみよう。ちょうどこの日，A君と入れ替わりで新人アルバイトのB君がシフトに入ることになっていた。店長はB君にも仕事をいろいろと覚えてほしいと思っていたので，清掃の作業自体はB君に任せ，A君にはその「指導」というかたちで残業をしてくれてもいいと提案してきた。ただしB君につきっきりではフロアのほうに支障が出かねないので，状況をみてフロアを手伝いながら「指導」にあたってほしいという。残業代としては，B君が清掃を終えるまでの時間に対して，そのまま時給をつけてくれるとのことである。

　A君が「指導」という仕事を遂行した場合に，達成可能な成果には次の2つがあるとしよう。1つめは，B君が予想外に飲み込みも早く，手際もよかったので，新人ながら1時間足らずで清掃を終えてしまったという「成功」である。2つめは，予想どおりB君が慣れない仕事に四苦八苦して，1時間半もかけてなんとか清掃を終えたという「失敗」である。A君は普段どおりの時給で残業しているので，「成功」のほうが得られる報酬は少ないのだが，A君の教え方が上手かったという意味でこのように名づけておこう。A君は何度かB君と言葉を交わしたときの印象から，それぞれの成果に対する期待について，「成功」が0.4，「失敗」が0.6であると見積もった。

　これら成果に対する報酬としては，オプション②の場合A君は時給制で働くことになるので，「成功」に対しては残業代1,000円，「失敗」に対しては1,500円が支払われる。そしてオプション①のときとは異なり，今度は時給制で残業代がつくことから成果と報酬とは一対一対応することになる。したがって成果の報酬に対する手段性としては，「成功」から残業代1,000円へは確実に手に入るということを表す1.0が，「失敗」から1,500円へも同様に1.0が与えられることになる。なお，ここでもマイナスの手段性は考慮せず，手段性を確率に置き換えて表現している。

　最後に報酬の誘意性について，A君は次のように考えた。オプション②のA君の仕事は，B君の「指導」であるから清掃作業を自分自身で行う必要は

図表5.4 A君の仕事のブルーム・モデルによる表現②

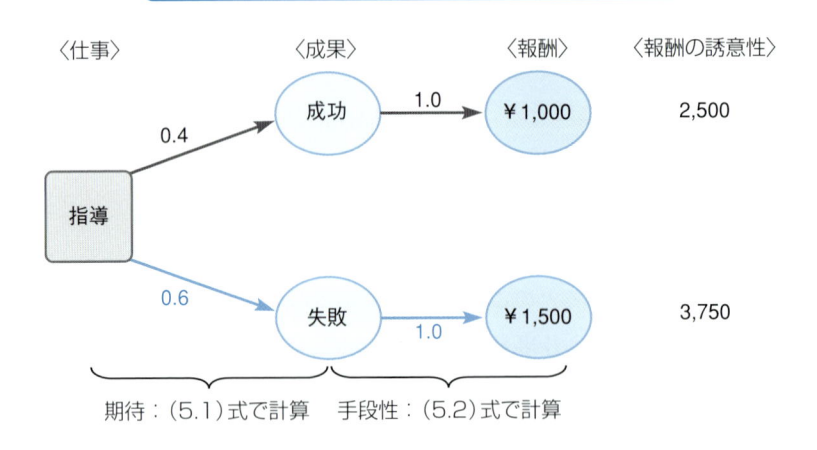

〈仕事〉　〈成果〉　〈報酬〉　〈報酬の誘意性〉

指導 →(0.4)→ 成功 →(1.0)→ ¥1,000　2,500
指導 →(0.6)→ 失敗 →(1.0)→ ¥1,500　3,750

期待：(5.1)式で計算　　手段性：(5.2)式で計算

なく，基本的に横から口を出しているだけですむ。もちろん，ときどきはフロアのヘルプに行かなくてはいけないので労働負荷はゼロというわけではないが，それでもせいぜい普段の4割くらいであろう。ということは，この残業をしているあいだの時給は普段の2.5倍に相当するわけである。したがって，1つめの報酬である残業代1,000円の誘意性は2,500，2つめの報酬1,500円の誘意性は3,750である。

オプション②の「指導」についても，図表5.3と同様にモデル図で表しておこう（図表5.4）。細かい計算式は省くが，先ほどと同様にこの仕事についても誘意性を計算してやると3,250となる。オプション①「清掃」の誘意性は2,740であったから，もしA君がこれら2つの仕事のオプションを提示されたとすると，A君はオプション②を選択しなくては，つまりオプション②により強く動機づけられねばならない。これが期待理論の主張，すなわち人間行動に関する理論的帰結である。

○ 楽なほうへ流れる？

　A君のような行動パターンが実際に観察されるのならば，それはどのようなことを意味しているのだろうか。一言で言ってしまえば「人間は楽なほうへ，楽なほうへと流れる」ということである。2つの残業オプションのうちから②を選択するということは，より少ない仕事量でより多い報酬（効用）を獲得しようということである。p.131の乱暴な議論で，残業オプション①の正味作業時間の期待値を0.6時間と計算したが，②の場合だと労働負荷を4割と見積もっているので，正味作業時間の期待値は0.52時間となる。それに対して，オプション①から得られる報酬の誘意性の期待値は2,740なのに，オプション②では3,250なのだから，②は何と楽な仕事であろうか。

　残業オプション①のように自分自身で手を下す作業より，②のように他人を教えることのほうが高度な能力が要求されるはずだから，一般的にはより難しい仕事とされるだろう。だから①よりも②のほうが，やりがいを感じられる挑戦的でおもしろい仕事なので，期待理論の結論と整合的であるという意見もあるかもしれない。しかし残念ながら期待理論では，やりがいやおもしろさといった内的報酬は考慮されない，つまり外的報酬の誘意性だけで仕事の魅力を評価するのである。そしてそうと決めた時点で，仕事は報酬獲得の手段に成り下がり，人間は「期待」と「手段性」だけを判断基準にして期待理論のとおりに動くようになってしまうのである。このことは期待理論のモデルからも明らかで，期待や手段性が誘意性とは独立に設定されているからである（高橋，2004，p.171）〔⇒演習問題5.3〕。

　近年，日本企業を騒がせてきた成果主義がうまくいかなかったのも同じことである。仕事の成果に外的報酬をリンクさせ，その間の手段性を高めてやるというのが成果主義的なシステムの特徴である。こうした制度が導入されれば，ひょっとしたらそれまでは，やりがいやおもしろさといった内的報酬に釣られて仕事をしていたかもしれないのに，仕事の魅力は外的報酬の誘意性で決まるのだと従業員は認識させられるのである。そうなったら今度は期

待理論の主張どおりに，より成功しやすい（期待が大きい＝望ましい結果を達成しやすい）仕事を，より外的報酬の得やすい（手段性が大きい）仕事を選んでいくことになる。つまり「楽なほうへ流れる」ようになってしまうのである。

　なぜこうなってしまうのか。それは冒頭で述べた期待理論の前提，「打算的で合理的な人間」像の仮定が間違っていただけなのである。確かに人間には，より大きな外的報酬を求める打算的な側面が備わっているが，それだけが人間行動の決定因ではないのである。そして期待理論を提唱した当のブルーム本人が，すでに第4章でも指摘したように，このことに気づいていた。実はブルームは，広範な先行研究のサーベイの結果，それらを整合的に説明するための分析枠組みとして期待理論を提示しただけである。むしろブルームは，職務満足と職務遂行の関係を説明するには，期待理論は限界をもっていると結論していた。職務満足と職務遂行の関係および期待理論に対するブルーム自身の見解は，次のように要約することができる（Vroom, 1995, pp. 212–213，邦訳 p. 210；cf. 高橋, 2004, pp. 152–153）。

(a) 期待理論の命題2から，ある作業者が現在の職務にとどまるように作用する力は，現在の職務の誘意性（効用）の単調増加関数であると仮定される。欠勤・離職（退出の意思決定）と職務満足とのあいだの逆順関係（負の相関関係）は，この点を支持する証拠である（傍点は筆者による）。
(b) 職務満足が生産性の向上（生産の意思決定）に結びつくかどうかについては，はるかにあいまいである。職務の誘意性は，作業者がクビにならない程度に仕事をする確率とは関係するかもしれないが，多くの場合，作業者の可能性をはるかに下回る遂行レベルで十分に職務を維持できるし，実際，調査された作業者の多くはそうだったと思われる。事実，生産性と職務満足のあいだには関係がない。

　つまり期待理論の考え方に従って，人に仕事をさせようとして金銭的報酬をちらつかせても，仕事をするにはするが，自分の可能性を最大限発揮して

創造的，挑戦的に取り組むことまではしない（楽なほうへ流れる）というのである。それでは生産性の向上，モチベーションの高揚には何が必要なのだろうか。なんと驚くべきことにブルームは，サーベイ研究から得られた結果を事実発見としてまとめることで，その答えを示してくれている（Vroom, 1995, pp. 311–312, 邦訳 pp. 304–305 ; cf. 高橋, 2004, pp. 153–154）。

(1)業績（意味的には遂行）レベルは個人の達成欲求の強度に直接対応して変動する。とくにタスクが困難で挑戦的であるときには，その度合いは高い。
(2)時給ベースで給与を受け取る作業者は，職務に対して「過剰報酬を得ている」と信じるよう誘導されるなら，より高いレベルで仕事を遂行する。
(3)個人は自分が価値をおいている能力や，自分が保有していると信じる能力がタスクには必要であると信じるよう誘導されるなら，より高いレベルで仕事を遂行する。
(4)将来自分にかかわってくる意思決定に参加する機会が与えられている人は，そういった機会を与えられていない人よりもより高いレベルで仕事を遂行する。

これらのことは，職務遂行が目的達成のための手段であるばかりではなく，目的そのものでもあることを示している。そして人は，職務遂行に対して外部からもたらされる結果（すなわち外的報酬）とは無関係に，効率的遂行からは満足を引き出し，非効率的遂行からは不満足を引き出すとしたのである（Vroom, 1995, p. 311, 邦訳 p. 304）。つまり，成果が報酬をもたらすという関係（手段性）をいくら強めてやっても，自動的にモチベーションが高まり生産性も向上するわけではない。むしろ，内発的な動機づけ要因の一つである達成欲求を満たすことでしか，生産性向上は実現されないと予想したのである。

500 以上もの先行研究をサーベイして，苦労して作り上げたであろう期待理論を，ブルームはあっさりと打ち棄ててしまったことだけでも瞠目に値す

る。それどころか，こうした一連の調査研究の結果自体が，達成動機づけや内発的動機づけの有効性を示唆していると結論づけたのだから，ブルームという人はなんと偉大な学者だったか。まさに感嘆を禁じえない。

○ マイナスの手段性の意味

　ブルームの偉大な功績に水を差すようだが，最後に，マイナスの手段性が付されるのはどういうことなのか検討しておこう。すでに述べたように手段性とは，1次の結果（成果）が2次の結果（外的報酬）と関係していると信じる度合いのことである。そして手段性が正の値をとるということは，成果が報酬の獲得につながる（手段となる）ということであり，負の値をとるということは，成果を上げてしまうと報酬を獲得することができなくなるということである。すなわち，1次の結果が**なければ**2次の結果の獲得が確実であり，また1次の結果が**あれば**2次の結果が獲得不可能であると信じられている場合，手段性は−1を示すことになる（Vroom, 1995, p.21, 邦訳 p.19）。

　こうした説明を読むと「なるほど」と思ってしまうのだが，図表5.2などのモデル図に実際にマイナスの手段性を設定してみると，実はその意味がよくわからなくなってしまう。先ほどのA君の例のうち，残業オプション②（図表5.4）にはマイナスの手段性を設定可能であるので，これを用いて試してみよう。こちらの仕事の場合，A君は時給制で残業をすることになるので，1時間で残業が終わる「成功」という成果が**なければ**，残業代1,500円という報酬の獲得は確実である。そこで「成功」から「¥1,500」に向かって矢印を追加し，手段性−1を設定してみよう。図表5.5をもとにして「成果」の誘意性を計算してみると，マイナスの手段性を設定する必要がどこにあるのかわからないということを確認することができる。

　その上で「成功」の誘意性を計算してみると，もとは2,500だったのに，なんと−1,250になってしまうではないか。同様に「失敗」がなければ「¥1,000」の獲得は確実であるので，「失敗」から「¥1,000」にも手段性−1

図表5.5 マイナスの手段性を設定したA君の仕事

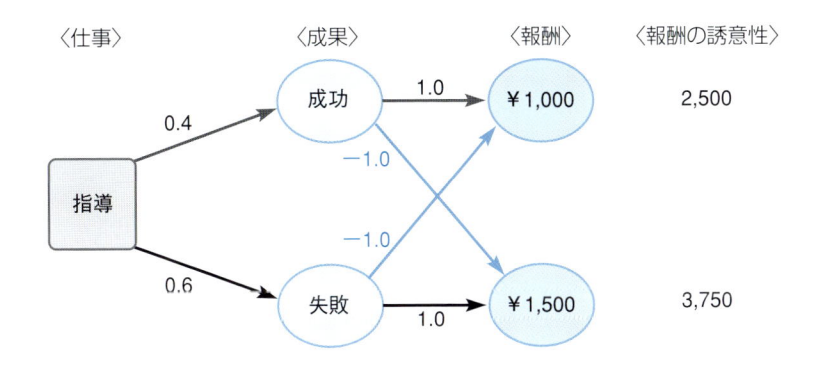

〈仕事〉　〈成果〉　〈報酬〉　〈報酬の誘意性〉

指導 —0.4→ 成功 —1.0→ ¥1,000　2,500
成功 —−1.0→ ¥1,500
失敗 —−1.0→ ¥1,000
指導 —0.6→ 失敗 —1.0→ ¥1,500　3,750

が設定可能である。すると「失敗」の誘意性は1,250となり，もともとの3,750からやはり低下してしまう。図表5.5の仕事は，成果と報酬が完全に一対一対応しているので，ある成果を上げればある報酬が安心確実に手に入るタイプの仕事といえよう。これに対して残業オプション①（図表5.3）の仕事は，ある成果を上げたときに得られる報酬にバリエーションがあるので，バクチ的な要素の強い仕事とでも表現すればいいだろうか。そして安心確実を示す手段性−1があると，成果の誘意性ひいては仕事の誘意性が低下するということは，バクチ的な仕事のほうが魅力的であることになってしまう。こんなことが誰にでも，いつでもあてはまるだろうか？

　もちろん手段性がマイナスになれば，何でもかんでも成果の誘意性が低下するというわけではない。報酬の誘意性がマイナスになる（負の効用をもたらす報酬がある）ときに，その報酬を与えられてしまうことがないだろう（手段性がマイナスになる）という成果については，逆に誘意性は上昇する。マイナスの誘意性をもつ報酬としては，たとえば損害賠償を請求されたり，罰金を科されたりするような結果を想像すればいいだろう。そう考えると，こうした罰則のようなものを与えられることが絶対にないという，いわば保

証のような意味をマイナスの手段性はもつのかもしれない。保証つきの成果が予想される仕事は，そうでない仕事よりも確かに魅力的だろう。リスクをヘッジすることができる程度によって，成果の誘意性が変化するというのは説得力がある。

しかし，A君の例を用いた最初の考察（図表5.5）とは必ずしも整合的ではない。報酬の誘意性がマイナスになるときだけ，マイナスの手段性を考慮すればいいとする根拠はどこにもないからである。A君の例では，報酬の誘意性はすべてプラスであるが，ここでマイナスの手段性を設定するということは，安定的に報酬を獲得することができるという意味でのリスク・ヘッジを考慮していることになる。報酬は必ずもらえる（誘意性はすべてプラスである）が，その大きさがやたらと変動しないというのも立派な保証である。それなのに，成果の誘意性が低下してしまうのはなぜだろうか。

非常に残念であるが，筆者の力及ばず，現段階では明確な答えを示すことができない。手段性という概念のあいまいさが，もっとも精緻な理論と評される期待理論の，唯一の欠点なのかもしれない。

演習問題

5.1 自分が普段行っている活動の中で，図表5.1のようにして成果，報酬の誘意性を考えた上で，するかしないかを決定しているものがあるか考えてみよう。

5.2 演習問題5.1であげた活動は「くじ引き」のような性質の活動になっていたか。また，期待理論の枠組みにあてはまらないような活動としては，どのようなものがあげられるか考えてみよう。

5.3 演習問題5.1と5.2であげたそれぞれの活動について，報酬がどのようなものであるか，より具体的には外的報酬なのか内的報酬なのかについてディスカッションを行ってみよう。さらに，それら報酬の誘意性と，活動の成果に対する期待および成果の報酬に対する手段性とが独立に決まっているかどうか検討してみよう。

第6章

期待理論 ②

　ブルーム以降，期待理論には数多くのバリエーションが登場し，概念的にもより拡張された統合的なモデルが提唱されることになる。その中でももっとも有名なのはローラーのモデルであろう。ローラーは給与こそがもっとも重要な動機づけ要因であると考え，給与にかかわる認知要素を多数取り上げて，期待理論をベースにした動機づけモデルを作り上げた。しかしローラーの議論をみていくと，ブルームが予想したとおり期待理論では，生産性の向上や内発的な動機づけを上手く説明することができないということが次第に明らかになってくる。

○ KEY WORDS ○
給与，学習，内的報酬，内発的動機づけ，期待理論の限界

6.1 給与と組織効率

　期待理論の統合版ともいうべき巨大なモデルを提唱したローラー（Edward E. Lawler Ⅲ）は，人間の動機づけにおける給与の役割をことのほか重視していた。このことは，彼の代表的著作である *"Pay and Organizational Effectiveness"*（1971）のほぼ4分の1もの紙幅が，なぜ給与が人間にとって重要性をもつのかということの解説に割かれていることからも明らかである。そこでローラーの期待モデルを検討するに先だって，給与の重要性とその決定構造について，ローラーがどのように整理したのかを簡単にみておくことにしよう。

○ 給与の重要性

　ローラーによれば給与とは，「金銭，付加給付（フリンジ・ベネフィッツ），およびその他の金銭的な価値を有しかつ組織が従業員のサービスに対する見返りとして支給する物品」と定義される（Lawler, 1971, p.1, 邦訳 p.5）。したがって，給与とはいわゆる報酬（外的報酬，金銭的報酬）のことだと考えてよさそうである。しかしローラーは非金銭的な報償（内的報酬，言語報酬）も，それが金銭給与にかかわる問題と関連があれば給与に含めて考えるとしており，このことがローラーの議論を混乱させ難解なものにする原因ともなっている。この点については後ほど検討することにして（p.152），まずはこうした本来は中立的なものである給与（金銭）が，なぜそれほどまでに重要性をもつのかについてみていこう。

　給与が人間にとって重要であることは，経験的には明らかである。それは多くの人々がいたるところで，あたかも金銭が第一の目的であるかのように振る舞っているからだ（Lawler, 1971, p.15, 邦訳 p.24）。しかし実際には，

給与はどのようにして重要性を獲得し，その重要性はどのような要因によって決定されるのだろうか。この問題を理解するための前提として，動因理論（drive theory），強化理論（reinforcement theory），道具性理論（instrumentality theory）といった心理学の理論や欲求説（needs theory）など数多くの理論をローラーは援用している。しかしながらここでは，ローラー（Lawler, 1971, Ch.2）の主張を可能なかぎり汲み取って，金銭が重要性を獲得するメカニズムを簡潔に示すだけにとどめ，これら理論の詳細に立ち入ることは避けておこう（正直，ローラーの解説を読むだけで頭がこんがらがってくるからである）。

実はこのメカニズムは，期待理論の考え方そのものであるといってよく，ローラーの主張は次の3点に要約することができる。各項の「関連づけ」「重要性」をそれぞれ「手段性」「誘意性」と読み替えてみれば，そのことが理解できるだろう。

① 金銭は，「1次的な成果」を獲得するための手段となる。この両者のあいだの関連づけは学習や経験によって修得される（強化される）。
② 「1次的な成果」は「2次的な成果」を獲得するための手段となる。この両者のあいだの関連づけも強化による。
③ 「2次的な成果」は社会的動因（欲求）を満足化することで重要性をもつ。
②′ 「1次的な成果」が生物的動因（欲求）を満足化する場合は，それだけで重要性をもつ。

以上の関係を図式化したものが，図表6.1である（矢印に付した丸数字は上記の関係にそれぞれ対応）。

これでも極力単純化したつもりだが，まだわかりにくいので少し補足しておこう。1次的な成果というのは簡単で，要するに金銭で購入することができる財・サービスのことである。これに対して2次的な成果は，それらの財・サービスを所有することから生じる性質や状態とでもいえばいいだろうか。

図表6.1 給与が重要性を獲得するメカニズム

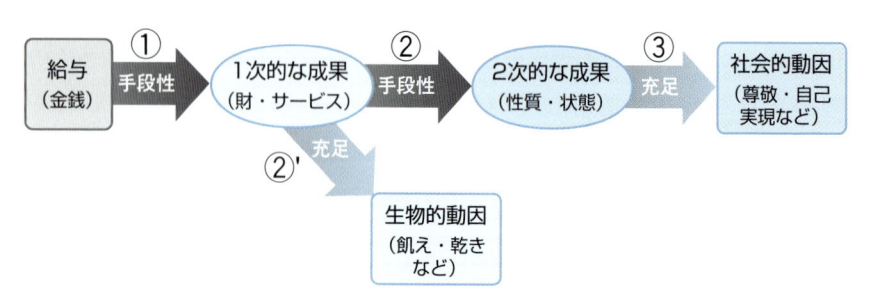

給与（金銭）→① 手段性 → 1次的な成果（財・サービス）→② 手段性 → 2次的な成果（性質・状態）→③ 充足 → 社会的動因（尊敬・自己実現など）

②' 充足 → 生物的動因（飢え・乾きなど）

　たとえば，1次的な成果として「ドバイの別荘」を所有することができれば，2次的な成果として「あの人はセレブである」という周囲からの賞賛を獲得することができるかもしれない。もしそうなれば，社会的動因の一つである尊敬欲求が充足され，満足を得ることになるだろう，というわけである。

　なお②'として別ルートが設定されているが，これは1次的な成果が食物や水のように，生物的動因を直接満足化するものの場合である。つまり生物的動因とは，食欲や睡眠欲のように生命維持にかかわるものを求める欲求（生理的欲求）を，社会的動因とは，いわゆる自己実現欲求や尊敬欲求のような，より人間的な高次の欲求を指すのである。

○ 重要性の決定構造

　こうしたメカニズムを前提にすれば，給与の重要性を決定づける要因についても自ずとわかってくる。一つは，ブルームの期待モデルで提示された手段性（instrumentality）と同様のものである（応用心理学の用語では道具性と訳される）。ブルームの手段性は，仕事を遂行した結果，得られるであろう1次的な結果（成果）が，2次的な結果（報酬）の獲得に役立つ程度を表

していた。他方ここでの手段性は，給与が1次的な成果（財・サービス）の獲得に役立つ程度，および1次的な成果が2次的な成果（性質・状態）の獲得に役立つ程度（前項の①→②→③の関係にのみ該当）を表していると解釈することができる。

　もう一つの規定因は，成果によって充足することが可能となる欲求の，相対的な（その人にとっての，そのときの）優先度である。たとえばもし，ある額の給与が複数の人にとって同じ手段性をもつと認識されたとしても，人によって充足したい欲求は異なりうるからである。そして，これら2つの要因によって給与の重要性が規定されるということは，やはり期待理論の考え方と同じように，それは「手段性×欲求の優先度」の合計によって決まるということである。なぜなら，手段性もしくは欲求の優先度のいずれかがゼロであれば，給与がその欲求に対して重要性をもってはいけないからである（Lawler, 1971, p.26, 邦訳 p.42）。なお，この計算において合計を求めるのは，人間の欲求にはいくつかの種類があり，階層構造をなしているというマズローの欲求段階説をローラーが前提にしているので，給与はいくつもの欲求を充足する可能性をもつからである〔⇨演習問題6.1〕。

　したがって給与 i の重要性 P_i は，ブルームの期待モデルとまったく同様に，次の2つの式によって求めることができる。まず「①→②」の関係を表す式は，1次の成果 j の重要性を O_j とし，給与 i の1次の成果 j に対する手段性を I_{ij} とすれば，

$$P_i = \sum_{j=1}^{m} I_{ij} O_j \qquad i = 1, 2, 3, \cdots\cdots, l \tag{6.1}$$

となる。さらに1次の成果 j の重要性 O_j は，2次の成果 k が満足化する欲求 k の優先度を N_k とし，1次の成果 j の2次の成果 k に対する手段性を I_{jk} とすれば，

$$O_j = \sum_{k=1}^{n} I_{jk} N_k \qquad j = 1, 2, 3, \cdots\cdots, m \tag{6.2}$$

によって求めることができる（「②→③」の関係に対応）。もちろん1次の成

果 j が生物的欲求 j を満足化してしまう「①→②′」の関係が成立するときは，(6.1)式のみで給与の重要性を求めることができる。

さらにローラーによれば手段性の大きさは，その人の学習，経験やそのときの状況要因によって影響を受けるとされている（Lawler, 1971, p.26, 邦訳 p.42）。しかし具体的にどういうことを表すのかの説明がないので，これはつけ足りのようにも思えてしまう。学習や経験によって手段性に対する認知が変化するというのは，比較的理解が容易である。たとえば，1次的な成果 j の獲得によって，よりポジティブな2次的な成果 k を獲得した経験が多い人は，そうでない人よりも手段性 I_{jk} を高く見積もるだろう。先ほど例としてあげた「ドバイの別荘」の獲得に対して，他者からの賞賛や憧憬を多く経験した人のほうが，誹りや妬みを多く経験した人よりも「賞賛」に対する手段性を高く評価すると考えられる。

もう一方の状況要因としては，たとえば同じ額の金銭であっても，それをどのようにして獲得したかというようなことがあげられるらしい（Lawler, 1971, p.29, 邦訳 p.45）。ローラーは，よい業績に対する報償としての給与と，まったく偶然に得られた金銭とが同額であった場合，とくに社会的動因に対する手段性としては前者のほうが高く認知されると説明しているからである。

6.2 ローラーの期待モデル

こうした議論をふまえてローラーは，人間は給与に対する本能あるいは動因をもつと考えた。したがって人間は，給与を行動の目標とする目標志向的行動すなわち，動機づけられた行動をとることになる。こうした給与の目標対象として作用する力が，どのようにして行動を引き起こさせ，持続させ，方向づけさせ，そして停止させるのかという問題が，動機づけ理論の基本的

なテーマである。そして給与に対する目標志向的行動に対しては，期待理論がもっとも高い説明力をもっているとの結論を導いたのである（Lawler, 1971, Ch.5）。

○ 期待理論のローラー・モデル

それではローラーが定式化した期待モデルについて，詳しくみていくことにしよう。ローラー・モデルは，コアとなる部分ではブルーム（Vroom, 1964；1995）の期待モデルとほとんど同様の定式化を行っているが，通常の期待理論に含まれている概念以上のものを多く含んでいる。それは，どのようにしてものごとが誘意性を獲得するかというプロセス，つまり過去の学習が誘意性ひいては動機づけの決定に影響を及ぼすプロセスを説明するためである（Lawler, 1971, p.107, 邦訳 pp.149–150）。

実はローラーは，期待モデルの概念図を2種類提示しているのだが，ここでは「最終モデル」（Lawler, 1971, p.270, FIGURE15–3, 邦訳 p.376, 図15–3）と名づけられたほうをもとに解説していこう。図表6.2がローラーの最終モデルである。

このモデル図の中の「努力」は，実際に「仕事」に投入される努力の量，つまり動機づけの強さを表しているので，その左側に示された計算式がブルーム・モデル（第5章を参照）の(5.1)式，(5.2)式に相当する。まずはこの計算式に含まれる概念について簡単に説明しておこう（Lawler, 1971, pp.107–108, 邦訳 pp.150 151）。

$E{\rightarrow}P$：投入する努力（E）が成果（P）をもたらすだろうということについての主観確率。これ以降，便宜的に「成果期待」と呼ぶことにする。
$P{\rightarrow}O$：成果（P）が報酬（O）をもたらすだろうということについての主観確率。こちらは「報酬期待」と呼ぶことにする。
V：報酬（O）の誘意性。

図表 6.2　モチベーション―成果―満足感のサイクル

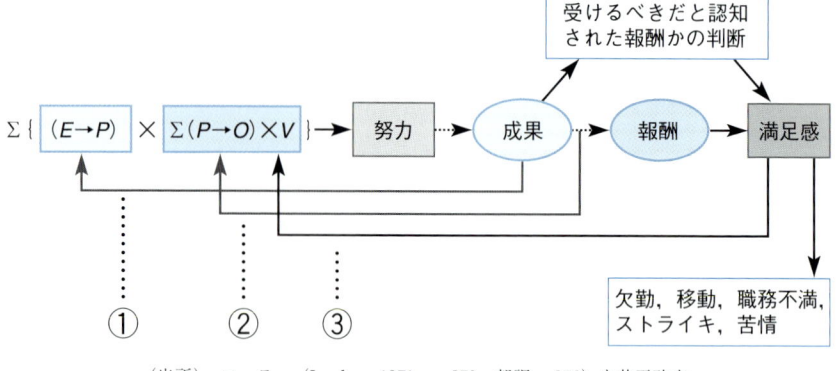

$\sum \{ (E \to P) \times \sum (P \to O) \times V \} \to$ 努力 → 成果 → 報酬 → 満足感

受けるべきだと認知された報酬かの判断

欠勤，移動，職務不満，ストライキ，苦情

① ② ③

（出所）　ローラー（Lawler, 1971, p.270　邦訳 p.376）を若干改変

　成果期待（$E \to P$）も報酬期待（$P \to O$）も主観確率なので，当然0以上1以下の値をとりうる。他方，報酬（O）の誘意性（V）は，非常に望ましくないことを表す−1から，非常に望ましいことを表す1以下の値をとるとされているが，その根拠は不明である（筆者はブルーム同様，効用で表すべきと思う）。

　さて，動機づけの強さの計算方法であるが，これはブルーム・モデルとまったく同様である。この式の2つめの積和（かけ算の合計値）の項

$$\sum (P \to O) \times V$$

はブルーム・モデルの(5.2)式に相当し，成果（O）の誘意性を計算していることになる。したがって，この値を V_o とすると，計算式全体は

$$\sum (E \to P) \times V_o$$

と書くことができ，ブルーム・モデルの(5.1)式とまったく同じ計算をして

いることがわかるだろう。

　つまり，自分がよい成果を上げることができると（成果期待を）感じ，その成果が自分に報酬をもたらすであろうと（報酬期待を）感じ，さらにその報酬に高い誘意性（重要性）を認めるならば，よい成果を上げること（仕事）に動機づけられるということである。ローラー・モデルも，基本的にブルーム・モデルと同様の結論に達するのである。

　なお図表6.2の中で，「努力─成果」「成果─報酬」のあいだの矢印が破線になっているのは，これらの関係づけが経験や学習の影響を受けるとされているからである。とくに前者に関しては，努力が成果を導くかどうかは方法（how-to-do-it）の適切さに依存すると考えられる（Lawler, 1971, p. 113, 邦訳 pp. 157–158）。適切な方法についての学習度合いによって，「努力─成果」の関係の強さは変化しうるということを表しているのである。

○ 動機づけのサイクル・モデル

　しかしローラー・モデルには，ブルーム・モデルと大きく異なる点が2つある。一つは，図表6.2のタイトルにもあるように，ローラー・モデルが動機づけの「サイクル」を表現していることである。すなわち2種類の期待と報酬の誘意性とが，それまでに獲得した報酬についての経験や学習によって変動するという影響力を，モデルに含めている点である（図表6.2の丸数字を付した矢印①～③）。もう一つは，すでに p. 142 でも指摘したが，ブルームが報酬を金銭的報酬に代表される外的報酬のみに限定していたのに対し，ローラーは外的報酬だけでなく，達成感や自尊感情の高揚といった内的報酬をも含めて給与ととらえている点である。

　まず1つめの学習の影響力というのが，どのようなものなのかみていくことにしよう。図表6.2の後半部分から明らかなように，成果が報酬につながる場合には，満足感に影響を及ぼしうるが，満足感もまた，報酬の重要性に対する影響力をもつことで，動機づけ（努力）や成果に影響を及ぼしうる。

つまり満足感は，少なくとも最初は，動機づけに対する結果であるが，似たような行動を経験したあとには原因にもなるということである（Lawler, 1971, p.271, 邦訳 pp.377-378）。そしてこの経験つまり学習によって，成果期待，報酬期待，報酬の誘意性が変化していくことになる。

ある仕事を実際に遂行してみて，①よい成果を上げることができたならば，次に同種の仕事をする機会には成果期待は強くなる。ある成果を実際に上げたとき，②よい報酬を獲得することができた（成果と報酬の関係づけが強化された）ならば，次の機会には報酬期待は強くなる。逆に，よい成果を上げたのに報酬が少なければ，報酬期待は弱くなる。ある報酬を実際に手にしたとき，③より高い満足感を覚えたならば，その報酬の誘意性はより高く評価される。図表6.2の矢印①～③は，それぞれこうした影響力を表しているのである。

これら①～③の影響力について，第5章で示した勤労学生A君の例を再び用いて解説しておくことにしよう。賢明な読者は，A君の例の記述がこうした影響力を想定したものになっていることに，すでにお気づきだろう。まず①の成果期待の変化については，A君が「清掃」の結果に対する期待を表現する部分にあてはまる。この例ではA君は，「成功」「失敗」への期待を {0.8, 0.2} と見積もっていた。もしA君が何度も「清掃」の仕事を遂行して，実際に「成功」を多く経験したならば，たとえば自分にはその才能があると自覚することで，次回は成果期待が {0.9, 0.1} へと変化する。これが①の影響力の意味するところである。

次に②の報酬期待の変化は，A君が「成功」「失敗」の報酬に対する手段性を見積もった部分に現れる。A君は，2種類の報酬に対する「成功」の手段性を {0.5, 0.5}，「失敗」の手段性を {0.7, 0.3} と考えていた。ここではA君が何度も「成功」を経験して，実際に(a)残業代2,000円をもらうことのほうが多かった場合と，(b)残業代1,000円しかもらえないことのほうが多かった場合とを想定して検討してみよう。(a)の場合，たとえばA君は，実は店長は細かいことは気にしない太っ腹な性格の人だったという認識を新

たにし，今後も「成功」してもよい報酬のほうが多くもらえそうだと考えるわけである。すると報酬期待 |0.5, 0.5| が次の機会には，たとえば |0.6, 0.4| や |0.7, 0.3| などへと変化することになる。逆に(b)の場合だと，店長は正味作業時間のような細かいことにまで神経が行き届く，繊細さも兼ね備えた人だったのだと思い直し，今後は「成功」すると悪い報酬のほうが多そうだと考えるようになる。このときは報酬期待 |0.5, 0.5| が次の機会には，たとえば |0.4, 0.6| や |0.3, 0.7| などになるかもしれない。これが②の影響力である。

最後に③誘意性の変化であるが，これは非常に説明しにくい。A君の例でやってみせた，普段の時給を基準にするという誘意性の計算や比較の方法自体が，そもそもきわめて便宜的な苦肉の策なのである。とりあえず報酬の誘意性は比較可能であるということを前提にして，あえて表現すれば次のようになろうか。A君は海外旅行の資金を貯めるためにアルバイトをしているのだが，今月は飲み会などで予想外の出費がかさみ，予定どおりに貯金ができていなかったとしよう。そこへもってきてこの割のいい残業であるから，同じ金額から得られる満足度は高く，報酬の誘意性を普段よりもうんと高く評価するに違いない。では逆にA君は今月は忙しくて，バイト代をほとんど使っているヒマもなかったという状況だったら，報酬の誘意性は低下するのだろう。しかし，誘意性が増加するにせよ減少するにせよ，その変化量はどのように測定したらいいのか。

つまり③の影響力は，給与の重要性獲得メカニズム（図表6.1）を経由した，モチベーションの変化を表している（Lawler, 1971, p.109, 邦訳p.152）。このメカニズムは，いわば効用（誘意性）の決定構造を示しているのだが，状況要因によって効用は変わるとローラーは指摘していた。上記のA君のように，おかれている状況が変われば，同じ金額の報酬であっても効用は変わりうるということである。同じ人の中でもこれだけころころ変わるのであれば，効用の比較など無意味である。まして個人間での比較ともなればなおさらだ。動機づけの決定式に，効用を用いること自体が期待理論

全般の欠点であると言えるだろう（その問題点については6.3節以降（p.154）で詳しくみていこう）。ローラー・モデルではさらにそれを複雑化しよくわからなくしておいて，給与に対する本能などという突拍子もない概念で説明したことにしているのだから，さらに罪が重い。

◯ 外的報酬か内的報酬か

　次にローラー・モデルの2つめの特徴，内的報酬を動機づけ要因に含めている点について検討しよう。内的報酬には達成感，満足感，自己決定感や自尊感情の高揚といったものが含まれるが，こうした感覚は感情や情緒といった人間の内的な心理状態に由来するものである。内発的な動機づけ理論では，内的報酬を直接的な動機づけ要因とみなすが，ローラーの期待理論では，金銭給与と関連すれば給与に含めるという，ややあいまいな位置づけを与えている。内的報酬が動機づけに及ぼす影響力を，ローラー・モデル（図表6.2）に沿って説明してみよう。

　内的報酬の影響力は大きく2つに分けられるが，実はそのうちの一つは前項で説明した学習の影響力①に示されている。学習の影響力①は，実際によい成果を上げられたときに成果期待が高くなるという関係を表していた。なぜこのような関係が成立するのかというと，よい成果を上げられると自分に才能や実力が備わっているということがわかって，自尊感情が高まるからである（Lawler, 1971, pp.107–108, 邦訳 pp.150–151）。つまり，職務遂行にともなって得られる自尊感情の高低が，成果期待の大小として表出するということである。

　もう一つは，成果と満足感の関係性に及ぼす影響力である。図表6.2に示されているとおり，両者の関係は報酬を媒介して決まるのだが，外的報酬と内的報酬とで異なる関係性が表れるのだという（Lawler, 1971, pp.268–269, 邦訳 pp.373–376）。まず，成果に対して外的報酬が与えられる場合は，「受けるべきだと認知された報酬か」どうかによって満足感との関係が決ま

ってくる。外的報酬は第三者が決定するものなので，成果とは密接な一致をしないことがある。成果と外的報酬が一致しないということは，とくに業績のよい従業員にとっては，「もらって当然だ」と感じている給与を与えられていないということである。要するに年功制のようなシステムで給与を支払われている場合であり，このとき成果と満足感の関係は負の相関を示すことになるという。両者の関係を正の相関にするためには，ローラーは成果主義が必要であり，しかも給与格差は大きければ大きいほどよいとしている。

　ところが内的報酬の場合には，逆に単線的な関係になってしまう。それは内的報酬が，よい成果を上げたときに自分で自分に与えるものだからである。内的報酬は成果と密接に結びついており，そのために内的報酬から得られる満足感は，外的報酬から得られる満足感よりも成果と密接に結びつくことになる。そして満足感は，学習の影響力③を経由してモチベーションに影響を及ぼすのだから，成果と満足感だけでなく，満足感とモチベーションの関係も強い正の相関を示すことになる。もちろん例外があって，職務特性によっては必ずしもそうならないとされている。それは従業員が自分ではコントロールできない職務，やりがいのない職務，フィードバックの少ない職務などである。

　こうした例外はあるにせよ，内的報酬にもとづく動機づけ（内発的動機づけ）の場合は，職務遂行にともなって直接的に得られる満足感が，動機づけのレベルを決定するという関係が成立するとローラーは認めてしまっている。しかし外的報酬では，動機づけのレベルとの関係は一筋縄ではいかないということであろう。成果と報酬の関係，報酬と満足感の関係のいずれもが，内的報酬の場合と違ってさまざまに変化する上に，従業員の給与に対する認知によってもその関係性は影響を受けるのだから当然である。あれだけ給与が大事だと強調してきたローラーも，結局のところ，動機づけのレベルをうまく説明するには内的報酬を持ち出さざるをえなかったのである。内発的動機づけによってモチベーションは説明可能であるとした，まさにブルームの予想どおりである〔⇨演習問題 6.2〕。

6.3　期待理論の限界

　ここまでみてきたように期待理論は，コアとなる定式化はミクロ経済学の期待効用原理とほとんど同じで，非常に精緻なモデルを提示する。ブルーム・モデルであれローラー・モデルであれ，基本的に同様の理論的帰結を導くということも明らかになった。それは，参加モチベーションといわれることもある参加（退出）の意思決定の説明には，外発的な動機づけ理論である期待理論でよいが，生産性の向上あるいは生産の意思決定を説明するには，内発的な動機づけ理論が必要ではないかというものであった。しかし残念なことに，期待理論はすでにモデル自体にいくつかの限界を内包している。最後にこうした論点をいくつか紹介することにしよう。

○　期待理論の検証可能性

　期待理論のモデルは，そこに含まれる概念が観察可能な事象と関連づけられなければ，検証不可能である（Vroom, 1995, p.23, 邦訳 p.21）。わかりやすく言うなら，実際に観察される人間行動の特徴やパターンと，概念・モデルから導かれる仮説がマッチしていなくてはならないということである。具体的には，観察・測定可能な要因（変数）のどれとどれを使えば，どの概念を測定したことになるのかという手続きを定めなければならない（これを操作的定義という）のである。たとえば誘意性（効用）なら，アンケートを採ってみるというのも一つの方法である。ある人があるものごとについて，魅力的であるとか望ましいとか言うならば，それは正の誘意性をもつと仮定することができる。

　ブルーム（Vroom, 1995, Ch.2）は，誘意性および期待の測定と実験的操作の方法に関する心理学的方法を，いくつも紹介し検討している。しかし，

これらの方法も必ずしも決定版とは言えず，問題点や限界点が露呈することも多いとして，結論を出す前に議論を打ち切ってしまっているような印象を受ける。それも無理のないことで，実は誘意性という概念を持ち出した時点で，期待理論は検証不可能になってしまうのである。この理由を，高橋（2004, pp.148-152）が非常にわかりやすく説明してくれているので，その要点を整理してみよう。

期待理論のモデルを検証しようとするなら，まず調査対象となった個人について誘意性（効用），手段性，期待を何らかの方法で測定する必要がある。モチベーション・スコアはこれらのかけ算（期待効用）で計算されるので，どれか一つでも測定できなければスコアを計算することはできない。その中でも効用の測定および比較は，実はそもそも不可能なのである。高橋（2004）のミス・コンテストの例を引用すれば，

- 北海道のミス・コンテストに出場して，審査員から100点満点で80点をもらったAさん
- 東京都のミス・コンテストに出場して，同様に70点をもらったBさん

では，Aさんのほうが美人であるとは誰も言うまい。両会場で審査員が違うに決まっているので，その得点を比較することに意味などあるはずがないからだ。効用を測定する物差しは個人ごとに異なっているので，異なる人間のあいだで効用を比較することは本質的に無意味なのである。

個人間で比較を行おうとするから無理が出るのであって，ある一人の中でなら効用は安定的に測定されるという意見もあるだろう。確かに，たとえば都会暮らしと田舎暮らしとではどちらが好きかというような問題については，選好は安定的だと考えられる。しかしとくに金銭に関しては，そうとは言い切れない。ずいぶん前に友人に貸して忘れていた5,000円が，たまたま返してもらえたとしよう。アルバイトの給料日前で金欠状態に陥っているときなら，これで給料日まで何とか食いつなげると，大きなありがたみを感じるに違いない。でも給料日直後でお大尽気分に浸っているときなら，服でも買っ

ちゃおうか，飲みにでも行っちゃおうかと，さして貴重なお金とも感じないだろう。金銭の重要性は状況要因によって変動すると，ローラーが指摘したとおりである〔⇨演習問題 6.3〕。

○ その他の問題点

　誘意性（効用）の測定および比較の問題が，期待理論が検証不可能であることを端的に示しているが，他にもいくつか測定上の問題が指摘されている。1つめは期待（ローラーでは成果期待）に関するものである。期待は主観確率であるから，基本的に仕事に従事する本人が表現することになるが，そのためにはかなり厳しい制約条件が必要である。たとえばある従業員の行動を，その上司が是認するか否かという確率については，現実の確率にかなり近似されるだろう。しかしその条件としては，その従業員が同じ上司の下で何年も働いてきており，自分の行動が選択可能であるという状況を何度も何度も経験していなくてはいけないのである（Vroom, 1995, p.30, 邦訳 p.29）。

　1次的な結果である活動の目標が，パズルを解くことや学力試験で高得点をとることのように，単一の評価基準で測定可能であれば（恣意的であるとはいっても）難易度や達成度のようなものを設定することができる。この場合は，それらを期待に読み替えることもできるだろうが，とくに会社での仕事ではそんなこともできない。仕事の内容そのものにも，達成可能な目標にも多様性があるし，上司や同僚，部下から評価をされるわけだが，その評価基準も明確なものばかりではないからだ。これでは，仮に目標を上手く識別することができたとしても，その達成確率などは事実上測定不可能であろう。

　2つめは手段性（ローラーでは報酬期待）に関するものである。もちろん手段性の測定そのものにも，誘意性や期待と同様の問題が常にまとわりつくが，ここで紹介するのは手段性をどこまでたどれるのかという問題である。会社の仕事のような活動では，とくに時給制や月給制で働く場合に顕著だが，最終的に得られる報酬とのあいだに明確な因果関係を見出すことができない

のが普通である。このような状況では，活動に対する動機づけの計算を，どの結果の誘意性から始めればいいのかわからなくなってしまう。言い換えれば，ブルーム・モデルの2次的な結果に相当する結果の誘意性が，どのように決定されるのかが明らかではないのである。

さらに，こうしたやっかいな状況を作り出すおおもとの原因とも言えるのが，期待効用原理が前提とする完全合理性の世界である。期待効用原理に酷似する期待理論では，事前にすべての選択肢（起こりうるすべての結果）がわかっていなければ，期待値（動機づけの強さ）を計算することができない。しかもすべての選択肢について，それが実現する確率（期待）とその誘意性もわかっている必要がある。しかし完全合理性を仮定することが非現実的であるのと同様，こうした選択肢，誘意性，期待，手段性を事前にすべてリストアップすることは実際には不可能である。何度も出てきたA君の残業の例のような状況なら，完全に合理的な意思決定を行うこともできるかもしれない。しかし現実の意思決定状況は，はるかに複雑で不確実性が高いのである。

こうしたことから期待理論のモデルでは，ある人がどのように動機づけられたのかということを事後的に説明することは可能だが，その人が特定の状況下でどのように動機づけられるかということを予測することはできないとされている。それは動機づけの強さの計算が，ゲーム理論のバックワード・インダクションのように，起こりうるすべての結果を想定して行われるからである。つまり期待理論では，ある人が実際にとった行動を最適解として，その行動をとるにいたった意思決定プロセスを事後的に推定しているにすぎないのである。

したがって，期待理論をもとにして動機づけの強さを測定する場合，観察者や実験者が考えつく範囲での選択肢や誘意性，期待，手段性をもとに行わざるをえない。そうすると行動の予測という観点からは，せいぜいどのような行動にもっとも動機づけられそうであるか，もっとも選択されやすい／努力が投入されやすそうな行動はどれかということしかわからないとされる。

それは期待理論が，結果の誘意性を所与とした意思決定のプロセスのみに焦点をあてるからなのである。

◯ 内発的動機づけの必要性

期待理論を現実の場面に応用するには，個々の活動に対する報酬がどのようなものかが，事前にはっきりとわかっている必要がある。ここから，従業員を動機づけるためには企業が業績評価のシステムを明確にし，成果主義的な人事システムを導入することが必要であるという結論が導かれる。この指摘は，一見すると的を射ているようにも思えるが，実はそれほど現実的な解とはいえない。すでに指摘したように，完全合理性を仮定すること自体が非現実的であるからだが，他にも理由がある。企業の現場で働く従業員は，指示された仕事，割り当てられた仕事だけをこなしていればいいというわけではないからである。

たとえば営業部門で，商品の売上データを管理するために，データベースに入力をするという仕事を考えてみよう。入力作業そのものは，業績評価システムに明示的に位置づけられるだろうし，達成度と報酬もリンクさせることができ，それを従業員に認識させることもできるとしよう。ところが，既存のデータベースの仕様では，せっかく入力した売上データが利用しにくいと思った従業員が，①データベースの仕様を変更してもらうために同社のシステム部門と交渉をしなくてはならないかもしれない。あるいは，自分がその仕事を効率的に行ったり，後任の人がスムーズにその仕事を引き継げるようにするために，②データのフォーマットを自ら工夫したくなるかもしれない。

①や②のような仕事に対しても，きちんと業績が評価され，成果に応じた報酬が決められていなければ，こうした仕事は一切遂行されないということを期待理論は主張する。しかしこうした仮定が，とくに日本企業の現場を正確に反映していないであろうことは想像に難くない。事実，企業の従業員に

対してインタビュー調査を行ってみると，自分に割り当てられた以外の仕事も，自ら進んで見つけ出してこなしていっていることがわかる。つまり，こうした仕事への動機づけを期待理論は説明することができず，内発的な動機づけ理論が必要であると考えられるのである。

　もちろん成果主義に近づければ，内発的な動機づけ理論が必要なくなるということではけっしてない。そのような条件が整えられたとしても，期待理論では参加モチベーションしか説明することができなさそうだからだ。これは，動機づけられた行動の過程を認知プロセスとしてとらえてみれば，実は期待理論がそのプロセスのはんの一部分だけをクローズアップして問題視していたからである。もちろん外的報酬は，動機づけに対して無視しがたい影響力を持っていることは確かで，内発的動機づけの考え方が重要であるとしても，常に外発的動機づけのメカニズムにも留意しておく必要はあるだろう。

演 習 問 題

6.1 給与（金銭報酬）が重要性を獲得するメカニズムが，ローラーの主張（図表6.1）どおりであるとすると，それが充足することのできる欲求にはどのような種類のものが考えられるだろうか。あるいは，給与が欲求の満足化をもたらすことは認めるとして，必ずしも財・サービスの獲得を経由しないで，給与そのものが直接的に満足感をもたらすことはないだろうか。あるとすれば，それはどのようなとき，どのような種類の欲求が満たされるのか，ディスカッションを行ってみよう。

6.2 ローラーは，内的報酬がもたらす満足感（誘意性）も期待理論の計算式に組み込まれ，最終的に動機づけのレベルに影響を及ぼすとしている。これに対してブルームは，「遂行レベルは個人の達成欲求の強度に直接対応して変動する」（第5章5.3節 p.137）と予想しており，内的報酬にもとづく動機づけの場合は，その誘意性の期待値を計算するような打算的な考えとは無関係に動機づけのレベルが決まるとしている。果たしてどちらの主張が説得的か，ディスカッションを行ってみよう。

6.3 ここであげたミス・コンテストの例以外にも，効用の比較が無意味となるような場面を例示することができるだろうか。まったく同じ大きさの報酬について，その効用を決定する状況要因を例示することができるだろうか。また，効用を測定する（ことができる）としたら，どんな方法や尺度が考えられるだろうか。思いつくかぎりの候補をあげて，その妥当性や有効性についてディスカッションを行ってみよう。

第7章

欲求説

　ブルームが期待理論を整備した1960年代，期待理論を中核とする過程論とならんで，動機づけ理論にはもう一つ大きな潮流があった。人間の高次の欲求にフォーカスした内容論の初期研究，人間資源アプローチである。高次の欲求が注目されるようになった背景には，20世紀の初頭に始まり1940年代に本格化した欲求説の展開があると考えられている。高次の欲求とはいったいどのような欲求なのか。欲求説とはどのような理論なのか。必ずしも純粋な動機づけ理論とはいえないが，人間資源アプローチの土台ともなった考え方である欲求説について詳しくみていくことにしよう。

○ KEY WORDS ○
欲求説，欲求段階説，高次の欲求，ERG理論，成長欲求

7.1 欲求説

　モチベーションの内容論といえば，そのまま欲求説を指すこともあるくらい欲求説は有名である。欲求説の本格的展開が，いわゆる自己実現欲求のような人間の高次の欲求への注目を促し，人間資源アプローチに始まる動機づけの認知論的研究に大きな影響を与えたからであろう。確かに，そもそも欲求が存在しなければ動機や動機づけは生まれないと考えられる。もちろん欲求がありさえすればいいというわけではなく，欲求を満たすような条件が環境になければならないが，環境に対する分析は動機論や過程論の守備範囲であるといえよう。欲求説あるいは内容論では，動機づけ要因としての人間の欲求をどのようにとらえているのだろうか。

○ マズローの欲求段階説

　欲求説の中でももっとも有名なのは，欲求段階説として知られるマズロー（Abraham H. Maslow）のそれであろう。現在の経営学の世界では，マズローの主張は「説」と呼ばれるのが一般的になっており，「理論」と呼ばれることはほとんどない。それはマズローが自説を構築するにあたって，なんら実証的な根拠を示しておらず，せいぜい「仮説」としか呼べないしろものだからだ（高橋，2004, p.165）。この仮説としての欲求段階説に対しては，これまで数多くの検証が試みられたがそうした試みはことごとく失敗し，すでに1970年代には，マズローの説には科学的根拠はないとの結論が出されている（Wahba & Bridwell, 1976）。

　それにもかかわらずマズローの欲求段階説は，1950年代中ごろから今日に至るまで，経営学のみならず実務の世界にも大きな影響を与え続けてきた。マズローの考え方に，「衣食足りて礼節を知る」的な趣が含まれていたので，

儒教道徳に慣れ親しんだ日本人にもウケたのであろう（今の日本で儒教道徳などという言葉を持ち出すのも気後れするが）。確かに，欲求の階層性や逐次的・段階的出現などのアイデアには眉唾だが，人間の欲求にはどのような種類のものがあるのかということを知るためには，取っつきやすい手がかりになっているのかもしれない。それに，マグレガーやローラーも欲求段階説に依拠して議論を展開していたし，ハーズバーグ（Herzberg, 1966, Chs. 4, 8）やデシ（Deci, 1975, Chs. 2-3）も言及はしているので，マズローの主張をきちんと知っておくのも無意味ではないだろう。

マズロー（Maslow, 1943）は人間の欲求を，次の5つのカテゴリに分類している。それぞれの欲求に与えられる訳語は訳者によって異なるようだが，ここでは高橋（2004）のものを採用している。

①生理的欲求（physiological needs）
②安全欲求（safety needs）
③愛情欲求（love needs）
④尊敬欲求（esteem needs）
⑤自己実現欲求（needs for self-actualization）

それぞれ，どのようなものに対する欲求かということは一目瞭然だが，その中身を簡単に紹介しておこう。個々の欲求についての解説は二村（2004b）に詳しいので，これを参考にしているが，できるだけマズロー（Maslow, 1943）にもとづいた説明を心がけた。まず①生理的欲求とは，有機体が恒常性（homeostasis）を維持するために必要なものを求める欲求で，すべての欲求の中でもっとも優先度の高いものとされる。具体的に何を求めるかのリストを作ることは不可能あるいは無意味だが，食物・水・睡眠といったものは，生理的欲求にもとづく動機づけの目標になりうる。

②安全欲求は，①生理的欲求が比較的よく満たされると現れてくる欲求で，大人よりもむしろ子どもを観察するほうが，この欲求については理解しやすい。自身の安全が脅かされているようなとき，大人はそれを表に出さないが，

7.1 欲求説

子どもは素直に反応するからである。したがって子どもが嫌うもの，邪魔されたり，乱暴に扱われたり，騒音など異常な刺激を与えられたり，適切なサポートをされなかったりすることを回避するような行動が，安全欲求によって動機づけられる。一般化すれば，安全・安定・依存や保護を求め，恐怖・不安・混乱を回避し，構造・秩序・法・制限などを求める欲求ということになる。

③愛情欲求は，①生理的欲求と②安全欲求の両者がかなりよく満たされると出現し，動機づけ要因となる。ここで愛情とは，家族や友人といった周囲の人々との愛情に満ちた関係のことであり，それは自身の所属集団に自分の居場所を見つけるということである。つまり特定の社会的集団への所属を求める欲求も，愛情欲求に含まれることになる。

人々は安定的で根拠のしっかりした，自己に対する高い評価，自尊心（self-esteem），他人からの尊重に対する欲求をもっている。これが④尊敬欲求である。確固たる自尊心をもつということは，自分自身の現実の能力や達成と，それに対する他者からの尊敬とがなければならないので，この欲求の目標は2つのカテゴリに分かれることになる。1つめは，強さ，達成，精通と能力（adequacy），自信，2つめは，名声や地位（他者からの尊敬や尊重を表す），承認，注目（attention），有力であること（importance），正しい評価（appreciation）である。

これら①〜④の欲求がすべて満たされたとしても，人は自分に適したことをしていないかぎり，新たな不満が湧いてきて，落ち着かなくなる。たとえばミュージシャンは楽曲を作り，画家は絵を描くことで，究極的に幸せになれるのである。これが，人はなりうるものに（なりたいものに）ならなければならないという欲求で，⑤自己実現欲求と呼ばれる。わかりやすく言えば「理想の自分」に近づいていきたいという欲求である。そして自己実現欲求がはっきり出現するには，それに先立って①〜④の欲求が満たされていなければならないとされる。

◯ 欲求の階層性と逐次的・段階的出現

　欲求の内容説明にすでに表れていたが，マズロー（Maslow, 1943）によれば①〜⑤の欲求はそれぞれの優先度（prepotency）によって，この順序で階層構造（hierarchy）を為しているという。つまりある階層の欲求は，それより下の階層の，より優先度の高い欲求が満足されていないと，表に出てきて人間の行動を動機づけるようにならないということである。こうした階層性の考え方は，図表 7.1 のようなピラミッド型の図形で表現されることが多いようである。

　まさにピラミッドを建てるのと同じで，まずもっとも低レベル（基本的）ではあるが，優先度はもっとも高い①生理的欲求が満たされなければならない。食物や水のような生理的欲求を満たすものを目標として，人間は動機づけられるというのである。そして生理的欲求が満たされるとその優先度は低下し，今度は次のレベルの②安全欲求の優先度が相対的に高くなるから，これが満たされなくてはならなくなる。もちろん生理的欲求が 100% 満足されている必要はない。生理的欲求の満足度が高まるにつれて，その優先度は次

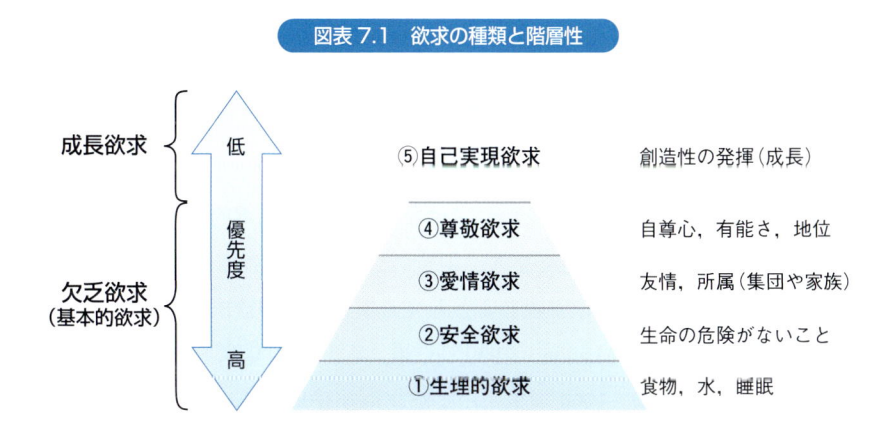

図表 7.1　欲求の種類と階層性

成長欲求	⑤自己実現欲求	創造性の発揮（成長）
欠乏欲求（基本的欲求）	④尊敬欲求	自尊心，有能さ，地位
	③愛情欲求	友情，所属（集団や家族）
	②安全欲求	生命の危険がないこと
	①生理的欲求	食物，水，睡眠

（優先度：低←→高）

第に低下していき，相対的に安全欲求の優先度のほうが高くなるからである。

　こうしたステップを繰り返すことで人間の行動を動機づける欲求は，より低レベルのものからより高レベルのものへと逐次的・段階的に移り変わっていくという。そして最終的には，トップ・オブ・欲求ともいうべき⑤自己実現欲求が人間を動機づけるようになるのだが，もし自己実現欲求が満たされてしまったら，モチベーションは一切なくなってしまうのかというとそうではない。自己実現欲求だけは①～④の欲求とは異なり，満たされれば満たされるほどむしろその優先度を高めていくタイプの欲求とされているからだ。

　それは①～④の基本的欲求と⑤自己実現欲求の性質の違いによるとされる（Maslow, 1962；1968；1999, Ch.3）。基本的欲求を満足させるものというのは，人間が自分の内部から調達することができない。食物・水といった①生理的欲求の満足要因は，明らかに自然環境から調達しなければならないし，②安全欲求や④尊敬欲求の満足要因は，基本的に他者との関係で決まるものだから社会環境から調達しなければならない。これらの要因は，人間が外部環境から取り入れねばならないものなので，欠乏（deficiency）することで対応する欲求をアクティブにすると考えられる。こうしたことから基本的欲求は「欠乏欲求」と名づけられた。

　これに対して⑤自己実現欲求は「成長欲求」と名づけられた。成長（being）はそれ自体，非常に大きな刺激的過程で，成長を最終目的とする手段活動に従事するまさにそのときによろこびや心地よさに浸ることができるのである。成長欲求が表出し，行動を動機づけるようになるためには，基本的欲求がすべて満たされている必要があるが，それは必ずしも基本的欲求が意識から消え去ることを意味するわけではないという。基本的欲求が満たされた人（マズローはこれを健康な人，創造者，自己実現者などと表現している）においては，欠乏欲求が生じるとしてもより高次の欲求として意識化されるだけなのである（Maslow, 1999, p.36, 邦訳 p.37）。

　マズロー（Maslow, 1999, Ch.3）にたびたび登場する，生理的欲求の一つである食欲の例を敷衍すれば，次のように解釈することができるだろうか。

成長動機が優位にある人というのは，食事を楽しむことができている人であるし，食事をしたいと思ったときによい食物にありつける人でもある（生理的欲求としての食欲の優先度が落ちているということを意味する）。したがって食欲が意識化されたとしても，不快や恐怖を感じることはなく，むしろ食欲を進んで受け入れ，楽しみやよろこびを感じることができる。そして食欲が満たされたということは，空腹という緊張状態を首尾よく解消することができたということであり，それによって満足することができるから，次回もこの緊張状態の解消に喜んでチャレンジすることになる。

　ということは実は基本的欲求ですら，内発的動機づけを理論化したデシ（Deci, 1975）の言う「有能さと自己決定への欲求」，あるいはその着想のもととなった心理学の概念「コンピテンス（competence）」（White, 1959）から派生するバリエーションの一つにすぎないのではないか。この欲求は人間が生まれながらにもっている根源的なもので，それが経験を通じていくつかの特殊な動機へと分化していくのである（Deci, 1975, pp. 55–56, 邦訳 pp. 61–62）。マズロー自身の説明を読んでいると，こうした考え方に則って多様な現れ方をする欲求について説明したほうが一貫性を保てるように思われる。人間の行動に限っていえば，よほど原始的なものでないかぎりは，成長欲求オンリーで説明することができるのではないだろうか〔⇨演習問題7.1〕。

7.2　欲求段階説の修正

　マズローが提示した欲求の種類についてはともかく，カテゴリの数，階層性や逐次的・段階的出現といったアイデアについては，どうしてもマズローの議論そのものに矛盾を内包しているような印象を受けてしまう。そのせいもあってか，その後，欲求段階説に対する実証的な研究が数多く行われ，い

くつかはそのモデルの修正も行っている。その中でも代表的なモデルの一つとされる（Wahba & Bridwell, 1976），アルダファーの ERG と呼ばれる理論を紹介してみよう。

○ 欲求段階説の検証

アルダファー（Clayton P. Alderfer）の ERG 理論も，マズローの欲求段階説に対する実証研究から生まれたものである。その紹介に先立って，欲求段階説に対する検証はどのような方法で行われ，どのような結論を導いたのかということを，ワバ（Mahmoud A. Wahba）とブリッドウェル（Lawrence G. Bridwell）のサーベイ研究（Wahba & Bridwell, 1976）にもとづいて簡単に要約しておこう（このサーベイでアルダファーの研究も 2 つ取り上げられている）。

ワバとブリッドウェルが取り上げた 10 個の実証研究は，マズローの欲求の分類枠組みを因子分析（factor analysis）と呼ばれる統計手法を用いて検証しようとしたものである。因子分析とは，ごく簡単にいえば，あるデータの背後に存在するはずの共通原因（因子）を抽出するための分析手法である。たとえば，国語の学力試験を思い浮かべてみよう。国語のテストは漢字の読み書き，語彙，文法，読解，作文など，いくつもの種類の設問で構成されており，こうした試験で高得点をとる人は，一般的に国語能力が高いとされる。つまり国語能力というのが共通原因で，それが高い人はこれらの設問（変数）のいずれもが高くなると考えるのである〔⇨演習問題 7.2〕。

こうした手法を用いてマズローの欲求カテゴリを確認しようとするなら，それぞれの欲求の強さを測定すると考えられる質問項目をリストアップして質問調査票を作成すればよい。このアンケート・データに対して因子分析を実行してみて，マズローの 5 欲求に対応するような 5 因子が抽出されれば，少なくとも調査対象者についてはマズローの主張がだいたいあてはまると言えるわけである。サーベイ対象だった 10 個の実証研究は因子分析を採用し

ていることから，次のような3つの問いに答えられるようなものであった。

(1) マズローの欲求カテゴリの概念どおりに解釈することができるような5つの因子が因子分析によって抽出されるか。
(2) マズローの欲求カテゴリは相互に独立したものか，それとも重複しているのか。重複しているとすれば，どのようなパターンを描くのか，また隣り合ったカテゴリと重複するのかそうでないのか。
(3) マズローの欲求カテゴリのそれぞれは，無関係と考えられる質問項目（変数）や因子と独立なのか。

なお，これらの実証研究の調査対象者は，専門職，非専門職，学生，管理者と多岐にわたっており，採用する測定尺度（調査票の内容）もさまざまであった。また質問項目の内容も，仕事に固有のものだったり，仕事に対する動機づけ全般を問うものだったりと，研究者によって視点は異なっていた。さらにそれぞれの調査票が，質問項目の内容，質問（測定）方法，得点化の手続きなどの面で弱点を抱えていることも認めつつ，ワバとブリッドウェルはこれらの研究から次のような結論が導かれるとしている（Wahba & Bridwell, 1976）。

(a) マズローの5つの欲求カテゴリを独立の因子として抽出した研究は一つもない。
(b) いくつかの研究は，欠乏欲求（社会的欲求と尊敬欲求）と成長欲求（自己実現欲求と自律欲求）を相互に独立したグループに分類している。
(c) 自己実現欲求は，いくつかの研究で独立した因子として抽出されたが，その他の研究では別の欲求カテゴリと重複していた。
(d) 異なる2つのサンプル（調査対象者）から同じデータを集めた2研究ともに，マズローの欲求カテゴリを一切サポートしていない。

つまりマズローが分類した人間の欲求についてのカテゴリは，明確で一貫した支持を得られなかった。人間の欲求は，5種類とは限らず1つとか2つ

しかないのかもしれないし，ひょっとしたらもっとたくさんの種類があるのかもしれないという結論になってしまったのである。しかもこうした結果は，欲求の段階的・逐次的出現という仮説に対しても反証になっていると考えられる。

ただし欠乏欲求と成長欲求という区分については，ワバとブリッドウェルは若干異なる結論を導いている (Wahba & Bridwell, 1976)。この2つは因子分析の結果，独立であったりそうでなかったりという結果が出ていたが，これには各研究で用いられた質問票の問題（質問項目が少なすぎるなど）や，因子分析という手法自体の弱点（たとえば，藤田・高橋 (2003) などを参照されたい）が原因として考えられる。マズローの概念化自体が，検証に耐えうるような厳密なものでなかったことも大きな原因だが，こうした結果はむしろ階層性のアイデアに対しては，否定的というより支持的なものと受け止めるべきだという。

ワバとブリッドウェルはこれら2区分に対して，維持（maintenance）欲求，成長（growth）欲求という名称を提案している。そして維持欲求に関しては，欠乏欲求と同様，それを満たす要因が奪われる（欠乏する）ことで動機づけ要因となり（deprivation / domination proposition），満たされるほどその優先度は低下し，別の欲求が意識化される（gratification / activation proposition）というマズローの考え方があてはまるのではないかと考えた (Wahba & Bridwell, 1976)。この仮説は，第8章で紹介する動機づけ衛生理論とよく似ており，妥当性も高いのではないだろうか。

○ 欲求カテゴリの修正

それでは欲求段階説は，どのように修正されるべきなのだろうか。その有力な候補の一つがアルダファー（Alderfer, 1969）のERGモデルである。すでに述べたようにアルダファーも，欲求段階説に対する検証を行っており，その過程で人間の欲求を3カテゴリに分類することが適当であることを発見

した。その3つとは次のようなもので，それぞれの欲求の頭文字がERG理論の名前の由来になっている。なお，ここでの解説も二村（2004b）を参考にしているが，できるだけアルダファー（Alderfer, 1969）に忠実に行うよう心がけた。

①生存欲求（existence needs）：物質的な（material）存在を獲得したいという欲求。
②関係欲求（relatedness needs）：重要な他人との人間関係を維持したいという欲求。
③成長欲求（growth needs）：自分らしい発達と成長の機会を探し求める欲求。

　これら3欲求が動機づけの基本要素であるが，実際の人間行動の目標としては，いくつかのカテゴリにまたがって表れることがしばしばあるという（Alderfer, 1969）。そのような「合成（compound）」欲求の例としては昇進という目標があげられる。昇進という結果には，給与というかたちで物質的な報償もともなうし，一連の人間関係も変化するし，自分の才能を伸ばし活用する新たな機会にも巡り会えるからだ。
　①生存欲求とは，ありとあらゆるかたちの物質的，生理的な欲求を含んでいる。飢えや乾きは生存欲求における欠乏の代表的なものだし，給与，フリンジ・ベネフィット，物理的作業条件などもこの欲求に対応するものである。生存欲求の基本的な特徴は，資源を獲得することで満たされるというものである。だから，もし資源量が限られていれば，ある一人が得れば他の人はその分を失うという仕方で，資源が人々に分配されなければならない。自分の満足が他人の不満足につながるという，対立関係を生じさせるかもしれないのである。
　②関係欲求の満足要因となる重要な他人というのは，家族，上司，同僚，部下，友人そして敵である。関係欲求の基本的特徴は，これらの人々との思想や感情の共有あるいは相互依存のプロセスから満足が引き出されるという

ことにある。これが生存欲求と大きく異なる点で，生存欲求が相互依存を妨げ，資源の奪い合いを生じさせうるのに対して，関係欲求の満足化プロセスでは，受容，承認，理解，影響力の交換が満足要因となる。したがって共有される思想や感情は，ポジティブなもの（優しさや親密さ）でもネガティブなもの（怒りや敵意）でもかまわない。それらを交換し共有することこそが重要なのであるから，関係欲求が満たされないということは，関係が疎遠だったり薄かったりすることを意味する。

③成長欲求には，自分自身だけでなく環境に対しても創造的で（creative）生産的な（productive）影響を及ぼす活動に，人間を巻き込むような欲求のすべてが含まれる。自分の能力（capacities）をフルに活用しなくてはならなかったり，新たな能力を開発する必要に迫られたりするような問題に取り組むとき，成長欲求は満たされる。成長欲求が満たされると，人間としての全体感（wholeness）と充実感（fullness）を感じることができるので，

図表 7.2　マズローとアルダファーの欲求カテゴリの関係

マズローの分類	分割	アルダファーの分類
生理的欲求		生存欲求
安全欲求	物質的	
	対人的	
愛情（所属）欲求		関係欲求
尊敬欲求	対人的	
	自律的	成長欲求
自己実現欲求		

（出所）　アルダルファー（Alderfer, 1972, p.25）を若干改変

こうした問題に取り組むチャンスに出逢えるかどうかが重要になる。

ERGモデルの欲求の3分類は，マズローの枠組みからスタートしたものだが，欲求カテゴリの重複というマズローの問題点を解消しうる方法論を提示している（Alderfer, 1969）。ERGモデルでは，マズローの安全欲求と尊敬欲求について，上記の特徴にもとづいてこれらを分割し，隣接する欲求カテゴリと統合することでこの問題をクリアしているとされる（図表7.2）。

つまり安全欲求についていえば，身体的・物質的な脅威から守られたいという欲求は生存欲求に，人間関係を築き上げるプロセスにおいて達成される安全への欲求は関係欲求に分類されるべきとしている。尊敬欲求についても同様で，他人からのリアクションに依存する尊敬への欲求は関係欲求に，自律的で自己充足的な活動への欲求は成長欲求に分類されている。

○ ERG理論の主要命題

アルダファーは欲求カテゴリだけでなく，階層性や段階的・逐次的出現というアイデアについても修正を施している。そのことが，ERG理論から論理的に導かれる7つの主要命題に表現されている（Alderfer, 1969）。

【7つの主要命題】
P1：生存欲求が満たされないときは，それがいっそう望まれるようになる。
P2：関係欲求が満たされないときは，生存欲求がいっそう望まれるようになる。
P3：生存欲求が満たされるほど，関係欲求がいっそう望まれるようになる。
P4：関係欲求が満たされないときは，それがいっそう望まれるようになる。
P5：成長欲求が満たされないときは，関係欲求がいっそう望まれるようになる。
P6：関係欲求が満たされるほど，成長欲求がいっそう望まれるようになる。
P7：成長欲求は満たされるほど，それがいっそう望まれるようになる。

図表 7.3 ERG 理論の主要命題

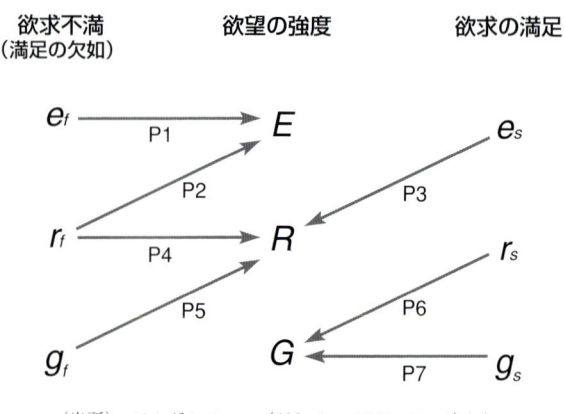

| 欲求不満
（満足の欠如） | 欲望の強度 | 欲求の満足 |

$e_f \xrightarrow{P1} E \xleftarrow{P3} e_s$

$r_f \xrightarrow{P2} E$

$r_f \xrightarrow{P4} R \xleftarrow{} r_s$

$g_f \xrightarrow{P5} R$

$g_f \rightarrow G \xleftarrow{P6} r_s$

$G \xleftarrow{P7} g_s$

（出所） アルダルファー（Alderfer, 1969, Fig. 1）より

　これらの命題が示す因果関係を図示したものが，図表 7.3 である。命題 P1 と命題 P4 はいわゆる欲求不満仮説のことであり，マズローの欠乏／支配命題（deprivation / domination proposition）と同様である。ある欲求が満たされていないとその優先度は高いままなので，人間行動を支配する（動機づけ要因になる）が，満たされれば優先度は低下していくというものである。ただし ERG モデルでは，同一カテゴリ内での特定の欲求のあいだには，転移可能性（transferability）を認めている。関係欲求でいえば，ある人との関係から満足を得られなかったときには，別の人との関係に満足を求めるようになるということである。

　ERG モデルの欲求の 3 カテゴリは，独立して識別可能なものであるが，マズローと同じような階層性はそのあいだには認められない。しかし「具体性（concreteness）」という観点からは，これら 3 カテゴリは一つの連続体の上にあるとみなすことができる。生存欲求はもっとも具体性が高く，成長欲求はもっとも抽象度が高いのである。ERG モデルでは，人が欲求不満を

経験すると，より具体的で確実性の高い目標を望むようになるという傾向を前提にする。これは「欲求不満―退行（frustration-regression）」メカニズムとでもいうべきもので，命題 P2 と命題 P5 に表現されている。関係欲求が満たされないときは，それよりも抽象度も不確実性もともに低い目標を志向する生存欲求が支配的となるのである。

欲求不満―退行メカニズムと対になる考え方は，「満足―前進（satisfaction-progression）」メカニズムで，命題 P3 と命題 P6 がこれに対応する。マズローの階層性の考え方（gratification / activation proposition）と基本的に同じといえる。しかしマズローであれば，関係欲求の満足化が成長欲求をアクティブにするためには，それに先立って生存欲求が満たされていなくてはならないとするはずだが，ERG モデルではそれを必要条件としない点が大きく異なる。より具体的で確実性の高い欲求を満たした人は，より抽象的，個人的で不確実性の高い側面に取り組むことに，より大きなエネルギーを費やすようになるという前提である。

命題 P7 は，満足水準（aspiration level）の考え方の延長線上にある。成長欲求とは内発的に満足されるものであり，人は成長を経験すればするほどさらに成長を欲するようになるし（満足水準の上昇），そうでないなら成長を望まなくなる（満足水準の下降）。古典的な満足水準に関する理論では，自己決定した目標を達成することができたとき，人は満足水準を上昇させようとするし，その目標達成に失敗したときは満足水準を下降させると考える。しかし ERG 理論では，成功，失敗体験のいずれもが成長欲求を満足させ得ると考える。成長欲求は，自分の個性の役割（functioning of his personhood）を高め，豊かにし，拡大するようなものごとを経験するプロセスで満足化されるが，このプロセスは目標達成に成功しても失敗しても発生するからである。

7.3 欲求段階説とERG理論の比較

人間の欲求の種類,構造についてこうした定式化を行った上で,アルダファー(Alderfer, 1969)は欲求段階説とあわせてERG理論の検証のための調査研究を行っている。この調査では,どのような仮説が立てられ,それぞれのモデルに対してどのような結論が導かれたのか。その内容を簡単に紹介しながら,欲求段階説とERG理論の共通点,相違点についてみていくことにしよう。

○ 仮説と調査の概要

アルダファー(Alderfer, 1969)の調査では,大きく2つの検証が意図されていた。1つめは,マズローの安全欲求,愛情欲求,尊敬欲求におけるオーバーラップの問題を,ERGモデルで人間関係の問題としてひとまとめにしたことから導かれる命題についての検証①である。具体的には,p.173で紹介した主要命題のうちのP1とP4があてはまると考えられるが,実際に調査された(質問項目として調査票に盛り込まれた)のはP4に対応する変数だけであるようだ。2つめは,ERG理論では動機づけ要因となる欲求カテゴリが逆行しうるとしたことに関する命題についての検証②である。もちろん欲求段階説では欲求カテゴリは階層化されており,高次の欲求が満たされなくても低次の欲求の優先度が強まることはないとしていた。こちらの検証に対応するのは,主要命題P2とP5である。

仮説は全部で21個もあるので,詳細はアルダファー(Alderfer, 1969)を参照してもらうことにして,ここではその概要のみを紹介しよう。検証①に対しては,大きく分けて3グループの仮説が提示されている。

【仮説グループ1】欲求段階説から導かれる，人間関係の欲求に関する仮説（H1〜H3）。マズローの5カテゴリではオーバーラップしてしまっているとされていた所属やステータスへの欲求についての仮説となっている。

【仮説グループ2】ERG理論の主要命題P4から導かれる，欲求カテゴリ内における個別欲求間の転移可能性についての仮説（H4〜H7）。上司，同僚それぞれからの敬意が，相互に代替的であるかどうかという内容になっている。

【仮説グループ3】人間関係の欲求についての，欲求段階説と主要命題P4とのコンビネーションから導かれる仮説（H8〜H15）。所属やステータスへの欲求と，上司，同僚からの敬意に対する欲求との関係についての仮説となっている。

他方，検証②については，主要命題P2とP5から導かれる，次のような内容の一連の仮説が設定されている。

【仮説グループ4】高次の欲求における不満足が，低次の欲求の優先度に対してどのようなインパクトを及ぼすかということに関する仮説（H16〜H21）。成長欲求，上司や同僚からの敬意，給与や付加給付への欲求のあいだの関係についての仮説となっている。

調査はニューヨーク州北部の銀行に勤める，約110人の従業員を対象に行われた。職位は副頭取以下すべてにわたっている。調査対象者は勤務時間中に，一度に12〜15人ずつアルダファーから説明を受けた上で調査票を手渡され，30分ほどで回答を終えた。アルダファーの調査は，この銀行の従業員意識調査の一部として実施されたものである。

質問項目の内容は大きく2種類に分けられる。一つは欲求の強さを測定する14項目で，回答は5段階評価で得られた。具体的には次のような要素について，どれくらい強く欲するかを問う内容である。

【所属の欲求（マズローの愛情欲求）に関する項目】
D1：同僚を手助けする機会
D2：仕事の上で親密な交友関係を築く機会

　もう一つは欲求の満足度を測定する33項目で，回答は6段階評価で得られた。こちらについてもいくつかを抜粋して引用しておこう。

【マズローの人間関係の欲求：所属（愛情）に関する項目】
S1：仕事の上で親密な交友関係を築いてきた。
S2：仕事の上で同僚を手助けする機会が非常に頻繁にあった。

○ 分析結果

　こうして集められたデータに対してアルダファー（Alderfer, 1969）は，欲求の満足度と欲求の強さとのあいだで相関分析を行うことで仮説を検証している。たとえば【仮説グループ1】のうちの仮説H2（所属の欲求が満たされないとその欲求の優先度は高くなる）を検証する場合には，質問S1の得点と，質問D1とD2の（おそらく合計か平均）得点との相関係数を計算する。この例では相関係数は0.055となっており，ほぼ無相関であるから仮説H2は支持されないと判断するわけである（相関係数は−1以上1以下の値をとるため）。

　こうした相関分析を，欲求満足度の各得点について，欲求の強さの得点とのあいだで総あたり的に行うことで，一連の仮説の検証が可能となる。相関分析の結果，それぞれの仮説グループの採否は次のとおりになった。

【仮説グループ1】……まったく支持されない
【仮説グループ2】……強く支持される
【仮説グループ3】……ほとんど支持されない
【仮説グループ4】……かなり強く支持される

仮説グループ1と3は，欲求段階説から導かれる命題を反映させたものだったことから，とくにその単純な欲求不満仮説（deprivation / domination proposition）の論理的妥当性は低いということになる。ただし，この調査データに対する分析では，ERG理論の命題のほうが強く支持されたわけだが，一社しか調査していないことや，欲求概念の操作的定義が適切かどうかという問題などから，ERG理論も一時的な結論として受容すべきだとしている（Alderfer, 1969）。大風呂敷を広げてしまったマズローに比べれば，アルダファーのこのストイックな姿勢は評価されるべきだろう。

　このように，アルダファー（Alderfer, 1969）の調査研究の内容をみてみると，欲求段階説とERG理論の共通点，相違点についてはあまり単純化して示すことはできない。欲求のカテゴリや逐次的・段階的出現のアイデアなど，がらりと変更されたものもあるが，大枠ではマズローの説に依拠しながら細部は微調整しているという側面が少なからず見受けられるからである。ちょっと把握しにくくなってしまうが，共通点，相違点をまとめてやれば次のようになるだろうか（図表7.4）。

　図表7.4のうち，網掛けをした部分が両者の大きな相違点である。1点目

図表7.4　欲求段階説とERG理論の共通点・相違点

	欲求段階説	ERG理論
1. 欲求の種類・数	5カテゴリ	3カテゴリ
2. →欲求不満仮説	単純	転移可能性（目標のすり替え許容）
3. 欲求の階層性	優先度による階層化 →逐次的・段階的出現	具体性による連続体 →同時並行的・可逆的出現
4. 最高次欲求・充足の限界	自己実現欲求・なし	成長欲求・なし

の欲求の種類・数については，マズローの５カテゴリに対してアルダファーは３カテゴリを妥当とした。ただしカテゴリ数の変更は，マズローの安全欲求，愛情欲求，尊敬欲求における隣接カテゴリとのオーバーラップを排除したことによるもので，このために２点目の共通点（欲求不満仮説）における微調整が施されることになった。欲求は満たされればその優先度を低下させるし，満たされなければ優先度は高いままで，人間行動を支配し続けるというのが単純な欲求不満仮説である。この仮説どおりだと，人は達成することができない目標があったとき，いつまでもその目標を追い求めなくてはいけなくなってしまう。そこでアルダファーは，あるカテゴリ内の個別欲求のあいだでは，あたかも目標をすり替えるようにして，欲求が転移することがあるとしたのである。

　３点目の欲求の階層性については，マズローが欲求の優先度にもとづいて行っていたのに対して，アルダファーは欲求（の目標）の具体性にもとづいて行っている。またマズローは階層構造を主張し，欲求カテゴリ間に上下関係のようなものを設定していたのに対して，アルダファーは連続体，つまりいわば横並びの関係にあるとした。このため実際に行動を支配する（動機づける）欲求は，マズローは逐次的・段階的に出現するとしたが，アルダファーは同時並行的・可逆的に出現すると考えた。

　４点目の最高レベルの欲求については，名称こそ異なるものの概念的にはほとんど同じものである。余談だが，アルダファーの場合は３種類の欲求は横並びの関係だといっているので，最高レベルとか最高次と表現するのには違和感があるが，実は彼自身がそのように表記している箇所がいくつか見受けられる（Alderfer, 1969）。もちろん成長欲求には，マズローの尊敬欲求のうち自己充足的なものについては含まれているので，自己実現欲求よりもいくぶん広義ではあるが，その充足には際限がなく，満たされれば満たされるほどより強い動機づけ要因となるとしている点ではまったく同じである。

演 習 問 題

7.1 マズローの欲求段階説に拘泥する必要はまったくないのだが，人間にはどのような種類の欲求が備わっているのか考えてみよう。それらの欲求が満たされたとき，どのような意味で有能さと自己決定の感覚を味わうことができるのか，どのような意味で「成長」したことになるのか，ディスカッションを行ってみよう（有能さと自己決定への欲求については第8章を参照のこと）。

7.2 演習問題7.1であげた欲求のうちのいくつかについて，p.176〜178も参考にしながら，それを測定するための質問調査票を設計してみよう。可能であれば，その調査票を用いてゼミやサークルの友人などを対象に調査を実施し，因子分析を行い，その結果についてディスカッションを行ってみよう。

第8章

動機づけ衛生理論

　欲求説における人間性重視の考え方は，モチベーション研究の人間資源アプローチに受け継がれていくことになった。人間資源アプローチの代表的論者として知られるハーズバーグは，人間の欲求を動物的なものと人間的なものとに大きく分けてとらえる欲求説に類似した考え方を，企業の従業員を対象とした調査研究から実証的に発見している。

　ハーズバーグが動機づけ要因に分類した仕事上の満足要因は，内発的な動機づけ理論において動機づけ要因とされる達成欲求や有能さと自己決定への欲求を満足するような要因ばかりであった。まさに期待理論の提唱者ブルームの，生産性向上には内発的な動機づけ理論が必要ではないかとの予想と，まったく同様の結論に達したのである。

○ KEY WORDS ○
KITA，動機づけ要因，衛生要因，職務満足，
職務不満足，参加（退出）の意思決定

8.1 人間を動かす方法

動機づけ衛生理論（motivation-hygiene theory）の紹介に先立って，人間を動かす方法についてのハーズバーグ（Frederick Herzberg）の考え方をみていくことにしよう。

ハーズバーグによるとこの当時の米国では，モチベーション研究の成果はあまり芳しくないにもかかわらず，それにもとづいた特効薬が次々に作られ，企業の現場で実践されては失敗を繰り返すという状況だったという。つまり，科学的管理法や人間関係論といった，それまでのモチベーション研究についての彼なりの整理，評価が，その論考（Herzberg, 1968）には含まれているということになる。また，ハーズバーグが整理した人間を動かす方法についてみていくことで，動機づけ衛生理論の理論的な位置づけについてもより理解が進むことだろう。

◯ KITA によるモチベーション

ハーズバーグ（Herzberg, 1968）によれば，誰かに何かをさせる，もっとも確実でもっとも回りくどくない方法は「尻を蹴飛ばす」ことである（日本風にいうなら「尻叩き」とでもなるだろうか）。ハーズバーグはこれを「KITA」と呼んでいるが，尻を蹴飛ばす（kick in the pants）の文字を組み合わせて作られた造語である。もともとハーズバーグは，"kick in the ass" と表記していたので頭文字語は KITA となるのだが，ご存知のとおり "ass" はあまり上品な意味合いの言葉ではないので，のち（おそらくハーズバーグ（Herzberg, 1968）がリプリントされたとき）に "pants" に改めたと考えられる。もちろん，KITA を字義どおりに実行したら単なる暴力になってしまうので，大昔ならばともかく，すでに 1968 年当時にはほとんど用

いられずタブー視されるようになっていた。その理由としては，

  ①やぼである。
  ②多くの組織が大事にしている温情主義の看板を傷つける。
  ③肉体的な制裁は自律神経を直接刺激し，しばしば消極的反応を招く（従業員も仕返しに尻を蹴飛ばす）。

の3つがあげられるらしい。

  こうしたKITAの欠点の真偽はともかくとして，当時の企業の多くが温情主義の看板を掲げていたという指摘②は興味深い。従業員の動機づけに関する人間関係論的仮説（「幸福な労働者は能率的かつ生産的労働者である」）が，いかに一世を風靡し実務界にまで浸透していたかを如実に物語っている。この仮説にもとづいて，当時のマネジャーたちは労働者の扱いをよくし，給与をよくし，さらには会社側の望みどおりに仕事をしたものには報奨を支払うといった，福祉資本主義あるいは温情主義的施策が実施されるようになっていたのである（Herzberg, 1966, pp. 34-35, 邦訳 p. 40）。

  ただしタブー視されていたのは，字義どおりのKITAである消極的KITA（negative KITA）のほうに限った話で，積極的KITA（positive KITA）についてはむしろ好んで用いられ，米国では伝統的な方法として根づいていたとある（Herzberg, 1968）。消極的KITAには，身体的な（physical）ものと心理的な（psychological）ものの2種類があるが，いずれにしても暴力をふるうことにほかならない。従業員にもたらされるのが，肉体的な苦痛か精神的な苦痛かという違いがあるだけである。なぜ消極的KITAがマネジャーたちに受け入れられず，廃れてしまったかというと，消極的KITAは従業員の行動を引き起こすことはできるが，モチベーションを高めることはないからである。ハーズバーグは，消極的KITAによって「私が動機づけられ，あなたが動く」と表現しているが，言い得て妙である。

○ 積極的KITA

　これに対して積極的KITAのほうは，当時のマネジャーたちに，これこそまさにモチベーションであると評価されていた（Herzberg, 1968）。そして，積極的KITAの考え方から編み出された数々の人事慣行は，温情主義をもたらしたとされる人間関係論的仮説だけでなく，科学的管理法や期待理論の主張にも驚くほど合致するものばかりである。

　まず積極的KITAとは，従業員に対して「これを，私のため，あるいは会社のためにやってくれれば，報酬，報奨金，より高い地位，昇進，その他会社としてやれることは何でもしてやろう」と，アメ玉（jelly beans）をちらつかせることである。このとき，従業員はアメ玉を欲して動くことになるが，従業員に動いてほしいのはマネジャーである。したがって，動機づけられるのはやはりマネジャーの側であり，動くのは従業員なので，それぞれに生じる結果は消極的KITAと同じである。違いは，押す代わりに引っ張ったという一点に尽きる。

　なぜ積極的KITAが米国ではポピュラーな手段になったかというと，消極的KITAが「暴力」であるのに対して，積極的KITAは「誘惑」だからであるとハーズバーグは言う（Herzberg, 1968）。その意味を汲み取るのは難しいが，組織にとっては積極的KITAのほうがよりスマートな方法であるということがその理由らしい。誘惑を提示すれば「組織は従業員を蹴飛ばさなくてもすみ，従業員自身が自分を蹴飛ばす」ことになるからである。しかし従業員にとってみれば，誘惑に負けるほうが暴力をふるわれるよりもずっと不幸である。暴力は不運な事故としてすませられるが，誘惑は自堕落を思い知らせることにつながるからであると，ハーズバーグは指摘する。

○ モチベーションの手段としての人事慣行

　それでは，アメ玉をちらつかせることで，モチベーションをもたらす手段

として開発された人事慣行には，具体的にどのようなものがあるのだろうか。ハーズバーグ（Herzberg, 1968）は古いものから順に示してくれているので，その順番どおりにみてみよう。これらはすべて積極的 KITA のバリエーションである。

　①労働時間の短縮
　②賃上げ（spiraling wages）
　③フリンジ・ベネフィット（付加給付，諸手当）
　④人間関係トレーニング
　⑤感受性トレーニング
　⑥コミュニケーション
　⑦ツーウェイ・コミュニケーション
　⑧仕事への参画意識（job participation）
　⑨カウンセリング

　あらためて説明する必要もほとんどないだろうが，これら人事慣行の発明の背後に，科学的管理法から人間関係論，そして欲求説へと続くモチベーション管理の理論の推移を読み取ることができる。②は原語からすれば必ずしも賃上げだけを意味しないので，賃金システムの設計全般を指すものであり，科学的管理法から導かれる施策ということになる。科学的管理法の愚直な実施では，モチベーションの喚起がうまくいかないことが明らかになると，従業員の経済的欲求（生理的欲求や生存欲求にもとづく）を刺激するためにさまざまな③フリンジ・ベネフィットが考え出された。③は福祉精神や温情主義を反映するものであるといえるが，ハーズバーグ（Herzberg, 1968）はこれらを金銭に対する欲求を満たすものとしてとらえているので，モチベーションの考え方としては期待理論とまったく同じであろう。

　しかしホーソン実験が大失敗に終わったように，従業員の金銭欲も怠け心も飽くことがないとわかったとき，その教訓から生まれた人間関係論にもとづいて④～⑦の KITA が開発された。④人間関係トレーニングはそのものズ

バリであるが，⑤〜⑦はこれを補うための発展的な手段と位置づけることができる。マネジャーが，対人関係を正確に把握することができるようにするために感受性を鍛え，従業員に自分たちの意図をきちんと伝えることができるようにし，従業員の言い分に耳を傾けるようにしようというのである。

　ここまでのKITAは，動機づけ理論でいえば科学的管理法と人間関係論を応用したものということになるだろう。科学的管理法は，欲求説でいうところの生理的欲求あるいは生存欲求から生じる動機づけを扱っているのに対し，人間関係論は同じく社会的欲求にもとづく動機づけに着目した理論といえよう。こうした違いはあるにせよ，いずれの理論も外的報酬に対する動機づけを扱っているため，そこから導かれる動機づけ施策（人事管理システム）は，結局は積極的KITAに分類されることになるというのがハーズバーグ（Herzberg, 1968）の結論である。ハーズバーグは明言してはいないものの，両者の動機づけのメカニズムとも，それを認知論的モデルとして記述すれば期待理論と同様のものになると考えられる。

　こうした理論やその資料を行動科学者が再検討し始めたことで，人間の高次の欲求に着目する内容論の初期研究の一つ，欲求説が本格的に展開されるようになってくる。しかし不幸なことに，自己実現を唱えるこれらの心理学者たちは人間関係論者と混同されてしまったらしい（Herzberg, 1968）。そのせいで，欲求説の意図するところは企業の現場に正しく反映されず，表面的な職務充実（job enrichment）運動にすぎない⑧のKITAに帰着することになった（職務充実について詳しくは二村（1982b）を参照のこと）。職務充実の実効性を担保するためには，仕事そのものや作業条件の設計を適切に行う必要があるが，インダストリアル・エンジニアリングの方法論は科学的管理法とほとんど同じものだったので，また次のKITAが試みられることになった。

　それが⑨カウンセリングであるが，実はこれが初めて体系的に使用されたのは，人間関係論誕生の舞台となったホーソン実験においてである。心理学的カウンセリングは，そのためのプログラム自体が会社の業務を阻害してい

ると判断されたり，カウンセラーが独善的に振る舞うようになってしまったりしたために，第2次世界大戦中に後退を経験することになった。ところがカウンセリングは生きながらえ，この当時には以前よりも洗練され，繁栄期を迎えようとしていた。しかし，他の施策やプログラムと同様，どうすれば従業員を動機づけられるかという問題に対しては，有効な解答をほとんど示すことができなかったという。

　これだけ多種多様なKITAが開発されたにもかかわらず，結局ワーク・モチベーションの問題を解決することができなかったのはなぜだろうか。それはKITAの効果が短期的だからである（Herzberg, 1968）。ハーズバーグのアナロジーを借りれば，人間を動かすバッテリを外部から充電し，再充電しと，充電を繰り返せば人間は動いてくれる。しかしそれはモチベーションと言えず，外部から刺激を与えているだけだからKITAでしかない。モチベーションというからには，あたかも人間が発電機を備えているかのように，本人自らが刺激を作り出さなくてはならないというのである。まさに内発的な動機づけ理論の必要性を，ブルームだけでなくハーズバーグも認識していたのだ〔⇨演習問題8.1〕。

○ 人事管理の哲学における三角関係

　人事管理についての考え方には，一般に次の3類型があるとハーズバーグは主張する（Herzberg, 1968）。1つめは組織論にもとづくものである。組織論者は，人間の欲求を非合理的なもの，あるいは多様で状況によって変わるものととらえることから，人事管理は時と場所に合わせて臨機応変に対応しなくてはならないと考える。そうだとすると，仕事を適切な方法で組織化することがまず重要で，それができれば仕事の構造は効率的になるし，職務態度も良好なものとなる。

　2つめはインダストリアル・エンジニアリングをベースにした考え方である。産業工学者は，近代組織論でいうところの器械的側面の仮定（序章を参

照のこと）を前提としており，人間は経済的に動機づけられると考える。したがって，人間という機械（human machine）をもっとも効率的に使うには，作業条件とインセンティブ・システムの適切な設計が第一義的に重要となる（Herzberg, 1968）。つまり，良好な職務態度を目的とするところは組織論にもとづく人事管理と同じだが，アプローチは逆で，仕事の構造化がうまくいけば，仕事は適切に組織化されるし，ふさわしい職務態度も生じると考えるのである。

　3つめが行動科学にもとづく考え方である。ハーズバーグ（Herzberg, 1968）は行動科学を，人間関係論から組織行動論までの，一連のモチベーション管理の理論と同じ意味で用いているようである。このため人事管理については，何らかのかたちでの人間関係トレーニングが中心に据えられることになる。それによって健全な職務態度が醸成されれば，仕事の構造も組織構造も効率化することになるからである。ただし行動科学者は，人事管理の手法面では有効な具体策を提示することができていないという。

　ハーズバーグ（Herzberg, 1968）によれば，これらの考え方は三すくみの関係にあることになっている（図表8.1）。そして動機づけ衛生理論はこの三角形の，インダストリアル・エンジニアリングと同じ頂点に立とうとするが，目標については対立する立場をとるとされる。人事管理へのアプローチ（手法）としては，仕事の構造化を手段として用いるが，目標は効率（efficiency）にあるのではなく，人員の効果的な（effective）活用なのである。

　つまり動機づけ衛生理論は，科学的管理法やインダストリアル・エンジニアリングのように人間の器械的側面には焦点をあてることはしない。人事管理手法としての職務充実が，高次の欲求を満足化させる（精神的成長の機会を提供する）ような方向で実現するための理論的基盤と位置づけられていることから，人間の動機・態度的側面あるいは合理的側面に焦点をあてた理論といえるだろう（ハーズバーグの3分類でいえば，組織論に類似したアプローチではないかと筆者は考える）。言うなれば真の職務充実を目標として，

図表8.1　人事管理の哲学における三すくみ

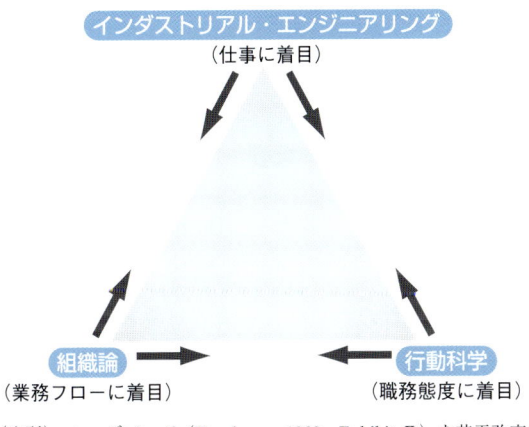

- インダストリアル・エンジニアリング（仕事に着目）
- 組織論（業務フローに着目）
- 行動科学（職務態度に着目）

（出所）　ハーズバーグ（Herzberg, 1968, Exhibit Ⅱ）を若干改変
（注）　→はアプローチの方向性を示す。

手法としてのインダストリアル・エンジニアリングの正しい活用方法を示すのが動機づけ衛生理論なのである。

8.2　動機づけ衛生理論

　ハーズバーグは，期待理論の提唱者ブルームと同時期に活躍した研究者で，企業の従業員に対する面接調査の結果から得られた事実発見にもとづいて，動機づけ衛生理論を提唱した。ただしブルームは，ハーズバーグの研究方法にも分析方法にも批判的だった（Vroom, 1964；1995, pp. 148-150, 邦訳 pp. 145-148）が，欠勤・離職に対する動機づけについては「外発的な動機づけ理論」である期待理論でよいが，生産性に対する動機づけには「内発的

な動機づけ理論」が必要なのではないかという，ブルームと同様の結論をハーズバーグも導いている（高橋，2004，p. 155）。それではハーズバーグはどのような調査研究を行って，どのような結論を導いたのか，具体的にみていくことにしよう。

○ 仕事上の経験——調査の概要

　ハーズバーグは，同僚のモースナー（Bernard Mausner），スナイダーマン（Barbara B. Snyderman）とともに，米国ピッツバーグ市にある企業9社のエンジニアと会計担当者の約200人を調査対象としてインタビュー調査を行った（Herzberg et al., 1959；1993, Ch. 3）。ピッツバーグ市は重工業の中心地で，調査対象となったのは鉄鋼の生産や組立を行う企業，造船会社，重機メーカーなどの従業員である。企業規模は中小企業から，従業員数が数千人を超える大企業までさまざまであった。インタビュー対象者が2つの異なる職種からサンプリングされたのは，エンジニア特有の仕事環境のせいで，発見事実に偏りが生じるのを防ぐためである。会計担当者は，エンジニア同様に高度な技術職でありながら，訓練，専門化の程度，仕事の種類，その職業に魅力を感じるのはどのような人かという点で大きく異なるから，比較対象として適切と考えられるからだ。

　ハーズバーグらが採用した調査方法は，心理学の分野で深層面接（depth interview）と呼ばれる面接調査法である。深層面接は，正解のある問題を提示される客観的検査法とは異なり，被験者に対して正解のない問を発して答えてもらったり，テーマだけを提示して自由に話してもらったりする調査法である。正解がわかるかどうかを重視するのでなく，答えを導くプロセスを推定することに重点が置かれていることから，投影検査法（代表的なものはよく知られたロールシャッハ・テスト）の一つと位置づけられる（cf.『誠信心理学辞典』）。インタビュー対象者たちは次のような質問に対して，自分の好きな体験談から話し始めるように頼まれた（Herzberg et al., 1993, Ch. 3, pp. 141–142)。

あなたの現在の仕事でも，これまでに行った仕事でもどちらでもいいので，仕事について例外的によい感じをもったとき，または例外的に悪い感じをもったときのことを思い出して下さい。長期的な（long-range）状況でも短期的な（short-range）状況でもかまいません。そのときに何が起こりましたか？

ここで短期的な状況というのは，例外的な感情の原因となった事象系列（sequence of events）が，偶発的で狭い範囲の一連の出来事にすぎない場合を指す。これに対して長期的な状況は，例外的な感情が一貫して，短くても数週間から1カ月，長ければ数年は持続させられるような事象系列が起こった場合を指している（Herzberg et al., 1993, p.23）。またインタビューの進み具合に応じて，回答を促すために補足的にいくつかの質問がされた。どれくらい前に起きた出来事なのか，例外的な感情はどれくらい続いたか，感情変化のきっかけは何か，その感情は仕事のやり方に影響を及ぼしたか等々である（全部で14項目もあるので，詳細についてはハーズバーグら（Herzberg et al., 1993, Appendix I）を参照されたい）。

対象者たちは，1つめの事象系列について話したあと，さらに別の事象系列について質問された。最初にテンションがあがった経験について話した場合は，次はテンションが下がった経験について，最初は短期的な状況について話した場合は，次は長期的な状況について質問されるという具合である。対象者によっては3つも4つもの事象系列について話してくれたので，平均2.4個の系列についての回答が得られた。それぞれの事象系列の関連づけが終わると，それによって仕事に対する感情がどれくらい深刻な影響を受けたかを，被験者は21段階評価で回答するよう求められた〔⇨演習問題8.2〕。

こうして集められた系列群について，ハーズバーグらは内容分析（content analysis）という手法を用いて分析を行った（Herzberg et al., 1993, Ch.4）。現在では，コンピュータの性能も統計パッケージの使い勝手も格段

に進歩しているので，内容分析はパソコン上でわりと簡単に実行することができるが，ハーズバーグらはすべて手作業でこつこつと行ったようである。

◯ 満足要因 VS 不満足要因

ハーズバーグらは，まず分析対象となった476個の事象系列について，従業員の感情変化の源泉となった状況中の客観的要素（job-attitude factors）ごとに14個のカテゴリに分類した（Herzberg et al., 1993, Ch. 6）。これらの要素は，言及された回数の多い順に並べると，以下のとおりであった。

- 承認（recognition）
- 達成（achievement）
- 成長の可能性（possibility of growth）
- 昇進（advancement）
- 給与（salary）
- 対人関係（interpersonal relations）：さらに上司，部下，同僚とのそれに3分類される。
- 監督技術（supervision technical）
- 責任（responsibility）
- 会社の方針と管理（company policy and administration）
- 作業条件（working conditions）
- 仕事そのもの（the work itself）
- 個人生活の諸要因（factors in personal life）
- 地位（status）
- 雇用保障（job security）

その上でそれぞれの要素が，よい感情（満足）の原因として現れた回数，悪い感情（不満足）の原因として現れた回数を，各カテゴリについて集計してやることで，次のような事実発見が得られたという（Herzberg et al.,

1993, p. 80；Herzberg, 1966, pp. 72–74, 邦訳 p. 85）。

①職務満足の強力な決定要因は，達成，承認，仕事そのもの，責任，昇進であり，とくに最後の3つは態度変化の持続性の点で大きな重要性をもつ。これらの要因が，職務不満足を述べたときに現れることはきわめてまれであった。

②職務不満足事象に含まれる要因は，①の5要因とはまったく違ったタイプのものであった。すなわち，会社の方針と管理，監督，給与，対人関係，作業条件で，これらは職務不満足をもたらすだけで，職務満足事象に関連することはめったになかった。しかも満足要因との大きな違いは，不満足要因は一貫して短期的な職務態度の変化しかもたらさなかった点にある。

こうした結果は，これら2組の要因が2つの分離したテーマを有していると仮定することで，解釈することができる（Herzberg et al., 1993, pp. 113–115；Herzberg, 1966, pp. 74–76, 邦訳 pp. 85–89）。なぜなら，調査対象者たちが仕事についての幸せな感情を語るとき，①の満足要因（satisfiers）がもっとも頻繁に現れたが，不幸せが報告されるときは，②の不満足要因（dis-satisfiers）にばかり関連づけられていたからである。こうしたことから満足要因は，すべて自分の行っている職務そのものへの関連性を表していると考えられる。具体例としては，職務の内容，仕事の上での達成，課業達成に与えられる承認，課業の性質，仕事に対する責任，および専門的昇進ないしは仕事能力の向上があげられる。それに対して，②の不満足要因は職務ではなく，職務に従事する際の環境あるいは周囲の状況との関連性を表していると考えられるものである。たとえば，仕事中に受ける管理と監督の種類，職務をとりまく対人関係や作業条件の性質，それに給与の効果など，満足要因とは明らかに異質のものばかりである。

①満足要因は，個人をより優れた遂行と努力へ動機づける効果をもつと考えられることから，「動機づけ要因（motivators）」と名づけられた。動機づけ要因は，継続的な精神的成長によって自らの潜在能力を現実のものにしたいという欲求を満たすからである。他方，②不満足要因は，不快さを回避し

ようとする欲求を満たせば、職務不満足を予防する働きをもつ。仕事の環境は、それをいくら整備してやったところで、不満足も招かないだろうが、積極的な態度もほとんど生じさせないだろうと考えられる。そこに潜在的に創造的な仕事が待っていなければ、成長目標を達成させてやることはできず、満足にはつながらないのである。そこで医学的用法の「予防と環境」にならって、不満足要因は「衛生要因 (hygiene factors, factors of hygiene)」あるいは「保全要因 (maintenance factors)」と呼ぶことにした。

なぜ衛生要因が、積極的満足に寄与することができないかは明らかである (Herzberg, 1966, p.78, 邦訳 p.91)。それらは、個人に成長の感覚を与えるのに必要な特徴をもっていないからである。自分が成長したという実感を得られるかどうかは、自分にとって意味のある仕事において達成するかどうかにかかっているが、衛生要因は仕事そのものには関係がないので、そのような意味を与える力をもたないのである。成長は何らかの達成に依存し、達成には仕事が必要である。動機づけ要因は仕事上の要因なので、成長にとって必要となる。それは動機づけ要因が、自己実現欲求に向けて個人を活性化するような心理的刺激を提供するからである。

この動機づけ衛生理論については、その後、多くの復元調査、追跡調査が行われた (Herzberg, 1966, Chs. 7-8)。ここでは復元調査だけでも9研究が紹介されているが、もともとの研究 (Herzberg et al., 1993) とあわせて17の母集団（職種）に対する10研究で、延べ52個の動機づけ要因と延べ55個の衛生要因について調べられている。そのうち動機づけ衛生理論にもとづく予想と異なる結果になったのは、実に3％にも満たないたった3個の衛生要因だけだったのである (Herzberg, 1966, p.125, 邦訳 p.141)。

◯ ハーズバーグの欲求説

ハーズバーグら (Herzberg et al., 1993) のこうした発見は、ハーズバーグの後の著書 *Work and The Nature of Man* (1966) において「独特の欲

求説」(二村, 2004b) として展開されることになる。人間の基本的欲求に対するハーズバーグ (Herzberg, 1966) の考え方は, マズローやアルダファーの欲求説によく似たものとなっている。

ハーズバーグの「欲求説」は, 動機づけ衛生理論における発見——満足要因は不満足要因から分離した別個のものである——から導かれたものであると考えられる。普通われわれは, 満足が減少していけば, 当然その分だけ不満足が増大してくると思っている。つまり満足と不満足とは表裏一体のもので, 満足していないということはすなわち不満足であるというように, 満足度はあたかも単一の満足スケール上の一点として表現されると考えがちである。

こうした考え方は, 図表8.2(A)のように数直線で表現すればいいだろう。

図表8.2　満足・不満足スケール

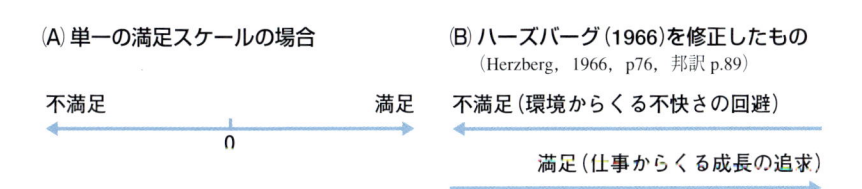

(A) 単一の満足スケールの場合

不満足 ←——————0——————→ 満足

(B) ハーズバーグ (1966) を修正したもの
（Herzberg, 1966, p76, 邦訳 p.89）

不満足（環境からくる不快さの回避）←————————

満足（仕事からくる成長の追求）————————→

(C) 座標平面の場合

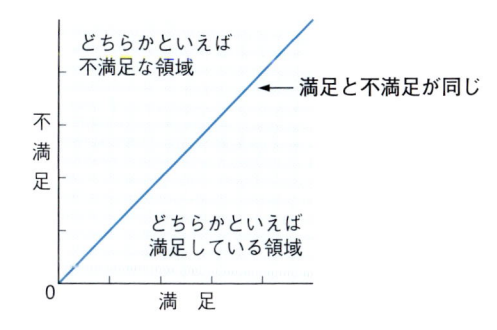

どちらかといえば不満足な領域

← 満足と不満足が同じ

どちらかといえば満足している領域

縦軸: 不満足　横軸: 満足

現実的には，原点をどのように定義するか，満足度・不満足度をどのように測定するかということに課題は残るものの，原点から右に行けばより満足した状態，左に行けばより不満足な状態ということになる。心理的特性のこのようなとらえ方は両極性と呼ばれるが，たとえば平均値を基準にして何らかの心理的傾向を測定するという，心理学の手続き上の必要から発明されたものである（Herzberg, 1966, p.76, 邦訳 p.89）。しかし当時の経験的研究からは，多くの心理的属性が両極性の仮定に馴染まないことがわかってきていたという。

そこでハーズバーグは，満足・不満足をいずれも単極的な心理的属性ととらえ，互いに反対方向を指す2本の並行した矢印として図示している（図表8.2(B)）。しかしこれでは，やはり満足・不満足が連動しているように受け取られかねないので，両者が独立であるということを明らかにするためには，図表8.2(C)のように2軸が直交する座標平面で示さなくてはならない（実際，ハーズバーグ（Herzberg, 1966, p.77, 邦訳 p.90）も「2次元的（two-dimensional）」という表現をしている）。こうしてやれば，たとえば仕事そのものはおもしろくて満足しているけれども，それに対する給与は少なくて不満足も同時に抱えているというような状態もうまく表現することができる。

なぜ満足と不満足とが互いに独立になるかというと，人間が次のような2組の異なる基本的欲求をもつと考えられるからである（Herzberg, 1966, Ch.4）。

① 動物的素質からくる動因：環境からの苦痛（生命喪失や飢えなど）を回避しようとする欲求。
② 人間的な衝動：継続的な精神的成長によって自らの潜在能力を現実化しようとする欲求。

まさに①は，欲求説でいうところの生理的欲求あるいは生存欲求であるが，この欲求によって条件づけられ，学習される欲求もすべてこのカテゴリにハーズバーグは含めている（Herzberg, 1968）。たとえば，飢えという動物的

動因が金銭を稼ぐことで満たされることを学習すると，その後はこの動因がかたちを変えて，金銭に対する欲求として表出するようになるといった具合である。

したがって①動物的動因とは，人間の欲求を大きく2つに分ける考え方にならえば，欠乏欲求あるいは維持欲求（第7章を参照）ということになる。これらの欲求を満たす要因は人間にとっては外部環境に存在し，それが欠乏することで行動を引き起こす刺激をもたらすとされていた。衛生要因とは，欠乏によって職務不満足という苦痛を与える要因群のことだったのである。これに対して②のほうは，人間ならではの特徴，すなわち達成し，達成を通じて精神的成長を経験することができる能力に関係するものであり（Herzberg, 1968），欲求説における自己実現欲求あるいは成長欲求にほかならない。仕事が挑戦的なもので，達成感をもたらし，あるいは達成に必要な能力を向上させるようなときに，人間は精神的成長を実感することができる。そのような内容の仕事こそが動機づけ要因になり，成長欲求を刺激するのである。

8.3　KITA が引き起こす行動

動機づけ衛生理論（Herzberg et al., 1993）と同様の調査結果が，繰返し確認されるということはいったい何を意味しているのか。それまでモチベーションの中心に据えられていた給与や作業条件といった要因が，実は不満足を予防するだけの衛生要因にすぎず，モチベーションとはほとんど関係がなかったということである。その当時までの米国企業において，さまざまなKITA が次々に考え出されては，あるいは打ち棄てられ，あるいは返り咲いていったことは，まさに動機づけ衛生理論の妥当性を裏づける証拠といえる。もちろん，衛生要因に代わって新たに見出された動機づけ要因こそが満足要

因であり，モチベーションをもたらすものであるという事実も忘れてはならないのだが，ここでは KITA（衛生要因）についてもう少し検討してみることにしたい。

○ 成果主義という KITA

　近年，日本企業を騒がせてきた成果主義の破綻（たとえば，城（2004）や溝上（2004）を参照されたい）や白紙撤回も，実はこうしたかつての米国企業の失敗経験をなぞったものである。成果主義は，ハーズバーグ（Herzberg, 1968）がいうところの積極的 KITA の一種なので（p. 187 で紹介した中の①や②にあたる），モチベーションに対しては短期的で限定的な効果しかもたなかったからだ。また衛生要因としてみれば，それが満たされなかったために従業員の不満を爆発させてしまったという問題も抱えていた。成果主義の導入から失敗までの顛末は，給与や対人関係，作業条件といったものが衛生要因で，不満足を予防する働きしかもたないということを表す好例である。

　成果主義の失敗を象徴する，ある営業マンについての逸話（高橋，2004, pp. 116-117）があるので，それを例にとってこの問題について考えてみよう。

　彼は腕利きの営業マンであり，自分の手腕にも自信をもっていた。ある時会社側が，これからは報酬を業績に連動させると宣言した。つまり成果主義的な賃金体系の導入を決定したのである。それなら腕の見せ所と，彼は最初の月から周囲の人も驚くような販売実績を上げることに成功し，得意満面だった。ところが給料の査定の時期を迎えて，彼は愕然とする。給料は業績に連動しているはずなのに，いわゆるダメ営業マンとの給料格差はほとんどなく，むなしささえ覚えてしまう。しかも，以前なら後輩，同僚・先輩からは尊敬，感謝され，「俺がみんなを食わしてやってるんだ」とも思えて幸せな気分になれたのに，今ではみんなからねたまれているようで居心地が悪くな

ってしまった。だからといって手を抜こうものなら，成績の低下を理由にリストラの危険性まであるという。

　このお話には，モチベーションの低下と，新たな不満足の顕在化という異なる2つの問題が含まれている。1つめの問題については第9章で解き明かすことにして，なぜ成果主義は衛生要因の一つ，給与を改善することで，不満足を食い止めることができなかったのだろうか。それは成果主義導入の大きな目的の一つが，いわゆる平成不況への対応策である人件費抑制だったからだ（藤田，2008）。このため，業績連動給が採用されたにもかかわらず，実際には成績に見合うほど給料は増えなかったから，このエース営業マンは「むなしさ」（不満足）を感じてしまったのである。

　彼の不幸はそれだけではない。これまた衛生要因である職場の人間関係も，成果主義になってからギスギスするようになってしまったのだ。注意してほしいのは，成果主義以前の「幸せな気分」（満足）は良好な人間関係が原因ではないことである。周囲からの「尊敬，感謝」は，動機づけ要因のうちの達成，達成に対する承認を意味しているし，おそらく「俺がみんなを……」という自負心は，動機づけ要因の責任の裏返しである可能性が高いからである。

　さらに，この逸話には直接的には表現されていないが，人件費抑制に成果主義を利用すると決めた時点で，あわせて目標管理制度やフレックスタイム制（変形労働時間制）を徹底したり新規導入したりする企業が相次いだ。これらはハーズバーグ（Herzberg, 1968）が提唱する職務充実の具体的な施策に含まれるので，本来ならば権限と責任を拡大することで動機づけ要因として作用するはずが，成果主義の下では人件費カットの方便として利用されてしまった。まさにハーズバーグが批判したインダストリアル・エンジニアリング的なKITAであったので，同じく衛生要因である会社の方針と管理，監督のスタイルの変化（悪化）として従業員に認知されてしまったのである。

○ KITAと参加の意思決定

　動機づけ衛生理論より前のモチベーション研究（科学的管理法，人間関係論，期待理論）では，金銭的報酬，職場の人間関係，物理的作業条件などが，満足をもたらす動機づけ要因と考えられていた。その上で，職務満足とさまざまな職務遂行変数との相関が精力的に調査されていたのだが，それに対してブルームが下した結論は「職務満足と欠勤・離職のあいだには負の相関関係がある」（Vroom, 1995, p. 218, 邦訳 p. 215）というものであった。しかし，動機づけ衛生理論と同様の結果が繰返し確認されるということは，実はこれらの要因が職務不満足を予防する衛生要因にすぎなかったということを意味する。そうすると，第4章でもすでに指摘したが，ブルームの結論は「衛生要因（職務不満足）と欠勤・離職のあいだには正の相関関係がある」と書き直すことができる。

　この欠勤・離職とは，マーチ＝サイモン（March & Simon, 1958；1993）が分類した組織メンバーの行う2種類の意思決定のうち，参加（退出）の意思決定にあたる。すると衛生要因（成果主義あるいは期待理論と置き換えてもよい）を充実させることで，現在の組織メンバーのみならず，潜在的な組織メンバーについても参加の意思決定を促すことができるということになる。衛生要因のこうした働きを藤田（2008）は「客寄せパンダ」と評し，参加（退出）の意思決定機会に直面する転職市場の労働力を惹きつける効果があるとしている。しかし本書の主要な読者であろう大学生もまた，就職活動において同様の意思決定を行わねばならないことを考えると，動機づけ衛生理論の主張はさらに重要性を帯びてくるのではないか。

　就活支援サイトの掲示板を眺めたり，就活中の学生の話を聞いたりしてわかったのだが，近ごろの大学生は給料もさることながら，福利厚生面での充実度をかなり重視する傾向にあるらしい。一応，大学教員として学生を指導する立場にある筆者などは「でも，それってしょせん衛生要因だから，そんなことで会社を選んでいいのかな……」と不安を覚えてしまう。衛生要因で

選んだ（そして入社できた）会社は，もしそれが失われれば（あるいは事前情報のとおりでなければ）すぐに辞めてしまうのではないだろうか。そうでなくても昨今は，転職ブームなのか手放しで離転職を推奨するような風潮があり，誘惑（まさに KITA である）も大きいと考えられる。

　ただし，注意しておきたいことが一つある。衛生要因が参加（退出）の意思決定と相関を示すといっても，退出の意思決定は単純に参加の意思決定の裏返しとは言えないことである。つまり衛生要因がすべて一様に，「仕事を始める理由」であり「仕事を続ける（辞めない）あるいは辞める理由」ではないからだ。学問の世界では両者を区別することはあまりないのだが，一般にこの2つは区別してとらえられているだろう。たとえば給与は，仕事を始める理由にもなるし続ける理由にもなるが，辞める理由になることはそれほど多くないようである。それに対して人間関係などは，続けるあるいは辞める理由としてはよくあげられるが，始める理由になることはあまりない〔⇨演習問題 8.3〕。

　その一方で，就職情報事業の会社がテレビ CM で言っていたことなので信憑性は必ずしもないが，志望動機としてはやりがいや成長の可能性などが上位にくるらしいので，動機づけ要因も考慮されてはいるようである。しかし大学生がアルバイトを経験できるような業界の会社ならまだしも，ほとんどの会社の実務におけるそれらの動機づけ要因については，入社前には想像することすら困難だと思われる。それならいっそのこと，どこそこの会社が好きだからとか，いつも使っている製品の会社だからとかの，一見単純すぎるような理由で選ぶほうが，動機づけ要因の考え方によほど近いのではないだろうか。

> ### 演 習 問 題

8.1　自分が誰かに指示命令を発して，その人に何かをさせようとしたときのことを思い出し，そのときに自分がどのような方法でその人を動かそうとしていたか分析してみよう。その方法は，ハーズバーグのいう KITA だっただろうか。そうであったなら，p.187 であげた①〜⑨の KITA のうち，どれに分類することができるだろうか。

8.2　ハーズバーグの調査のように，仕事（もちろん勉強やサークル活動などでもよい）上の経験について，例外的によい感じをもったとき，例外的に悪い感じをもったときのことを思い出し，そのときに起こったどんな出来事が，満足，不満足それぞれの原因となっていたのか分析してみよう。

8.3　演習問題 8.1，8.2 の分析結果も参考にしながら，衛生要因について，参加・退出の意思決定のうちどちらの原因となっているか分類してみよう。

第9章

内発的動機づけ

「内発的に動機づけられた状態」とは，ある活動に対して見た目には（外的には）何も報酬がないのに，せっせと取り組んでいる状態のことである。このとき，その人はその活動そのものから喜びを引き出していると考えられる。つまりその仕事をすること自体がやりがいのあることで，おもしろいし楽しいので，それらの感覚を得たいからこそ，よりいっそう努力を投ずるのである。こうしたやりがいやおもしろさ，楽しさといった感情は，自分の内側から湧き上がってくるものなので内的報酬と呼ばれる。内的報酬を目的として活動に従事するとき，「内発的に動機づけられている」というのである。

○ KEY WORDS ○
内発的動機づけ，コンピテンス，有能さ，
自己決定，認知的評価理論，統制的側面，情報的側面

9.1 認知論的アプローチ

　動機づけの認知論的アプローチとして展開される，デシ（Edward L. Deci）の内発的動機づけの理論は，内容論における人間性重視の視点と，過程論における認知要素を重視する考え方が結びついたものと考えられる。期待理論の提唱者ブルームに師事し，その予想を裏づけるかのように内発的動機づけの理論化を進めたデシは，欲求が刺激され，行動の目標が設定されるプロセスも含めて，認知理論の観点から考察を加えた。過程論に分類される動機づけ理論は，目標の達成に対する期待にフォーカスして，選択行動の認知過程のみをクローズアップしていたにすぎない。それに対してデシは，過程論と同様のアプローチを内容論の守備範囲（動機の形成，目標設定）にも拡張したことになる。

　そこで，デシの研究と理論の詳細について述べる前に，まず内発的動機としての欲求とはどのようなものかみていくことにしよう。さらに，こうした欲求が刺激されることによって形成された動機が，どのようにして実際の行動に結びつくかというプロセスを理解するために，デシが提示した動機づけの認知論的モデルを紹介してみよう。

○ 内発的動機としての欲求

　内発的に動機づけられた活動とは，その活動以外には明白な報酬がまったくないような活動のことである。その活動が外的報酬に導いてくれるという理由からではなく，それ自体が目的となって勤しんでいるような類の活動はごく普通に存在する。ゲームやスポーツのような趣味的な活動，創意工夫を必要とするような挑戦的な仕事がその例である。多くの人がそうした活動に相当の時間を費やし，取り組むものである。つまり，外的報酬を獲得すると

いう目的のための手段としてその活動を遂行しているわけではなく，それ自体が目的なのである（Deci, 1975, pp. 23-24, 邦訳 pp. 25-26）。

外的報酬（金銭や賞賛，食物など）に導いてくれるわけでもない活動に，内発的に動機づけられるのはなぜか。こうした活動に携わることが，報酬に浴している（rewarding）と感じるような内的状態（心理的あるいは情緒的状態，平たく言ってしまえば感情や感覚）をもたらしてくれるからであり，その状態が内的報酬となって動機づけられるのである。ここで内的という言葉は，報酬が個人の内部で媒介されている（Deci, 1975, p. 24, 邦訳 p. 26）という意味で用いられている。つまり外的報酬のように，活動に対して他人が与えるものではなく，自分自身の中から生じるものだという意味だと理解しておけば差し支えないだろう〔⇨演習問題 9.1〕。

内的報酬となる感情や感覚をもたらし，満足感を与えてくれるのが，有能さと自己決定（competence and self-determination）の感覚である。有能さと自己決定の感覚に対する欲求は，人間が生まれながらにしてもっている根源的で未分化な欲求であると考えられている。この欲求は，人間の成長にともなって自己の環境との相互作用を繰り返すうちに，特定のいくつかの欲求へと分化していくことになる。これをデシは分化仮説（differentiation hypothesis）と呼んでいる（Deci, 1975, pp. 65-66；p. 74, 邦訳 pp. 71-72；p. 82）。マクレランドやアトキンソンの提示する達成動機も，人間性心理学者の主張する自己実現欲求や成長欲求も，こうした根源的な内発的欲求から発達した特殊な内発的動機なのである。

◯ 自律性がつなぐ有能さと自己決定

有能さと自己決定の感覚への欲求は，ホワイト（Robert W. White）が提唱した発達心理学の概念である有能さ（White, 1959），あるいはコンピテンス（competence）に基盤をおいている（原語の発音からすれば「コンピタンス」であろうが，ここでは鹿毛（1995）に従って「コンピテンス」とし

た)。コンピテンスとは，自己の置かれている環境に対して効果的に影響を及ぼすことができるという生物学的な意味での能力（ability）あるいは力量（capacity）のことである。ホワイトによれば，コンピテンスには動機づけ的な側面があり，その動機づけの目的として，

①刺激に対する「飢え」を満たすこと
②活動することへの要求を満たすこと
③知識を獲得すること
④環境を統制すること

の4つをあげている。ただし動機づけの目的は，これらのうちのいずれか一つにのみ還元することはできず，強いて言えば人と環境との交流全体が目的であるとされている（鹿毛，1995, p.138)。

コンピテンスへの欲求から生じる動機づけは，とくにイフェクタンス動機づけ（effectance motivation）と呼ばれる（White, 1959)。コンピテンスを発揮することができれば，人は自分が環境に対して有効性をもっていると感じることができる。このときの感情を効力感（feeling of efficacy）といい，何らかの目的が達成された瞬間よりもむしろ，環境との継続的な相互作用のプロセスで生じるものとされる。そのためイフェクタンス動機づけは，効力感の充足を求める内発的動機づけであり，環境との相互作用を学習するプロセスを構成する。したがってホワイトによれば，幼児や児童においてはイフェクタンス動機づけは未分化であるが，経験や学習を通じて支配や認識あるいは創造・達成・熟達といった特殊な動機に分化していくことになる。

こうした内発的欲求としてのコンピテンスに加えて，デシは自己決定をセットにして概念化しているのだが，それは内発的に動機づけられていない活動であっても，コンピテンスを志向していることが多々あるからだ（Deci & Ryan, 1985, p.29)。そこでコンピテンスとともに自己決定が必要条件となってくるのだが，その基盤となっているのがアンジャル（Andras Angyal）やドシャーム（Richard deCharms）にみられる自律性（autonomy）の

概念である。たとえばアンジャルは，ホワイトに先駆けて環境を処理する能力（＝有能さ）に着目し，その能力を習得することによって人間は自律性を増していくと考えた（Angyal, 1941）。つまり，人間というものは自己決定への傾向をもっており，有能さを発揮して効力感を感じることができれば，同時に自己決定的であると感じることもできることになる。

　これとよく似た考え方は，ドシャームの自己原因性（personal causation）という概念にもみられる（deCharms, 1968）。ドシャームによれば，人間の根源的な動機づけ傾向は，自己の環境に変化を生じさせる上で効果的でありたいという内発的動機づけにほかならない。そのためには，自らの行動が外的な力によって決定されるのではなく，自分自身がその原因である，すなわち自らの意志で主体的に（＝自己決定的に）行動している必要がある（deCharms, 1968, p.269）。したがって人間は，自己の環境とのかかわりの中で，主体的な因果律を獲得しようとして内発的に動機づけられる。そして因果律が自身の内部にある（自分が因果律の源泉である）と認知すれば，効力感を感じ満足するのである。さらにドシャームはこうした一般的動機が，環境に対する経験の結果さまざまな特殊動機へ分化していくという，デシ（Deci, 1975）の分化仮説と同様の立場をとっている。

　ドシャームが内発的動機づけの考察に用いた「認知された因果律の所在（perceived locus of causality）」という概念は，ハイダー（Fritz Heider）の人格的因果律，非人格的因果律（personal causality, impersonal causality：Heider, 1958, p.16；pp.100–101, 邦訳 p.20；pp.125–126）というアイデアに端を発する。デシも実験結果の解釈にあたってこの概念を用いているので，ここで簡単に解説しておくことにしよう。認知された因果律の所在とは，わかりやすく言えば「自分の行動の原因がどこに（誰に）あるのかということに対する個人的な認識」のことである。したがって，ある人が誰かに命令されて行動したり，外的報酬を獲得するために行動したりしていると感じるとき，その人は因果律の所在が自分自身の外部にあると認知している。これとは逆に，自らの意志で行動したり，内的報酬を目的として行動したりして

いると感じるときは，因果律の所在は内部にあると認知していることになる。もちろん，前者の場合が外発的に動機づけられている状態，後者が内発的に動機づけられている状態である（deCharms, 1968, p.328）。

こうしたことからデシは，人は自己の環境を自分で処理し，効果的な変化を生み出すことができるときに有能であると感じるのであり，それはまさに自己決定的であると感じていることにほかならない（高橋, 2004, pp.166-167）と考え，有能さと自己決定を常にセットにして用いているのである。ただし，有能さと自己決定とは概念的には別個のもので，とくに認知された有能さ（perceived competence）に対しては自己決定が前提条件のような働きをするとデシとライアン（Richard M. Ryan）は考えている（Deci & Ryan, 1985, p.63）。内発的動機づけに対する外的要因（環境から）の影響については第2節で詳しく紹介するが，たとえば仕事で成功したり，プラスの評価を得たりしたときは，その人が自己決定的であると感じているかぎりにおいて有能さの感覚が増すとしている〔⇨演習問題 9.2〕。

○ 楽なほうへ流れない

有能さと自己決定の感覚を経験したいという内発的欲求は，次のような2種類の一般的行動を動機づけると考えられる（Deci, 1975, p.57；pp.61-63，邦訳 p.64；pp.68-70）。

①自分が有能で自己決定的であることを感じさせてくれるような機会，つまり自分にとって適度なチャレンジを提供するような状況を追求する。
②自分が出会ったり，創り出したりしているチャレンジを征服しようとする。

チャレンジ，あるいはチャレンジングな状況とは，環境から何らかの刺激作用を受け取っていることにほかならない。こうした刺激作用を効果的に処理することができれば，有能さと自己決定を感じることができる（②）が，何

の刺激も受け取っていない人は，有能で自己決定的であると感じるどころか，つまらなさを感じているに違いない。もちろん自分にとってあまりに過重なチャレンジにさらされていれば，その過剰な刺激作用を効果的に処理し，自分の力で処理することのできるチャレンジを探し求めるであろう。つまり人は，自分にとって最適なチャレンジを追求しようとするのである（①）。

　内発的動機づけの理論から導かれる人間行動は，「楽なほうへ流れる」という期待理論（第5章）のそれとは対照的である。その理由は，すでに指摘したように，期待理論では結果に結びつく「期待」や「手段性」（いずれも確率）と，結果のもつ「誘意性」とが独立に設定されていたからである（高橋，2004，p.171）。この独立であるということが，まさに結果の誘意性として「外的」報酬を扱っていることを示しているのだが，だからこそ同じ誘意性をもつ結果にいたる2つのパスがあれば，期待理論では，より期待と手段性の高いパスを選ぶことになる。つまり，より成功確率の高い（＝簡単な）パス，より報酬獲得に役立つ（＝稼ぎやすい）パスを選び，楽なほうへ流れていくのである。

　ところが，結果の誘意性が「内的」報酬となると，話は変わってくる。結果に対する報酬は，他人が決めるのではなく，自分で自分に与える，つまり誘意性とそれをもたらす確率とは独立ではなくなるのだ。達成の困難な課題ほど，それを達成したときのよろこびは大きいし，たとえ達成することができるかどうかわからなくても，課題に取り組んでいるそのときに，すでにやりがいやおもしろさを感じることもできる。逆に，誰にでもできるような簡単な仕事では，うまくいったからといって，さほど有能さを感じることはできないだろう。

　ところで読者の中には，期待理論の提唱者ブルームの精緻なモデルに比べて，デシの理論は直感的すぎると感じる向きもあるかもしれない。しかし，内発的欲求のバリエーションの一つである達成欲求に着目し，しかもブルーム・モデルと類似した精密な定式化を行って，チャレンジの概念を説明した有力な動機づけモデルが存在する。それがアトキンソンの達成動機づけの理

論である。達成動機づけについては第10章，第11章で詳しく検討するので，まずは認知的評価理論として知られるデシの動機づけモデル，さらにその構築にあたってデシが行った実験についてみていくことにしよう。

9.2 認知的評価理論

　デシは内発的動機づけに対するこうした概念化を行った上で，外的報酬や褒め言葉，フィードバック情報などの外的要因と，内発的動機づけのレベルとの関係について実験室実験を用いて検証している。これらの外的要因が与えられることによって，因果律の所在についての認知が変化し，その結果，自己決定と有能さの認知が変化することで内発的動機づけが強化されたり低下したりする。つまり内発的に動機づけられている人にとって，外的要因とはその人の自己決定と有能さに関する評価であり，それをどのように認知するかで内発的動機づけのレベルが決まってくると考えるのである。こうした枠組みをデシは認知的評価理論（cognitive evaluation theory）と名づけたのだが，内発的動機づけ研究の中核を成すもっとも有力な理論であるとの評価を得ている（鹿毛・鎌原・奈須，1995, p.221）。

◯ 動機づけの認知論的モデル

　内発的動機づけの理論は，ブルームに代表される期待理論と同様，行動選択の問題にフォーカスした認知論的アプローチの理論である。それが仮定していることは，人間は自らの環境や記憶から受け取っている情報を処理することによって，何を為すべきかを選択するということである。デシはこうした行動選択の理論を拡張し，意思決定の情報源として「個人に特有の認識（personal knowledge）」，すなわち態度や感情その他の内的状態もまた用い

られると考えた。つまり内発的動機づけの認知過程を，行動選択の理論に組み込み，総合的な動機づけ理論（general theory of motivation：Deci, 1975, p. 93, 邦訳 p. 104）の枠組みを示そうとしたのである。

この動機づけられた行動についての認知論的モデルは，図表9.1のように表すことができる。モデルを構成する各要素について，デシ（Deci, 1975, Ch. 4）をもとに詳しくみていこう。第1の要素は，個体に対する刺激入力である。人は何を為すべきかについて選択をする際に，自らの環境を認知して心の中にイメージ（認知表象という）を創り出し，それに対して働きかけることで自己の願望する状態を達成しようとする。この認知表象に，外部環境や記憶，内的状態に起因する刺激が含まれているのである。刺激の具体的な例としては，音や光りやにおいといった五感を通じて働きかける情報や，血糖値の変化といった生理的状態の他に，時刻や地震の発生，あるいは約束に出向く途中でパン屋の前を通り過ぎることなども含まれる。

これらの刺激入力によって，第2の要素である潜在的満足の意識化が行われる。どのように満足が得られるかということについての自覚が，目標設定

図表9.1　動機づけられた行動についての認知論的モデル

```
┌──────────┐    ┌──────────────┐    ┌────────┐    ┌────────┐    ┌────────┐
│ 刺激入力  │ →  │ 潜在的満足に │ →  │ 目標選択│ →  │ 目標志向│ →  │ 報酬   │
│ ●環境    │    │ ついての意識化│    │        │    │ 的行動  │    │        │
│ ●記憶    │    │ ●動因        │    │        │    │        │    │ 満足   │
│ ●内的状態│    │ ●内発的動機づけ│  │        │    │        │    │        │
│          │    │ ●情緒        │    │        │    │        │    │        │
└──────────┘    └──────────────┘    └────────┘    └────────┘    └────────┘
         ↑              ↑                                ②↑          │
         │              └────────────────────────────────┘           │
         └──────────────────────────────① ─────────────────────────┘
```

（出所）　デシ（Deci, 1975, p. 122, 邦訳 p. 139）を若干改変

とその達成に必要な行動の実行に対するエネルギーを与えるということなので，エネルギー源あるいは動機（の喚起）と言い換えてもよいだろう。わかりやすく言えば，何らかの刺激によって，現在の状態よりももっと満足度の高い状態を達成することができるだろうと気づくことである。この動機も，願望される最終状態，すなわち潜在的満足に対する認知表象である。

　こうして動機が形成されると，第3の要素である目標が設定される。ここで注意しなければならないのは，第2の要素である潜在的満足の意識化と目標とは独立であるということだ。飢えを例にとって表現すれば，意識化の内容は「飢えを軽減することができる」というものであり，目標は「食事をする」「スイーツを食べる」「ドリンクを飲む」などと表現される（Deci, 1975, p.106, 邦訳 p.119）。つまりここでいう目標とは，願望される最終状態をもたらすであろう行動の代替的選択肢に相当するものであり，期待理論でいうところの「1次の結果」を含むものなのである。したがって，意識化の内容をもっとも効率よく達成する選択肢はどれかという評価のプロセスが，目標設定には含まれることになる。このとき人は，期待理論が主張するように誘意性と期待（確率）にもとづいて，最大の誘意性をもたらす選択肢を選ぶのである。

　目標が設定されれば，第4の要素である目標志向的行動が実行されることになるのだが，目標志向的行動が終結する条件の一つが，第5の要素の報酬と満足である。この場合は目標が達成されたことを意味し，それにともなって外的報酬，内的ないしは情緒的報酬が得られ，それが満足をもたらすのである。この満足のレベルは，目標設定に先立って意識化された第2の要素，潜在的満足に対する2つのフィードバックのメカニズムを有する（図表9.1の矢印①と②）。

　フィードバック・メカニズム①は，目標志向的行動によってもたらされた満足と，最初に意識化された，満足した状態との比較に相当する。実際に得られた満足が潜在的満足にマッチするなら，行動の系列はいったん終了するが，もしマッチしないときは，別の新しい目標が設定され，また新たな行動

の系列が始まるというものである。

　フィードバック・メカニズム①の働きは，意思決定プロセスの考え方（第1章）によく似たものであるが，②のほうはやや趣が異なる作用を表している。こちらは，内発的動機づけに対する外的報酬の影響力を示しており，行動と報酬の関係性が変化した場合に，潜在的満足についての意識と目標設定の両者が影響を受けるというものである。詳細については次節で述べるが，内発的に動機づけられて活動をしている人が，とくに金銭的報酬を受け取る場合，当初思い描いていた報酬（および満足）とは明らかに異なる種類のそれが，その活動に結びつけられてしまう。そうするとその活動は，有能さと自己決定の感覚を満たすために，その人が目標として設定した目標ではなくなってしまい（金銭的報酬を得るために設定した目標だと思い直してしまい），内発的動機づけを失ってしまうのである。

　なお，内発的に動機づけられた目標志向的行動を終結させる他の条件としては，1次的動因から生ずる潜在的満足の意識があげられる。1次的動因とは，飢えや渇きのような生理的欲求のことだと理解しておいて差し支えない。たとえば，パズルに熱中して食事をとることも忘れて数時間が経ってしまったあとでは，パズルを解くことからくる潜在的満足よりも，飢えを軽減することからくる潜在的満足をより強く意識するようになるだろう。このとき，パズルを解くということと，食事をするということそれぞれに対して設定される目標の誘意性が再評価され，行動の方向が変化しうると考えられる。

○ 外的報酬と内発的動機づけ──実験のデザインと結果

　もし，あることをするように内発的に動機づけられている人が，それに対して外的報酬を受け取るようになれば，その人の内発的動機づけにはいったいどういうことが生じるだろうか（Deci, 1975, p.129, 邦訳 p.145）。デシの行った一連の実験室実験は，このような問題意識にもとづいてデザインされていた。実験の参加者（被験者という）が，あらかじめ内発的に動機づけ

られるような状況を作り出しておき，実験の途中で報酬を支払ったり，達成度のフィードバックを行ったりした場合に，被験者の内発的動機づけに変化がみられるかどうかを観察したのである。図表9.1の矢印②で表現される外的要因の作用の存在を確認することで，認知的評価理論の枠組み全体の検証を行ったことになる。

それでは，デシの実験がどのようなものであったかみていくことにしよう（Deci, 1975, Ch.5）。最初の実験（Deci, 1971）で，被験者の大学生24名は一人ずつ実験室に入れられて，「Soma」と呼ばれる立体的なパズルを課題として与えられた（このパズルは日本でも「ソーマキューブ」という名前で売られている）。パズルは7つのピースから成るもので，各ピースは一辺1インチの立方体を3個か4個くっつけたようなかたちをしていた。課題は，手渡されたカードに描かれているのと同じかたちにパズルを組み立てるというもので，大学生にとっても十分におもしろいものであることが確認されていた。実験に用いられたパズルの形態図は，図表9.2のようなものである（温泉旅館などにある，幾何学的な図形をかたどった木片を指定された図柄に並べるパズルの，ちょうど立体版といったところである）。

実験のスケジュールは1時間のセッションを3回行うというもので，被験

図表9.2　実験に用いられたパズル形態の一例

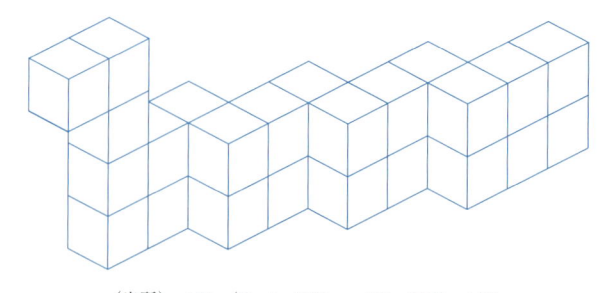

（出所）　デシ（Deci, 1975, p.132, 邦訳 p.149）

者は一つのセッションごとに制限時間13分のパズル課題4個を解くことを求められた。したがって各セッションの中間点，2つめの課題を終えたところで8分間の自由時間があり，実験者は実験の準備のためと称して実験室を後にした。実験室には灰皿や最近の雑誌類が用意されており，被験者は，部屋から出てはいけないが何でも好きなことをしていいと伝えられた。実は，実験者は部屋の外に出ただけで，8分間のあいだマジックミラー越しに被験者を観察していたのである。

　実験の眼目は，この自由時間の8分間に被験者がどのような行動をとるのか観察することにあった。もし被験者が内発的に動機づけられていれば，内発的動機づけの測定指標である「それ以外にもできることが存在し，しかも獲得しうる外的報酬がなんら存在しないような自由選択の状況にあって，被験者が当の標的活動（パズル）に取り組むのに費やした時間の量」（Deci, 1975, pp. 148-149, 邦訳 pp. 166-167）は多くなるはずだからである。被験者たちは12名ずつ2つのグループに分けられていたのだが，そのうち一方のグループ（実験群という）だけには，実験スケジュール全体のちょうど真ん中，第2セッションの自由時間に，解いたパズル1個につき1ドルの報酬が支払われた。もちろん報酬を支払うという実験条件の影響力を比較するために，もう一方のグループ（統制群という）は報酬なしで実験を続けた。その結果を示したのが図表9.3である。

　第1セッションの休憩時間では実験群，統制群いずれの被験者も，報酬をもらえるということを知らされてすらいないので，それにもかかわらずパズルに取り組むということは内発的に動機づけられているとしか考えようがない。ところが，なんと第2セッションで報酬を与えられた実験群の被験者は，第3セッションの自由時間にパズルを解いている時間が第1セッションよりも減ってしまった。とくに興味深いのは，報酬をもらえることを知った第2セッションでパズルを解いている時間が最大になり，その後は休憩するようになってしまったことである。まさに期待理論（あるいはKITA）どおり，外的報酬は一時的にその仕事に人をとどめるような働きをするのである。こ

図表 9.3 8分間の自由時間にパズルに取り組んだ平均時間（秒）

グループ	セッション1	セッション2	セッション3	セッション1→3の時間変化
実験群（12名）	248.2	313.9	198.5	① −49.7
統制群（12名）	213.9	205.7	241.8	② 27.9
実験群と統制群の時間変化の差（①−②）				−77.6*

(出所) デシ (Deci, 1971, p.109)
(注) 値が大きいほどモチベーションも高い。*：10%水準で統計的に有意（自由度 22, t 検定（片側））。

れに対して無報酬の統制群では，自由時間にパズルを解いている時間が第3セッションで最大となっている（平均的に長い時間パズルに取り組んでいるといったほうが正確だろう）。つまり金銭報酬を与えることで，内発的動機づけは低下し，自由時間を休憩するようになったのである。実験はこの他のパターン（Deci, 1972）でも行われたが，結果は同じだった〔⇨演習問題 9.3〕。

○ 外的報酬の機能

こうした一連の実験結果から，デシは内発的動機づけに及ぼす外的報酬の影響を，次のような2つの命題のかたちに集約している（以下はデシ (Deci, 1975, Propositions I, Ⅲ) を若干改変）。

【命題Ⅰ】内発的に動機づけられた活動に従事するのに，外的報酬を受け取るような場合，その原因が自分の外部にある（外的報酬のためにその活動をしている）と認知することで，内発的動機づけは低下する。

【命題Ⅲ】 すべての報酬（フィードバック含む）は2つの側面を有している。すなわち，①それを提示することで，受け手の行動を統制し，特定の活動に従事させ続けることをねらいとしている統制的側面と，②報酬の受け手に対して有能さと自己決定に関する情報を伝えることを目的とする情報的側面である。もし統制的側面がより顕現的であれば，命題Ⅰの変化が引き起こされ，情報的側面がより顕現的であれば，有能さと自己決定の感覚が強まる。

つまり外的報酬は内的報酬よりも，圧倒的に目立つしインパクトも強いので，認知された因果律の所在を内部から外部へと移してしまうのである（命題Ⅰ）。もともと内発的に動機づけられて活動していた人が外的報酬を与えられると，そのインパクトの強さから，活動の目的が有能さと自己決定の感覚を感じることではなく，外的報酬の獲得にすり替わってしまう。これが外的報酬の「統制的側面（controlling aspect）」（Deci, 1975, p.141, 邦訳 p.160）としての効果（命題Ⅲの①）であり，あらゆる報酬には統制的側面の機能が多かれ少なかれ必ず備わっている。

しかし外的報酬も，与え方によっては因果律の所在を変化させず，有能さと自己決定の感覚の認知プロセスに影響を及ぼすことがある。それが「情報的側面（informational aspect）」（Deci, 1975, p.142, 邦訳 p.160）としての効果（命題Ⅲの②）で，報酬が正のフィードバックであったり褒め言葉のようなものであったりすれば，統制的側面はそれほど目立たず，情報的側面が機能することになる。ただし，そのためにはいくつかの条件が必要である（Deci, 1975, pp.150–153, 邦訳 pp.169–172）。

1つめは，非常に簡単なのだが，その人のパフォーマンスの良し悪しとは関連づけずに報酬を与えればいいのである。報酬の多寡が自らのパフォーマンスを理由に決まっていると，報酬の受け手が認識しなければ内発的動機づけは失われないのである。逆に出来高給制度や成果主義のように，パフォーマンスによって報酬が決まっている場合，受け手は報酬のために行動してい

ると思い込みやすいのだ。

 2つめは，パフォーマンスと無関係に報酬を支払う場合の注意点といったところであるが，報酬の受け手が，パフォーマンスと報酬とが結びついていると認識しないような与え方をするということである。デシが行った実験のようなシチュエーションを例にとると，実験への参加に対する報酬として，解けたパズルの個数に応じて報酬が変わるとか，そもそもパズルを解けたら報酬を支払うとかいった条件を提示しないことである。つまり，実験に協力してくれれば，パズルを解くことができようができまいが，無条件に均等な報酬を支払うようにすればいいのだ。

9.3　内発的動機づけの現実的意義

 外的報酬はそのインパクトの強さのために，細心の注意を払って利用しなければ，人の行動を統制することになってしまう。外的報酬の統制的側面が前面に表れているとき，つまり期待理論が描く世界のような外発的動機づけの状態のとき，その人の行動の原因は外的報酬の獲得になってしまっている。このとき，報酬があるかぎりはその行動にとどまるが，報酬を取り去ってしまえば当然その行動は遂行されなくなる。このことを象徴的に表す逸話を，デシが引用しているので簡単に紹介してみよう（Deci, 1975, pp. 157–158, 邦訳 pp. 177–178；cf. 高橋, 2004, pp. 33–34）。実はこれが，第8章 p. 200 で示した「成果主義によるモチベーション低下の問題」への答えである。

○ 金銭的報酬でやる気を奪う——報酬と満足の分離

 第1次世界大戦後，白人至上主義団体（アングロサクソン，ゲルマンなどの白色人種を優位とし，黒人，ユダヤ人，黄色人種などの他の人種を排斥し

ようとする団体）が再び勢力を拡大しつつあった米国南部の小さな町で，一人のユダヤ人の洋服屋が目抜き通りに小さな仕立屋を開いた。団体の幹部達はユダヤ人店主を追い出すために，ボロ服をまとった少年ギャング達を派遣し，店主へ嫌がらせをさせた。少年達が毎日店先にやってきて「ユダヤ人！ ユダヤ人！」とやじるので，店主は困り果てた末に一計を案じた。そしてある日，同じようにやってきた少年達に「これから先，私のことをユダヤ人と呼ぶ少年には1ダイム（10セント銀貨）をあげることにしよう」と言って，一人ひとりに硬貨を与えた。戦利品に大喜びした少年達は，翌日もやってきて「ユダヤ人！ ユダヤ人！」と叫びはじめたので，店主は「今日は1ニッケル（5セント白銅貨）しかあげられない」と，再び少年達に硬貨を与えると，彼らは満足げに立ち去った。そのまた翌日も少年達はやってきて，またやじったのだが，今度は「これが精一杯だ」と1ペニー（1セント硬貨）しか与えなかった。すると少年達は，2日前の十分の一の額であることに文句を言い，「それじゃ，あんまりだね。たったの1ペニーで，われわれがあんたをユダヤ人と呼ぶとでも思っているのかね」と言って，もう二度と来なくなった。

　これこそまさに外的報酬の統制的側面の作用なのだが，こうしたメカニズムを高橋（2004, pp.34-35）が非常に明快に説明しているので紹介しよう。図表9.4の(A)が内発的動機づけの状態で，職務（「ユダヤ人！ ユダヤ人！」とやじること）を遂行しているまさにそのときに，職務満足が得られている。高橋（2004）のオリジナルの図では，(A)の状態に「内的報酬」は登場しないのだが，ここではデシの認知論的モデル（図表9.1）を考慮して報酬と満足を併記してある。報酬が内的なものであるために，遂行にともなって即報酬が得られ，満足を覚えるのである（デシの実験でいえば第1セッションの休憩時間）。ここで金銭的報酬が与えられると，そのインパクトの強さから，金銭的報酬が職務遂行と職務満足のあいだに割り込んでしまう（図表9.4(B)の状態）。金銭的報酬は外的なものであるために，職務遂行のあとにしか与えられることはなく，報酬をもらって初めて満足度も決まってくる。

図表9.4　金銭的報酬のインパクトの強さ

(A) 内発的動機づけの状態

職務遂行　職務満足／内的報酬

(B) 職務遂行と職務満足の間に金銭的報酬が割り込んだ状態

職務遂行 → 金銭的報酬 → 職務満足

(C) 金銭的報酬が断たれた状態

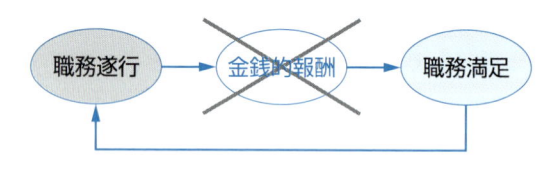

職務遂行 → ~~金銭的報酬~~ → 職務満足

（出所）　髙橋（2004, p.159, 図11.1）を若干改変

図表9.4の(B)で内的報酬が消えているのは，金銭的報酬を与えられたがために，職務遂行の目的が報酬の獲得にすり替わってしまったことを表している（認知された因果律の所在が内部から外部へ移ったのだ）。こうなった以上，図表9.4の(C)のように，金銭的報酬が与えられなくなったり，たとえ与えられたとしても十分でなかったりすれば，職務満足も得られなくなるから，次も職務を遂行しようとは誰も思わなくなる（同じく第3セッションの休憩時間）。

この10年ほどにみられた日本企業における成果主義の失敗も，かつての

米国における数々の人事慣行の盛衰（第8章参照）も，その原因は外的報酬の統制的側面が作用していたことにある。そうすると，内発的動機づけの理論はワーク・モチベーションの問題に対しても，もっとも説明力が高いモデルといえそうである。ただし，①有能さや自己決定といった概念のみならず内発的動機づけ自体も構成概念（construct）であること，②それらのあいだの因果関係が不明瞭であるといった批判があることも確かである。

内発的動機づけの応用可能性

　概念の抽象度が高く，それらの関係性があいまいなモデルというのは，現実に応用することができるようなモデルを作ろうとすると，どうしても複雑で大きく（変数自体の数も，変数間の関係の数も多く）なってしまう傾向がある。しかしこの十数年のあいだに，こうした内発的動機づけの理論が抱える弱点は，統計手法の発達とコンピュータの計算能力の向上により次第に克服されつつある（藤田，2004b）。

　①構成概念については，測定が困難であることでよく知られているが，主成分分析（principal component analysis）のような手法を使えば対応が可能である。たとえば高橋（1993 ; 1997）では，主成分分析を利用して5つの観測変数で構成される自己決定度を開発している。それだけでなく，自己決定度と職務満足度とのあいだに，統計的に有意な正の相関のあることが回帰分析（regression analysis）によって確認されている。

　また藤田（2000a）では，デシの内発的動機づけの理論にもとづいて統計モデルを構築し，高橋（1993）が開発した自己決定度とともに，有能さ（実際には自尊感情（self-esteem）として定式化されている）や動機づけのレベルも構成概念として導入して因果関係の分析を行っている。藤田（2000a）が用いたのは共分散構造分析（covariance structure analysis ; 最近では構造方程式モデル（Structural Equation Models ; SEM）と呼ばれることも多い）という統計手法だが，因果関係の方向性を分析者が設定する回帰分析と

は異なり，この点についても統計的に検証することができる非常にパワフルな手法である。このため，②の因果関係の不明瞭さの問題についても一定の解答を示すことができるのだが，素人でもそこそこ使えてしまうパワフルすぎる手法でもあるため，分析結果の解釈には細心の注意が必要である。

　これらの研究はいずれも，企業の従業員を対象にしてアンケート調査を実施し，大サンプルを収集して統計分析を行っている。統計手法と高性能なコンピュータ，使い勝手のよい統計分析用ソフトウエアを駆使することで，①測定の難しさと②因果関係の確認という2つの課題をクリアしているのである。その上で，内発的動機づけの理論の妥当性を支持する結果を得ていることから，その説明力は非常に高いと考えられる。

　実際，日本企業でワーク・モチベーションの問題についてインタビュー調査を行っていると，内発的動機づけの理論に登場するような概念について聞かれることが多々ある。自己決定の感覚や誇りの気持ちなどがその例で，こうした感覚が従業員の動機づけに強く影響していることは，企業の現場ではなかば当然のこととして受け止められているが，それを確認することのできるモデルがこれまではほとんど存在しなかったのである。しかし統計手法の発達と，それを利用可能にするコンピュータ，ソフトウエアの進歩は，内発的動機づけの理論をモデル化し，現実の意思決定状況に応用する可能性を高めている。したがって内発的動機づけのモデルは，現実のワーク・モチベーションの問題に対しても，有効な解答を示す可能性をもっていると言えるだろう。

演習問題

9.1 自分がこれまでに経験した，内発的に動機づけられた活動を例示してみよう。また，その活動に従事することから得られる内的報酬は，どのようなものだったか分析してみよう。さらに，演習問題8.2であげられた「例外的によい感じをもったとき」に行っていた仕事は，内発的に動機づけられたものである可能性が高いので，その内的報酬はどのようなものと考えられるかディスカッションを行ってみよう。

9.2 演習問題9.1であげられた活動が，有能さと自己決定への欲求（またはコンピテンス）を充足することで内的報酬を生じていると考えられる。そこで，これらの活動がどのような意味で自己が有能で自己決定的であることを示しているのか，あるいはどのような点で環境に対して効果的に働きかけることができていると言えるのか議論してみよう。

9.3 立体パズルを使ったデシの実験結果のように，最初は内発的に動機づけられて活動に従事していたのに，途中から外的報酬を獲得することに目的がすり替わってしまったという経験をしたことはないだろうか。そのとき，外的報酬はどのような与えられ方をしていたのか，詳しく説明してみよう。

第10章

達成動機づけ

　ものごとをより高いレベルで成し遂げようとして，工夫を凝らし，どうしたらよいか考えることに人は相当の時間を費やすことがある。それは仕事に限ったことではなく，音楽やスポーツ，ゲームのような趣味的な活動についても，実際にプレイするだけでなく，課題や目標のようなものを自ら設定して，それを達成するにはどうしたらいいか考えるということもするのである。これが達成欲求にもとづく行動すなわち達成動機づけで，内発的動機づけと同じように，ある程度までは困難な課題に対してチャレンジするという行動傾性に関する理論である。

○ *KEY WORDS* ○
達成動機，動機論，達成動機づけの期待×価値モデル，
期待，誘因価

10.1 マクレランドの動機論

達成動機（achievement motive）についての著名な研究者として，マクレランド（David C. McClelland）とアトキンソン（John W. Atkinson）の2人があげられる。彼らは共同研究を行っていたが，興味関心の対象はかなり異なっている。動機論の論者としても有名なマクレランドは，人間の動機あるいは欲求にはどのようなものがあるのかといったことや，動機づけの側面（行動への衝動の強さ）にはあまり興味がなく，いくつかの特殊動機が喚起されるプロセスとその測定方法に主たる関心があったようである（たとえば，二村（2004b）などを参照）。彼の著書，*Human Motivation*（1987）をみてみると，達成動機を始めとして権力動機（power motive），親和動機（affiliative motive），回避動機（avoidance motive）といった特殊動機について解説が加えられている。しかし，動機がどのようにして喚起されるかということについては具体的な枠組みが示されているものの，実際の行動選択のプロセスについては確かにほとんど言及がない。

ただし，マクレランドの動機論について理解しておくことは，第9章で紹介した分化仮説のみならず，デシの認知論的モデル（図表9.1）における行動のエネルギー源の形成（すなわち動機の喚起）についての理解の助けとなるはずである。環境からの刺激入力によって動機が喚起されるプロセスの中で，喚起される動機の種類に，それまでの経験や学習内容が影響を及ぼすということをマクレランドも指摘しているからである。そこでまずは，マクレランドの動機論についてごく簡単にみていくことにしよう。

○ 動機とは何か

実は本章に至るまで，動機とは何か，動機はどのようにして生じてくるの

かということについては，解説を加えてこなかった。イフェクタンス動機づけ（第9章参照）が示すように，人には根源的で未分化なただ一つの内発的欲求（コンピテンス）が生まれながらに備わっており，環境との相互作用の中でこの欲求が刺激され動機が形成されると考えられる。したがって内発的欲求の存在を前提にすれば，動機の形成あるいは喚起については問題にならないとも言える。もちろん人間が欲求をもっているかどうかということには議論の余地があるが，「猫に仏性ありやなしや」のような禅問答になりかねないので，ここでは欲求そのものの存在は自明としておこう。

しかし達成欲求や，権力欲求，親和欲求といった特殊動機の源泉となると，話は変わってくる。これらの動機は，人が成長にともなって環境との相互作用を経験し学習する中で，根源的で未分化な内発的欲求から分化し発達したものであるとされるからだ。それでは，人はいったい何を経験・学習することで，こうした特殊動機をもつようになったり，ある場面で特定の動機が喚起されるようになったりするのだろうか。このことを理解するために，まずは欲求（need），動機（motive），動機づけ（motivation）といった用語について簡単に整理しておくことにしよう。

一般的・日常的な理解では，欲求は欠乏状態，動機は行動の原因，動機づけは行動の方向づけ・選択を表すものと分けられている。しかし心理学の分野では，こうした区分について統一的な見解がないのが実情である（『誠信心理学辞典』，1981）。そもそも欲求（心理学では要求と呼ばれることが多い）についての解釈が多義的であり，欲望，衝動，願望などとの区別もあいまいなところから，これら行動を引き起こし，方向づけ，持続させるものをすべてひっくるめて「動機」と呼んでいるのである。つまり欲求は動機の一例なのであり，とくにそれが行動の原因となっていることが明らかなときに，欲求ではなく動機と呼ぶのがよさそうである。

それでは，動機と動機づけとの区別はどうなっているのか。実は心理学では両者を，ほとんど同じ意味で用いている。せいぜい，動機のほうがより具体的な概念であるのに対して，動機づけのほうが抽象的で動機一般を表すも

のとされているという程度の区別しかない。したがって，行動の原因として特定の欲求や欲望を指すときには動機という用語を用いるので，達成動機とか親和動機といった用法がありうることになる。これはまさに，それらの欲求が行動の原因となっていることを強く意識した用法である。

 ただし，動機あるいは動機づけが実際の行動を導くかどうかという「動機づけ—行動連鎖」のプロセス（一般的な意味での動機づけ）に重点を置くかどうかについては，論者によってかなり差がある。たとえば奈須（1995a, pp.6-7）では，ある動機の存在の有無とその水準によって行動が決定されるとする理論的立場を「動機理論志向」，環境からの刺激に対する認知的反応によって形成される期待と価値（感情）の水準によって行動が決定されるとする理論的立場を「期待—価値理論志向」に区別している。そして前者にマクレランドの動機論，後者にアトキンソンの達成動機づけ理論が含まれるとしていることから，行動の原因を動機と呼び，行動選択の認知プロセスまで含めたものを動機づけと呼ぶ一般的用法の妥当性は高いと言えるだろう。

○ 動機の喚起

 こうしたことから，いくつかの特殊動機とそれが喚起されるプロセスに焦点をあてたマクレランドの理論は，動機づけ理論ではなく動機論または動機理論と呼ぶのがふさわしい。そしてそれは，デシの認知論的モデル（図表9.1）の前半部分を，やはり認知論的アプローチにもとづいてさらに詳細に記述したモデルであると言えるだろう。それでは動機がどのようにして生じる（喚起される）のかについて，マクレランドの議論をもとにみていくことにしよう。

 マクレランドら（McClelland et al., 1953, Ch.2）によれば，動機は「一つの感情状態における，合図（cue）の変化による再構築（redintegration）」と定義される。どうやら何らかのきっかけによって起こる感情（affect）の変化が，動機の生成であるということはわかるが，非常に難解な定義で，と

くに「合図」「再構築」という言葉の意味がよくわからない。順を追って解説してみよう。まず合図であるが，これは心理学の分野では「手がかり」ともいわれ，有機体の行動を無意識的に導く2次的な（学習された）刺激（『誠信心理学辞典』，1981）のことである。具体的には，身のまわりの環境における変化や環境から得られる刺激だけでなく，一連の行動系列においては，先行反応や姿勢などの内部感覚もこれに含まれる。

　次に再構築とは，何らかの合図を認知する前の感情と，その合図を認知することで芽生えた新たな感情とが統合されることである。こうして人間は，合図を受け取る前後で異なる感情状態に移行することになるが，その感情変化が起こったときに動機が喚起されたと考えるのである。当然のことながら，合図を受け取る前の感情状態（もとの感情状態）も，それ以前の合図の認知によって再構築されたものであるから，どのような動機をもつかということは，それまでの学習や経験の内容に依存することになる。マクレランドらはすべての動機システムは学習されたものであると主張するが，これはまさに分化仮説（第9章を参照）と同様の考え方にほかならない。

　こうした動機の喚起プロセスを，図式化してみたものが図表10.1である。ある感情状態にあるときに合図の変化が発生することで，自分が置かれている環境を知覚し直す。このとき，知覚の基盤となるのが期待（expectation；適応水準（adaptation level）とも呼ばれる）であり，これはそれまでの学習および経験から形づくられたものである。環境に対する新たな知覚と期待のあいだのズレ（discrepancy）が，学習されていない感情の源泉であり，少しのズレは快（pleasant）の感情を，多くのズレは不快（unpleasant）の感情をもたらす。快または不快の感情は，環境からの合図と連合して（関連づけられて）学習され，期待の変化に影響を及ぼすとともに，もとの感情状態に統合され新たな感情状態に移行する。こうした環境（およびそこに含まれる合図）に対する学習プロセスが繰返し発生することによって，達成動機を始めとするさまざまな特殊動機が形成されていくのである〔⇨演習問題10.1〕。

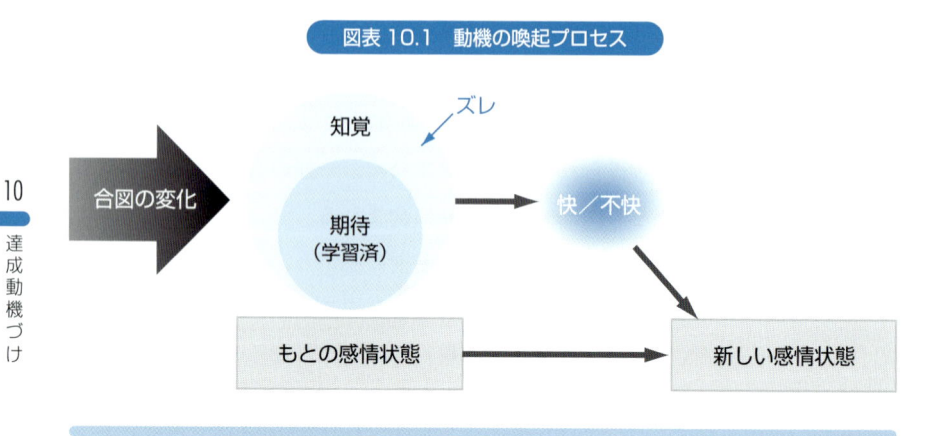

図表 10.1　動機の喚起プロセス

合図の変化 → 知覚／期待（学習済）→ ズレ → 快／不快

もとの感情状態 → 新しい感情状態

○ マクレランドの達成動機づけモデル

　マクレランドは，達成動機を始めとするさまざまな動機の測定法を開発する中で，こうした動機論を展開するようになったのだが，その後，いわゆる動機づけの側面についても認知論的な枠組みを提唱している（McClelland, 1987, Ch. 12）。しかし，動機の測定法や達成動機理論の研究とは異なり，実証的な検証はほとんど行われていないようである（川瀬ら，1995, p. 33）。ただしマクレランドと，共同研究者であったアトキンソンとで動機および動機づけのとらえ方が異なるのだが，この認知論的モデルはその違いを反映していて興味深いので，ここで紹介してみよう。

　図表 10.2 の前半（青色で網かけした部分）は動機の喚起プロセスであり，図表 10.1 に相当する。真ん中の部分（灰色で網かけした部分）はアトキンソンの達成動機づけモデル（次節で詳述する）にあたり，後半部分（④〜⑦が付された矢印の影響過程）が動機の学習プロセスを表している。そして図中の①〜⑦が，動機づけ―行動連鎖における認知（的解釈）の影響を表しているのだが，なにぶんにもモデルが複雑怪奇すぎて理解することができない。

図表 10.2　動機づけ—行動連鎖における認知変数の役割

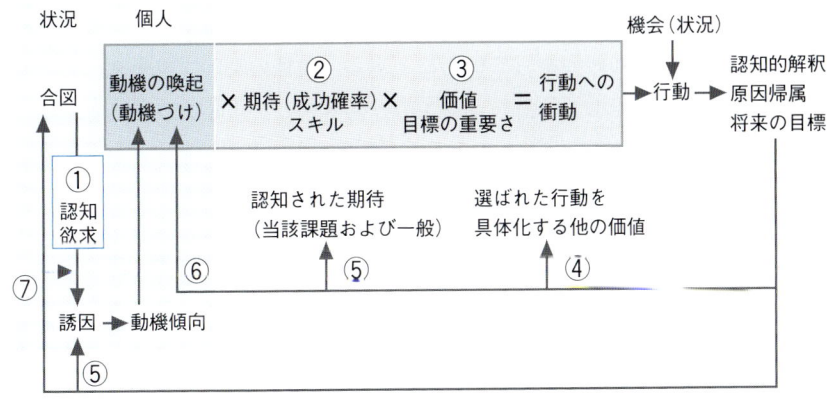

```
状況      個人                                              機会(状況)
                          ②           ③
合図    動機の喚起  × 期待（成功確率）× 価値     = 行動への → 行動 → 認知的解釈
        (動機づけ)     スキル       目標の重要さ    衝動             原因帰属
  ↑         ↑                                                      将来の目標
  │       ┌─┴─┐
  │       │ ① │           認知された期待        選ばれた行動を
  │       │認知│          （当該課題および一般）  具体化する他の価値
  │       │欲求│
  │       └─┬─┘              ⑥            ⑤            ④
  │⑦        ↓
  └── 誘因 → 動機傾向
           ⑤
```

（出所）マクレランド（McClelland, 1987, p.504）を若干改変

ここではモデルの詳細な解説は避けて，マクレランドとアトキンソンの動機・動機づけに対する解釈の差異を，モデルにもとづいて指摘するにとどめておこう。

マクレランドは動機づけという用語を，行動選択の際に利用される認知変数（②期待および③価値）とは切り離して，喚起された動機を指すものとして用いている（川瀬ら，1995, p.34）。つまり図表 10.2 の前半部分が動機づけのプロセスであり，「動機づけ＝動機が喚起されること」と考えているのである。このことは，動機そのものが短期的にみても変数であり，個人がおかれている環境や状況によって，喚起される動機の種類や強度は大きく異なることを示している。その上でマクレランドは，最終的な行動への衝動もまた期待および価値という認知変数に影響を受けるとしているのだから，実際の行動の予測に対しては精度の低い，複雑怪奇なモデルしか提示できないのも無理からぬことだろう。

これに対してアトキンソンは動機づけを，期待や価値に影響されたあとの，

最終的な行動への衝動を表すものとして用いている。つまり「動機づけ＝行動選択のプロセス」ということであり，一般的な動機づけの理解と同じものである。そして動機については，状況に対しても比較的安定した特性を示すとし，動機の強弱はパーソナリティ要因（個性）の一側面であると考えた。マクレランドと共同研究をしていたことから，動機の喚起プロセスについての理解はマクレランドと共有しているのだろうが，アトキンソンは動機を，長期的には変数かもしれないが短期的には定数である，と考えたのである。図表 10.2 の前半部分については，ブラックボックス化していると言っていいのかもしれない。このことを説明するためにアトキンソンは，達成状況における期待を操作することで，個人の行動選択がどのように変化するかを検証し，達成動機づけの「期待×価値モデル」を作り上げていくことになるのである（川瀬ら，1995, pp.22-23）。

10.2　達成動機づけのアトキンソン理論

　アトキンソンは，動機づけ要因としての達成動機の強弱を，比較的安定的なパーソナリティ要因の一側面とみなした（Atkinson, 1964；1978）。そして，達成状況（課題に直面した状態）において形成される期待と価値（誘因価）によって，達成志向行動（achievement-oriented behavior）が選択されるかどうか，どれくらいの強度でどれくらい持続するかが決定されると考えた。達成動機についての考え方はマクレランドと共有しつつも，より実用的な行動選択のモデルとして達成動機づけ理論を組み立てたと言えるだろう。

　アトキンソン・モデルは数ある動機づけ理論の中でも，もっとも有力かつ正統的で説明力の高いモデルの一つであると評価されている。それはブルームの期待理論（「期待×誘意性モデル」）と同様，非常に明快で精密な定式化が行われていることも理由の一つであろう。しかしアトキンソン・モデルは，

期待理論に酷似した定式化を行っていながら，行動原理に関する理論的帰結としてはまったく異なる結論を導くことになる。期待理論が人間は「楽なほうへ流れる」（第 5 章を参照）という結論を導いていたのに対して，アトキンソン・モデルでは「チャレンジを求める」と結論する。このためアトキンソンの達成動機づけ理論は「期待×価値モデル」でありながら，内発的動機づけの系統の理論として位置づけられるのである。

○ アトキンソン理論の基本的枠組み

アトキンソン理論の基本的な考え方は，達成動機が強ければ達成行動が現れやすいが，認知変数である期待や価値によってその頻度や強度は変化するというものである（Atkinson, 1964 ; 1978, Ch.3）。そして達成行動の最終的な強度，頻度，持続性は，成功への近接傾向と失敗の回避傾向との葛藤の結果として生じるものであるとされる。この成功近接傾向 T_S と失敗回避傾向 T_{AF} は，個人に特性的な属性つまり比較的安定したパーソナリティ要因であり，両者の合成傾向として最終的な達成傾向の強さ（達成動機：T_A）が決定されるのである。

こうした関係を概念的に表現すれば，図表 10.3 のようになるだろう。行動の目標は，それを達成することによって価値をもたらすものである。だから当然，その価値を獲得したいという気持ち，成功近接傾向を人はもっているものである。しかし達成行動を実行したとして，目標を達成することができなければその価値を手にすることができないばかりか，失敗によるマイナスの価値がもたらされることにもなるから，達成行動をとることをしり込みする気持ち，失敗回避傾向も同時に持ち合わせることになる。最終的に達成行動を実行に移すかどうかは，どちらの気持ちがより強いかによって決まるのである。

ここで注意がいるのは，目標達成に成功したとき，あるいは失敗したときに得られる価値の中身である。これをアトキンソンは「誘因価 (incentives)」

図表 10.3　成功近接傾向と失敗回避傾向の葛藤

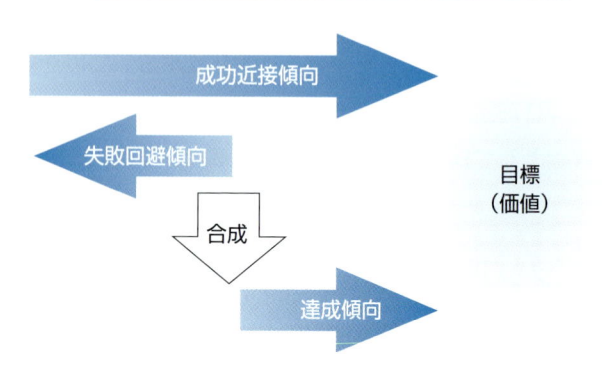

成功近接傾向
失敗回避傾向
合成
目標（価値）
達成傾向

と呼んでいるが，成功の誘因価としては「成功したときに感じる誇り（pride）」の感情を，失敗の誘因価としては「失敗したときに感じる恥（shame）」の感情をあげている。つまり期待理論が想定するような外的報酬ではなく，成功・失敗それぞれの場合に得られる自尊心や達成感，喪失感，他者からの評価などといった，有能さと自己決定の感覚の変化にともなう内的報酬なのである。この点も，アトキンソン理論が内発的動機づけの系統に属する理論の一つであることを示している。

○ 達成動機づけのアトキンソン・モデル

それでは，達成動機づけのアトキンソン・モデルにおける定式化（Atkinson, 1964；1978, Ch.3）を詳しくみていくことにしよう。図表 10.3 でも示したとおり，達成動機 T_A は成功近接傾向 T_S と失敗回避傾向 T_{AF} の合成傾向であるとされる。すなわち，

$$T_A = T_S + T_{AF} \tag{10.1}$$

である。成功近接傾向と失敗回避傾向は，期待理論のブルーム・モデルに類似した定式化が行われており，それぞれ動機，期待，誘因価の積によって表現される。すなわち，

$$T_S = M_S \times P_s \times I_s \tag{10.2}$$

$$T_{AF} = M_{AF} \times P_f \times I_f \tag{10.3}$$

である。$M_S \cdot M_{AF}$ はそれぞれ成功動機・失敗回避動機，$P_s \cdot P_f$ はそれぞれ成功の主観確率・失敗の主観確率，$I_s \cdot I_f$ はそれぞれ成功の誘因価・失敗の誘因価である。達成動機の強弱がパーソナリティ要因の一つとされるのは，(10.2)および(10.3)式のうちの $M_S \cdot M_{AF}$ がそれぞれ主題統覚検査（Thematic Apperception Test；TAT）・テスト不安尺度といった心理テストのようなもので測定される，個人属性についての特性変数であるからだ。また成功の主観確率 P_s は，実験的には，課題の困難度に関する情報提供や，課題の難易度の変化によって操作される。アトキンソン・モデルでは，課題の遂行結果として成功と失敗の2つしか想定しないので，次の仮定がおかれている。

$$P_s + P_f = 1 \tag{10.4}$$

ここまでの定式化は，期待理論となんら変わらないようにみえるが，成功・失敗の誘因価に対する考え方がアトキンソン・モデルとブルーム・モデルとでは決定的に異なっている。そしてこの点が，モデルから導かれる理論的帰結を，期待理論のそれとは大きく懸け離れたものにしている理由なのである。アトキンソンは，誘因価は主観確率の関数であると考え，次のような仮定をおいた。すなわち，

$$I_s = 1 - P_s \tag{10.5}$$

$$I_f = -P_s \tag{10.6}$$

である。ただしここでは，失敗の誘因価 I_f についての(10.6)式も，失敗の主観確率の関数として表現して形式的に(10.5)式に対応させておこう。

(10.4)式より $P_s = 1 - P_f$ であるので，これを(10.6)式に代入して，

$$I_f = -(1 - P_f) = P_f - 1 \tag{10.6}'$$

となる。

　これらの仮定が意味するところは，次のとおりである。成功の誘因価つまり成功時の誇りの感情は，誰にでもできるような簡単な課題よりも，難しくて成功確率の低い課題において成功したときのほうが，より強く感じられるというのである。これとは反対に，失敗の誘因価つまり失敗時の恥の感情は，誰も達成することができないような難しい課題よりも，誰にでもできるような簡単で成功確率のとても高い課題において失敗したときのほうが，より強くなるのだ。この点から達成動機づけは，環境との関連において自らが有能で自己決定的であることを感じたいという基本的な動機づけから分化したものであり，内発的動機づけの一つの特殊ケースであると言えるのである(Deci, 1975, pp.107-108, 邦訳 pp.120-122)。

　つまり期待理論で，期待と誘意性（誘因価と同じもの）とが独立であると仮定されていたのに対して，アトキンソン理論では，誘因価は期待（成功確率）の関数であると仮定されているのである。期待理論の誘意性は，外的報酬によってもたらされるものであるから，課題の難易度に対する本人の評価（期待）とは無関係に決定される。ところがアトキンソン理論では，課題の遂行に関連した内的報酬を扱っているので，課題に取り組む本人が困難であると評価するほど，その達成がもたらす誘因価は大きくなるという関数関係が成立する。確かに，誰も達成することができないような困難な目標にチャレンジして，それに成功したときには，自分にはそれだけの能力があるのだと自負することができるし，それを誇りに思うこともできるだろう。逆に，そうした目標の達成に失敗したとしても，恥ずかしく感じることはほとんどないだろう。誰がやってもできないような困難な課題なのだから，自分も失敗したとしても当然なのである（場合によっては，挑戦したこと自体が評価されることもあるかもしれない）。アトキンソン・モデルの(10.5)式，

(10.6)式の仮定は，実に自然な，納得性の高いものであると言えるだろう。

○ 達成動機づけは個性のみで決まる？

　こうしたアトキンソンの達成動機づけモデルには，内発的動機づけの理論と同じように，課題の遂行に関連した感情や感覚が組み込まれているようにみえる。しかし，現実的であるはずの(10.5)式，(10.6)式の仮定のおかげで，モデル上はやや問題のある結論が導かれてしまうことになる。それは，達成動機づけの強さはその人の個性（成功近接動機と失敗回避動機）のみによって，与えられた課題（の難易度）ごとに決まってしまうというものである。もう一つ，アトキンソン理論が導く理論的帰結にも，大きな疑問点を提示することができるのだが，そちらは次節および第 11 章でさらに詳細に検討することにしよう。

　1 つめの問題点については，先に紹介した(10.1)式を，(10.2)〜(10.6)′式を用いて変形することで導くことができる。まず(10.1)式に，(10.2)式と(10.3)式を代入すると，

$$T_A = (M_S \times P_s \times I_s) + (M_{AF} \times P_f \times I_f) \tag{10.7}$$

となる。次いでこの(10.7)式に，(10.5)式と(10.6)′式を代入すると以下のようになる。

$$T_A = \{M_S \times P_s \times (1-P_s)\} + \{M_{AF} \times P_f \times (P_f - 1)\}$$

　ここで，(10.4)式より $P_f = 1 - P_s$ であるので，上の式の P_f を P_s で置き換えてみよう。すなわち，

$$\begin{aligned}
T_A &= \{M_S \times P_s \times (1-P_s)\} + [M_{AF} \times (1-P_s) \times \{(1-P_s) - 1\}] \\
&= \{M_S \times P_s \times (1-P_s)\} + \{M_{AF} \times (1-P_s) \times (-P_s)\} \\
&= \{M_S \times P_s \times (1-P_s)\} - \{M_{AF} \times P_s \times (1-P_s)\} \\
&= (M_S - M_{AF}) \times \{P_s \times (1-P_s)\}
\end{aligned} \tag{10.8}$$

となる。つまり，最終的な達成傾向の強さ T_A は，パーソナリティ要因である M_S・M_{AF} と，与えられた課題の難易度を表す P_s とによって決定されることになるのである。

確かに(10.8)式には，もともと成功の誘因価であった $1-P_s$ が含まれているので，人は有能さと自己決定の感覚を求めて動機づけられるということを示している。期待理論が主張するような，単純に「楽なほうへ流れる」というような行動原理が導かれることはないのである。しかし(10.8)式は，個人の動機づけの強さが，課題の成功確率に対して安定的な反応を示すことを意味している。もしそのとおりであるなら，個性としての達成動機が強い人（$M_S>M_{AF}$ となる人）は常に自分にとって適度なチャレンジにあたる課題ばかりを選んで遂行することになるが，現実にはほとんどそのようなことはない。スポーツの練習やゲームなど（もちろん勉強も）をするときのことを考えてみよう。今，行っている練習が難しすぎたり，対戦相手が強すぎたりすると，少し基本に戻って練習を再開してみたり，ゲームなら少しレベルの低い相手のいるところへ行ってみたりということをして，比較的短時間のうちに課題の難易度をさまざまに変えて取り組むものである。つまり動機づけの強さ自体（T_A にあたる）は，時々刻々と変化すると考えられるのだ。そうするとマクレランドが言うように，パーソナリティ要因として測定される動機傾向についての学習そのものが，短期間のうちに発生することになる。アトキンソンのように，達成動機（M_S・M_{AF}）は状況に対して安定的な傾向を示すパーソナリティ要因だと言い切ってしまってもいいものだろうか〔⇨演習問題 10.2〕。

10.3　リスク・テイキング

達成に対する動機づけは，単純に個性によってのみ決まってしまうのか。

あるいは個性も長期的にみれば変化しうるが，達成動機づけは人それぞれに短期的には安定的なのか。この問題については，おいそれと答えを出すことができないが，アトキンソン理論に対して一般的に指摘されるもう一つの問題——リスク・テイキング（risk-taking）——に対しては，かなり明確な答えを提示することが可能である。アトキンソン・モデルへの修正提案は第11章で行うことにして，ここではリスク・テイキングの問題について詳しく説明しておくことにしよう。

○ 達成場面における課題選択

　アトキンソン理論が導く行動原理に関する理論的帰結について，課題選択という観点で検討することから始めよう。課題選択とは文字どおり，成功確率の互いに異なるいくつかの課題に直面したとき（これを達成場面と呼ぶ），どの課題を選択するかということを表している。とくにアトキンソン理論にもとづく実証研究では，達成行動の持続性（persistence），課題の遂行成績（performance）とならんで，頻繁に用いられる指標であるという（奈須，1995b, p.44）。

　そこで以下では，この指標を用いて，アトキンソン理論の主張どおりに人間が動機づけられるとすると，どのような課題が選択されることになるのかをシミュレーションしてみよう。第2節の冒頭でも指摘したとおり，アトキンソン理論は内発的動機づけの理論と同様に，人間は「チャレンジを求める」ような行動傾向を示すと結論する。このことをより明らかにするために，アトキンソン・モデルだけでなく期待理論のブルーム・モデルでも同じ数値例を用いて，それぞれどのような結果が得られるのか比較してみることにしよう。

　まずは，第5章の復習になるが，ブルーム・モデルにおける結論を再確認しておこう。ブルーム・モデルの場合は期待と誘意性とが独立であるので，成功確率は0.0〜1.0まで0.1ずつ変化させることにするが，1次の結果に

は成功と失敗の 2 つがあり，それぞれの誘意性は 5 と 1 で固定されていると仮定しよう。したがってこの達成場面では，成功確率の異なる 11 種類の課題が提示されていることになり，それぞれの課題に対する動機づけの強さを計算すれば図表 10.4 のようになる。なお，この例では課題選択について検討することが目的であるので，2 次の結果とその誘意性，手段性については省略してある。

　ブルーム・モデルでは，活動（ここでは課題）の誘意性（の期待値）に比例して動機づけの強さが決まるとされるので，図表 10.4 に示した課題の誘意性をそのままモチベーション・スコアに読み替えてかまわない。この例でモチベーション・スコアが最大となるのは，成功確率が 1.0 の課題に対して，つまりもっとも簡単な，誰がやっても必ず成功するような課題に対してである。結果がもたらす誘意性が同じであるなら，それをもっとも獲得しやすいパス（課題）を選ぶことになり「楽なほうへ流れ」ていくのである。

　アトキンソン・モデルではどうなるだろうか。こちらの場合，誘因価は期待の関数になっているので，成功確率を 0.0〜1.0 まで 0.1 ずつ変化させていくと，成功の誘因価は連動して 1.0〜0.0 まで変化する。前節で示した達成動機の計算式(10.8)式には，パーソナリティ要因である $(M_S - M_{AF})$ という項が含まれているので，アトキンソン・モデルの場合はこれを固定しておかないとシミュレーションをすることができない。計算を簡略化するために，ここでは $M_S - M_{AF} = 1$ と仮定しよう。ブルーム・モデルの例と同様に，成功確率の異なる 11 種類の課題それぞれに対して，達成動機の強さを計算して集約したものが図表 10.5 である。

　図表 10.5 のモチベーション・スコア（左の列）をみてほしい。課題の成功確率が 0.0 から 0.5 まであがっていくにつれて，モチベーション・スコアは次第に高くなっていくが，成功確率 0.5 から 1.0 までは，成功確率が上がっていくとモチベーション・スコアは逆に低くなっていってしまう。成功確率 0.5 となる課題 5 に対して，動機づけが最大となる，つまり成功と失敗が五分五分の課題にもっとも強く動機づけられるのだ。まさに自分にとって

図表 10.4 ブルーム・モデルの数値例とモチベーション・スコア

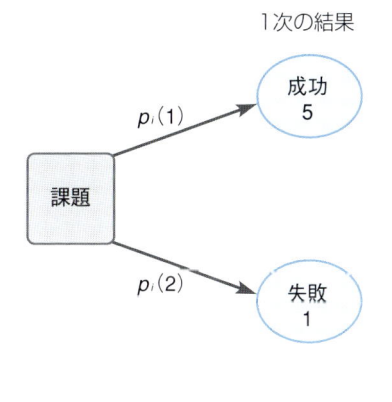

課題	成功確率 $p_i(1)$	誘意性（期待値）
0	0.0	1.0
1	0.1	1.4
2	0.2	1.8
3	0.3	2.2
4	0.4	2.6
5	0.5	3.0
6	0.6	3.4
7	0.7	3.8
8	0.8	4.2
9	0.9	4.6
10	1.0	5.0

1次の結果：成功 5／失敗 1

たとえば課題1では，失敗確率 $p_i(2)=1-p_i(1)=0.9$ となり，課題1の誘意性の期待値は $0.1\times5+0.9\times1=1.4$ となる。

図表 10.5 アトキンソン・モデルの数値例とモチベーション・スコア

課題	成功確率 P_S	成功の誘因価 $I_S=1-P_S$	達成動機の強さ $M_S-M_{AF}=1$	$M_S-M_{AF}=0$	$M_S-M_{AF}=-1$
0	0.0	1.0	0.00	0.00	0.00
1	0.1	0.9	0.09	0.00	−0.09
2	0.2	0.8	0.16	0.00	−0.16
3	0.3	0.7	0.21	0.00	−0.21
4	0.4	0.6	0.24	0.00	−0.24
5	0.5	0.5	0.25	0.00	−0.25
6	0.6	0.4	0.24	0.00	−0.24
7	0.7	0.3	0.21	0.00	−0.21
8	0.8	0.2	0.16	0.00	−0.16
9	0.9	0.1	0.09	0.00	−0.09
10	1.0	0.0	0.00	0.00	0.00

「適度なチャレンジ」を提供してくれるような課題が，もっとも好まれるという結果になっている。

○ リスク回避の人はいないのか？

しかし，上記の結果は成功近接動機が失敗回避動機を上回る（$M_S > M_{AF}$となる）人に限ってのことであり，両者が等しい人や逆転している人については，まったく異なる結論が導かれてしまう。図表 10.5 のモチベーション・スコア中央の列に $M_S = M_{AF}$ となる人の，右の列に $M_S < M_{AF}$ となる人の計算例を示しておいた。まず $M_S = M_{AF}$ となる人の場合は，いずれの課題に対してもまったく動機づけられないという結果になってしまっている。このタイプの人が達成行動をとるとしたら，それはいったい何によるものだというのか。

アトキンソンは，$M_S = M_{AF}$ となる人の行動は外発的動機づけによるものであると考え，後に達成動機の計算式を次のように修正している（Atkinson, 1974）。

$$T_A = T_S + T_{AF} + T_{ext} \tag{10.9}$$

T_{ext} は，外発的な動機づけ要因がもたらす達成傾向を表しており，最終的な達成動機は T_{ext} によって加算的に増大するというのである。確かに現実の達成場面においては，デシ（Deci, 1975, p.x117, 邦訳 p.132）も指摘するように外発的と内発的の 2 種類の動機づけが同時に働いていると考えることはできるから，こうしたモデルの修正は許容してもよい。しかし $M_S = M_{AF}$ となる人には，内発的な動機づけが一切存在しないというのは明らかにおかしな前提である。もはやアトキンソン・モデルには，根本的な過誤があるとしか言いようがないではないか。

これよりもさらに悩ましいのは，$M_S < M_{AF}$ となる人の動機づけパターンである。このタイプの人の場合，最終的な達成傾向は 0 以下の値をとり続け

るので，達成行動が常に抑制されてしまうことになる。そしてその傾向は，成功確率 0.5 のときに最大となるので，適度なチャレンジをもっとも嫌うばかりか，楽なほうへ流れる（成功確率 1.0 を好む）か，さもなければ無謀ともいえるリスクを好んで引き受けてしまう（成功確率 0.0 を好む）かのどちらである。つまり極端なリスク・テイカーになることがあるのだ。もちろん外発的な動機づけが加われば，達成動機の強さがプラスになって達成行動が選択されることもあると考えられるが，T_{ext} の影響は単なる底上げにすぎないので，基本的な動機づけパターンに変化はない。こうした問題は，どの程度まで失敗の危険（リスク）を冒しながら，達成や成功を希求しようとするかに関する個人の傾向を示しており（奈須, 1995b, p.48），リスク・テイキングと呼ばれている。

　ところが，アトキンソン理論にもとづいて行われた多数の実証研究において，このような強いリスク・テイキングの傾向が観察されることはなかったのである。たとえばアトキンソンとリトウィン（George H. Litwin）は，大学生を被験者とする実験室実験を行っているが，この実験では成功近接動機・失敗回避動機のパターンによらず，すべての被験者がほとんど同じ課題選択の傾向を示すという結果に終わっている（Atkinson & Litwin, 1960）。この実験では，まず被験者は，フレンチ洞察テストによって成功近接動機を，テスト不安尺度で失敗回避動機を測定され，動機パターンに応じて 4 群に分けられた。これら心理テストを受験した数週間後，被験者には課題として輪投げゲームが提示された。標的から最大 15 フィートの距離まで，床に 1 フィートおきに 15 本の線が引かれており，各自の好きな場所から投てきを試みることができるが，1 回ごとに距離を変えることも許されていた。各被験者は 10 回の投てきを求められたが，距離ごとの投てき回数の割合を集計したものが図表 10.6 である。

　一見してわかるように，標的から極端に近い距離や，極端に遠い距離から投てきした被験者はほとんどいない。程度の差こそあれ，$M_S = M_{AF}$，$M_S < M_{AF}$ いずれの動機パターンの被験者も $M_S > M_{AF}$ の被験者と同様 8〜11 フィ

図表 10.6　達成動機づけの強さによる課題選択の差異

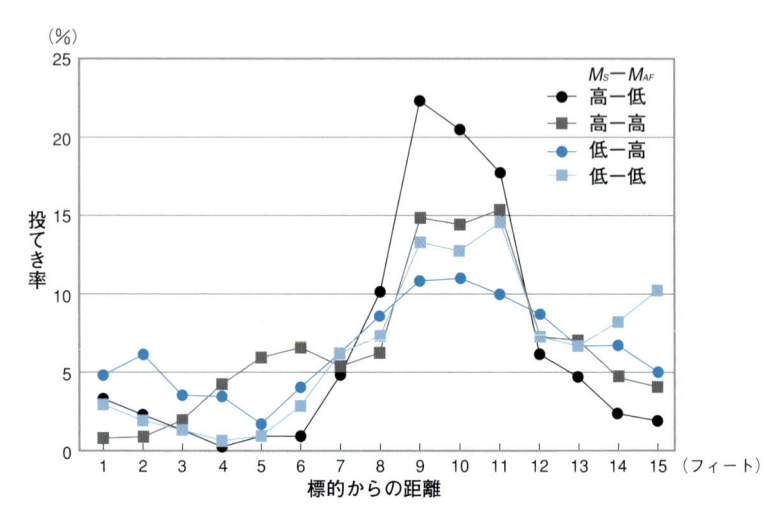

（出所）　アトキンソン=リトウィン（Atkinson & Litwin, 1960）より作成

ートくらいの距離からの投てきをもっとも好んだ。「適度なチャレンジ」となるような距離がもっとも敬遠され，絶対に成功しそうな簡単な課題か，到底成功することができなさそうな困難な課題が選ばれるということはほとんどなかったのである。つまりリスク・テイキングは現象として観察されなかったのである。

　こうした結果に対する，アトキンソン自身の解釈は次のとおりである（Atkinson & Feather, 1966）。まず1つめは，被験者であった大学生は一般に達成動機が高く，$M_S<M_{AF}$ に分類された被験者であっても，それほど際だった特徴を有していなかったというものである。つまり最終的な達成動機パターンは，図表 10.5 の右の列に示したような，グラフとして表現すればU字型の形状は示さず，$M_S>M_{AF}$ の被験者と同じように逆U字型の形状だということであろう。つまりアトキンソンは，$M_S・M_{AF}$ がほとんど同じに

なる被験者と同様，$M_S<M_{AF}$ となる被験者においても，$M_S \cdot M_{AF}$ が拮抗するようなスコアだと考えていたようだが，実際には M_S のほうがはるかに大きく，M_S-M_{AF} が負の値になるようなケースは存在しない可能性があることになる。このことは，仮に達成動機の強さは個性で決まるとしても，こうした心理テストで測定される $M_S \cdot M_{AF}$ のようなスコアを引き算してもいいのか，あるいは $M_S \cdot M_{AF}$ それぞれの測定方法としてフレンチ洞察テスト，テスト不安尺度を用いること自体に妥当性があるのかという疑問を導くことになる。

2つめは，修正モデル(10.9)式を適用した解釈と考えられるが，親和動機など他の外発的動機づけ要因の影響によって，「適度なチャレンジ」となる距離からの投てきが多く選択されたのではないかというものである。親和動機によって説明するのなら，極端に遠い距離から投てきを試みたりすると，他の被験者から「ええかっこしい」だなどと皮肉をいわれたりするのが恐くてみんなに合わせたというようなことになるのだろう。しかし，たかが輪投げゲームくらいでそんなことがあるだろうか。被験者は大学生だったのである。幼稚園児ならいざ知らず，大学生にもなってそんなことを恐れるとは考えにくい。

いずれにしても輪投げゲームの実験結果は，被験者一人あたり10回の投てき結果を集計したものなので，ほとんどすべての被験者が自分にとって「適度なチャレンジ」となる距離を求めて，距離をさまざまに変えながら投てきをした結果そうなったと考えられる。そして被験者の中には，実際には M_S-M_{AF} が負の値になるような人はいなかったとすると，アトキンソン理論の(10.8)式を利用するにせよ(10.9)式を利用するにせよ，M_S-M_{AF} を正の値に限定した理論的帰結は実験結果を支持している。つまり，これまでリスク・テイキングの問題として指摘されてきた現象は実際にはほとんど観察されず，ほとんどの人が程度の差こそあれリスク・テイキングであったことになるのだ。したがって，正確にはリスク・テイキングの問題は，「リスク回避の行動パターンを示す人は存在しないのか」という疑問に書き換えたほ

うがよいだろう〔⇨演習問題 10.3〕。

　アトキンソンの達成動機づけ理論は，数ある動機づけ理論の中でも有力視されているモデルの一つなのだが，こうした弱点が認められることも確かである。そこで第 11 章では，コンピュータ・シミュレーションを利用して，アトキンソン・モデルの詳細な検討を行い，モデルの修正提案をしてみよう。教科書としては，かなり発展的な議論を展開することになるかもしれないが，おつき合い願いたい。

演 習 問 題

10.1　自分の行動の原因について，動機の喚起プロセスに即して説明してみよう。具体的には，環境から入力される合図はどのようなものであったか，それにより環境に対する知覚と期待とのあいだにどのようなズレが生じたか，ズレはもとの感情状態にどのような快／不快の感情をつけ加え，最終的にどのような感情状態に移行したのかを明らかにしてみよう（演習問題 1.1 を参照）。

10.2　達成動機または成功近接動機と失敗回避動機とは，長期的に安定的なパーソナリティ要因なのだろうか。あるいは，達成動機づけのレベルは個人ごとに，課題の難易度に対応して安定的な反応を示すのかということについて議論してみよう。

10.3　これまでの経験の中で，いくつかの課題のうちから好きなものを選べるというときに，成功確率の極端に小さい非常に困難な課題，もしくは成功確率の極端に大きい非常に簡単な課題を選択したことがあるだろうか。そのときにどのような要因を考慮して，その課題を選択したのかを説明してみよう。

第 11 章

達成動機づけの課題選択シミュレーション

　アトキンソンの達成動機づけ理論は，数ある動機づけ理論の中でも有力なものの一つであるが，現実を説明することができないという批判も多い。第10章でも確認したように，成功近接動機が優勢にある人については内発的動機づけの理論と同様に，自分にとって「適度なチャレンジを求める」ような行動パターンを示すとの結論が導かれる。しかし失敗回避動機が優勢にあるような人は，輪投げゲームの実験結果と照らし合わせて解釈してみると，そもそも存在しない可能性が高いということがわかった。
　いったいアトキンソン・モデルの定式化にはどのような問題点が潜んでいるのか。コンピュータ・シミュレーションを利用して解き明かしてみよう。

○ *KEY WORDS* ○

課題選択，マルチエージェント・シミュレーション，達成動機，成功近接動機，失敗回避動機，リスク回避，誇り動機づけモデル

11.1 アトキンソン・モデルのコンピュータ・シミュレーション

達成動機づけのアトキンソン理論（Atkinson, 1964；1978）は，動機づけ理論の中でももっとも有力視されているものの一つだが，モデルから導かれる結論を吟味してみると，いくつか腑に落ちない点のあることがわかった。

そこで本章では，マルチエージェント・シミュレーションと呼ばれるコンピュータ・シミュレーションの技法を使ってアトキンソン理論に対する理論的検討を行い，アトキンソン・モデルの修正提案を行ってみることにしよう。

○ アトキンソン理論のマルチエージェント・シミュレーション

アトキンソン理論の定式化どおりに達成動機づけの強さが決まるとすると，人はどのような課題選択の傾向を示すのか。このことを，マルチエージェント・シミュレーションというシミュレーション技法を利用して確認しておこう。

マルチエージェント・シミュレーションとは，その名が示すとおり，複数の（マルチ）個人（エージェント）がある一定のルールに従って行動をしたときに，全体としてどのような現象が発生するのかを観察するためのシミュレーションである。一見すると複雑そうにみえる社会現象も，個々の人間は実は単純ないくつかのルールに従って行動しているだけで，そうした人間どうしの相互作用の結果そうなっているということがある。マルチエージェント・シミュレーションは，その単純ないくつかのルールを明らかにするための手法とも言えるだろう。

そこで最初に，第 10 章のアトキンソン理論の達成動機づけの計算式，

$$T_A = (M_S - M_{AF}) \times \{P_s \times (1-P_s)\} \tag{10.8}$$

に従って，各エージェントが自分の達成動機の強さが最大になるように課題を選択するというシミュレーション・モデルを作成してみよう。アトキンソン理論の定式化をエージェントの行動ルールとする「アトキンソン理論の課題選択シミュレーション・モデル」を，以下では単にアトキンソン・モデルと呼ぶことにしよう。

果たして，第10章 p.245 で紹介したアトキンソンとリトウィン（Atkinson & Litwin, 1960）の輪投げゲームの実験結果のように，中程度に困難な課題が好んで選択され，それよりも容易になるか困難になると敬遠されるようになるという傾向が観察されるだろうか。なお，シミュレーション・モデルの作成にあたっては，株式会社構造計画研究所の「KK–MAS（ケーケーマス）」というソフトウエアを利用している。

〈2次元空間——シミュレーションの舞台〉

マルチエージェント・シミュレータ KK–MAS では，エージェントが2次元空間の中を一定のルールに従って行動する様子がアニメーションで表示される。この2次元空間に，エージェントが遂行するべき課題である「仕事」を配置する。この空間内で，各エージェントは自分の周囲を見渡して，(10.8)式で計算される達成動機が最大になるような「仕事」を見つけるとそれを遂行する。「仕事」を終えるとまた周囲を見渡して……というように，動機づけられる「仕事」を探して2次元空間内をさまよい歩くのである。図表11.1 が KK–MAS の実行画面である。

実行画面内の左上の「Atkinson Model」という名前のウインドウに，50セル×50セルの2次元空間が描画されており，その中の黒色・青色のマルがエージェントである。2次元空間内の灰色の四角形は「仕事」を表しており，グラデーションがかかっているのは後述するように「仕事」の密度の大小を表現している。ちなみに右上の「コントロールパネル」で，シミュレー

図表 11.1 マルチエージェント・シミュレータ KK-MAS の実行画面

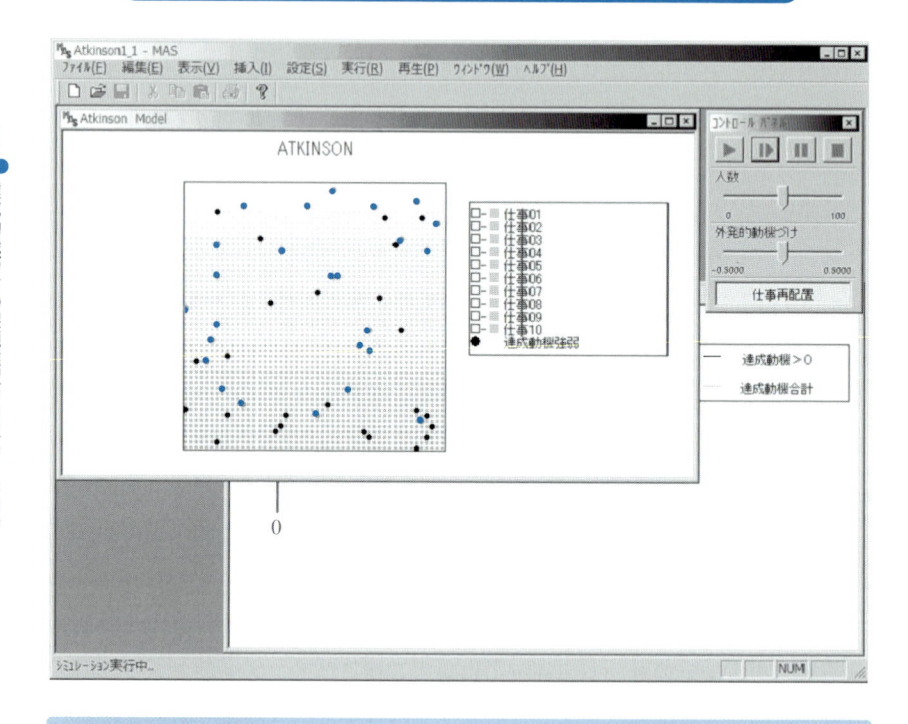

ション・モデルの操作（再生，コマ送り再生，一時停止，停止や，モデルの初期値の設定など）を行うことができる。また右下に隠れているウインドウでは，空間内のエージェントのうち，黒色で表示された成功近接動機が優勢にある（$M_S > M_{AF}$ となる）エージェントの人数と，全エージェントの達成動機づけのスコアを合計したものとが折れ線グラフで表示される。これらはモデルの改良のために準備しておいたもので，アトキンソン・モデルではとくに意味をなさない。それでは，アトキンソン・モデルの定式化について順番にみていくことにしよう。

〈アトキンソン・モデルの「仕事」〉

　アトキンソン・モデルの「仕事」は，成功確率 P_s をその値とする変数である。P_s は 0.1〜1.0 までの 0.1 きざみの値をとるようになっているので，2次元空間内には10種類の「仕事」が存在することになる。成功確率が小さいほど「難しい仕事」，大きいほど「簡単な仕事」というわけである。シミュレーションの最初のステップで2次元空間を上の方から順に5行ずつエリア分けして，この10種類の「仕事」を成功確率の小さい順に配置する。いちばん上のエリアには成功確率 0.1 の「仕事」，上から2つめのエリアには成功確率 0.2 の「仕事」というように，下に行くほど「簡単な仕事」になっていくのである。

　それぞれの「仕事」は，1セルあたり最大で成功確率×10個ずつ配置される。成功確率 0.1 の「仕事」であれば1セルにつき1個しかなく，成功確率 1.0 の「仕事」は1セルにつき10個となっており，「難しい仕事」ほど数は少なく（密度は小さく）なっているのである。エージェントが「仕事」を遂行するとそのセルにある「仕事」が一つなくなるので，シミュレーションのステップが進んでいくと2次元空間内の「仕事」はやがてなくなってしまう。そこでアトキンソン・モデルでは，「仕事」を再配置（再生）するかどうかをシミュレーションの実行前に設定することができるようにしてある。モデルの初期値では再配置するように設定されているのだが，実はこの設定だと，常にすべての「仕事」が最大値まで配置された状態に保たれる。

〈エージェント〉

　各エージェントには，成功近接動機 M_S と失敗回避動機 M_{AF} の2つの個性があり，シミュレーション期間を通じて変化しない定数となっている。シミュレーションの最初のステップで，M_S と M_{AF} それぞれについて0以上1未満の乱数を発生させて決定する。エージェントの達成動機づけスコアは，モデルの初期値ではアトキンソン理論の(10.8)式によって算出されるが，後にアトキンソン自身によって修正された（Atkinson, 1974），外発的動機づ

け（T_{ext}）を含む(10.9)式（第10章 p.244を参照）を利用することも可能である。しかし第10章ですでに指摘したとおり，外発的動機づけは最終的な動機づけのレベルに対する底上げにすぎないので，今回のシミュレーションでは(10.9)式は用いない設定にしよう（いずれの式を用いてもシミュレーション結果が変わらないことは確認済である）。前頁で示したように，アトキンソン・モデルには成功確率0.1～1.0までの10種類の「仕事」が配置されるので，達成動機づけスコアは理論上 $-0.25<T_A<0.25$ の値をとりうることになる。

エージェントは，シミュレーションの最初のステップで2次元空間内にランダムに配置され，その数はシミュレーション期間を通じて変化しない。また，$M_S>M_{AF}$ のエージェントは黒色のマルで，$M_S<M_{AF}$ のエージェントは青色のマルで表示されるようになっている。エージェントの総数は50人であるが，M_S および M_{AF} がランダムに設定されるので，黒マルと青マルの比率はシミュレーションを実行するたびごとに異なる。

〈エージェントの行動ルール〉

各エージェントは上記(10.8)式で算出される達成動機づけスコアがもっとも高くなるように，自分の周囲にある「仕事」を探索して2次元空間内を移動する。エージェントは自分の周囲2セル（自分がいるセルを含めて合計25セル）を探索し，そこに存在する「仕事」の成功確率をもとにして，各「仕事」に対する達成動機づけスコアを計算する。アトキンソン・モデルにおける「仕事」の配置の仕方から，エージェントの探索範囲に3種類以上の「仕事」が存在することはない。そこでエージェントの移動の仕方は，次の2つのいずれかになる（図表11.2）。

① 「仕事」が1種類しか見つからなかった場合：その「仕事」の密度が高いセルに移動する。
② 「仕事」が2種類見つかった場合：自分の達成動機づけスコアが高くな

図表11.2　エージェントの移動の仕方

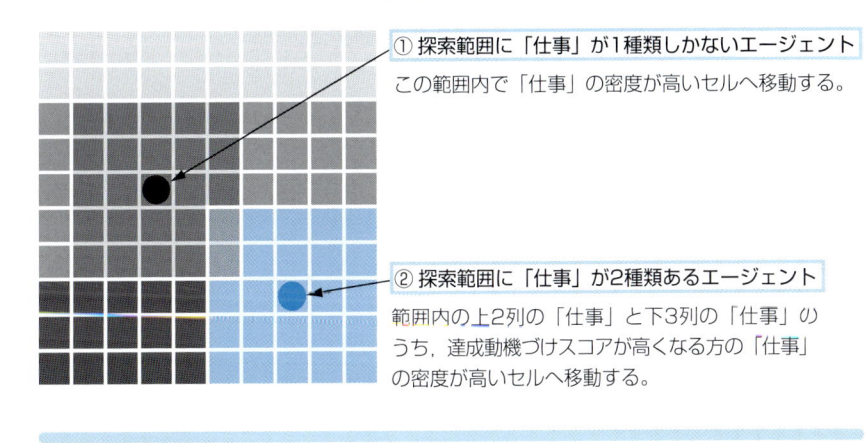

① 探索範囲に「仕事」が1種類しかないエージェント
この範囲内で「仕事」の密度が高いセルへ移動する。

② 探索範囲に「仕事」が2種類あるエージェント
範囲内の上2列の「仕事」と下3列の「仕事」のうち，達成動機づけスコアが高くなる方の「仕事」の密度が高いセルへ移動する。

るほうの「仕事」の密度が高いセルに移動する。

そしていずれの場合にも，移動先のセルの「仕事」を一つ遂行する。このとき達成動機づけスコアは，遂行する「仕事」の達成確率によって決定される。

◯ アトキンソン・モデルのシミュレーション結果

こうしたアトキンソン・モデルについて，実行ステップ数を100とするシミュレーションを100回実行した。すべてのエージェントが，それぞれ「仕事」を100個遂行した時点でシミュレーションをストップしたのである。その理由は，アトキンソン・モデルではすべてのエージェントがあるエリアにロックインしてしまい，そのエリアから出ていくことができなくなるという収束状態が，シミュレーションを何度実行しても発生したからである。

アトキンソン・モデルを実行すると，図表11.3の(A)のような画面が表示

図表11.3　アトキンソン・モデルのシミュレーション画面

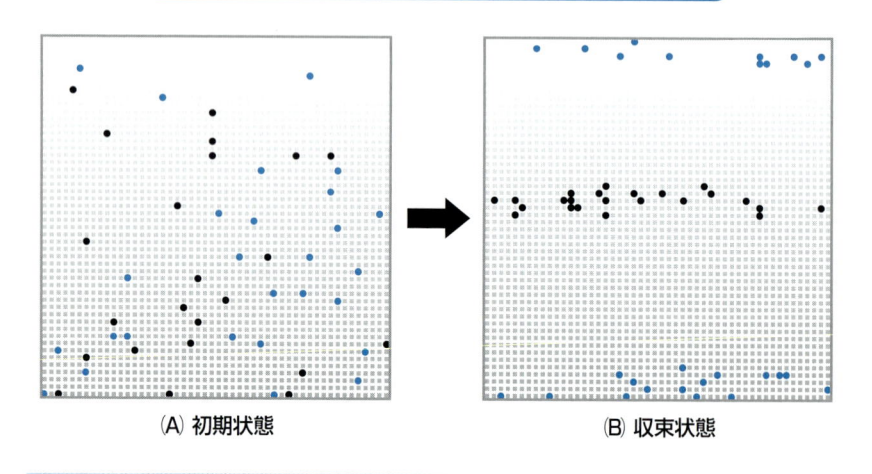

(A) 初期状態　　　　　　　　　　(B) 収束状態

される。ここから各エージェントは，達成動機づけスコアが高くなるような「仕事」を探し求めて動いていく。成功近接動機が優勢な黒マルのエージェント（$M_S > M_{AF}$）は，成功確率$P_s=0.5$の「仕事」が配置されたエリアに向かって動いていく。シミュレーションの初期に，2次元空間の上半分のエリアにセットされたエージェントはだんだん下のほうへ，下半分のエリアにセットされたエージェントはだんだん上のほうへと動いていき，$P_s=0.5$のエリアに到達するとそこから別のエリアへ出て行けなくなってしまう。

　失敗回避動機が優勢な青マルのエージェント（$M_S < M_{AF}$）については，実際には存在しない可能性が高いので検討する必要はないだろうが，念のため移動のパターンを説明しておこう。青マルのエージェントは，成功確率$P_s=0.1$または$P_s=1.0$の「仕事」が配置されたエリアに向かって動いていく。シミュレーション初期に$P_s=0.5$のエリアにセットされた青マルのエージェントは，いったん$P_s=0.4$のエリアに移動した場合はどんどん上に，逆に$P_s=0.6$のエリアに移動した場合ははどんどん下に動いていき，いちばん

上か下のエリアに入ったあとは，やはりそこから出て行けなくなってしまうのである。

11.2 アトキンソン理論の問題点

こうしたアトキンソン・モデルのシミュレーション結果について，第10章で紹介した輪投げゲームの実験結果と比較検討しながら，アトキンソン理論に含まれる問題点について検討していくことにしよう。アトキンソン・モデルのシミュレーションは，筆者が担当する講義で大学生に見てもらい，シミュレーション結果について感想文を書いてもらったことがある。その中からいくつか特徴的なコメントを紹介しながら，アトキンソン理論の修正の方向性についても考えてみたい。

○ シミュレーション結果の解釈——アトキンソン理論の問題点①

アトキンソン・モデルのシミュレーションでは，図表11.3の(A)の状態からおよそ30〜50ステップを経過すると，(B)の収束状態がおとずれモデルが均衡したまま何の変化もみられなくなる。とりあえず青マルのエージェントは無視して，黒マルのエージェントの動機づけパターンについて検討しよう。結論を先取りしてしまうと，このシミュレーション結果はアトキンソン理論を支持する結果となっている。それはなぜなのか。

アトキンソン理論の動機づけパターンに関する結論は，「人は自分にとって適度なチャレンジとなる課題に対して動機づけられ，そのレベルは課題の成功確率が0.5のときに最大となる」というものであった。そしてアトキンソンとリトウィン（Atkinson & Litwin, 1960）によって実施された，輪投げゲームの実験結果（第10章図表10.6）もこれを支持している。図表

10.6に示された輪投げゲームの投てき率のグラフと，図表11.3(B)のアトキンソン・モデルの収束状態を見比べてみれば，このことはすぐに理解できる。図表10.6では，標的からの距離8〜11フィートの範囲からの投てき率がもっとも高く，図表11.3(B)では，「仕事」の成功確率が0.5のエリアのみにエージェントが集中している。輪投げゲームでは選択される課題にばらつきがあり，アトキンソン・モデルではばらつきがまったくないが，これでいいのである。

なぜなら，いずれの場合でも課題の成功確率は，本来は主観確率になっていなければならないからだ。アトキンソン・モデルではあくまでシミュレーションを実行する側が，この「仕事」の成功確率は○○です，とエージェントに対して示したものであり，エージェント自身による各「仕事」に対する評価ではないのである（正確には，このモデルでは成功確率が外生的に決められているということである）。もっと簡単に言うと，こちらが成功確率0.5ですよと与えた「仕事」が，あるエージェントにとっては成功確率0.2くらいの「難しい仕事」にあたるかもしれないし，他のエージェントにとっては成功確率0.9くらいの「簡単な仕事」として受け止められるかもしれないのだ。

したがって，図表11.3(B)における黒マルのエージェントは，図表10.6と同様，成功確率0.5を中心とするいくつかのエリアにまたがって，中心から離れるほどその数を減らしながら分布していると考えるのが正しい。成功確率0.5より難しくなっても簡単になっても，その課題を選択するエージェントの数が減るのは，一般的な学力試験などの成績分布がほぼ正規分布（平均を中心とするベル型のグラフで表される分布形）になるのと同じ理由である。当然，課題の「客観的な」難易度が高くなっていけば，その課題をちょうどいいレベルだ，簡単だと評価する人は少なくなっていくからである。

ただしアトキンソン理論が支持されるのは，あくまで黒マルのエージェントのみを取り上げて解釈した場合である。青マルのエージェントのような動機づけパターンが，図表10.6でみられないということからは，アトキンソ

ン理論の定式化における $M_S - M_{AF}$ という項に問題が潜んでいる可能性を指摘することができるだろう。より正確に言えば、「達成動機づけの強さは個性のみによって決まるのか」としたアトキンソン理論の1つめの問題点は次のようになる。

> 【問題点①】成功近接動機 M_S と失敗回避動機 M_{AF} それぞれの測定方法（フレンチ洞察テストとテスト不安尺度の利用）に問題があるのではないか？　またいずれも測定可能であるなら、それを引き算することに問題はないのか？

実際にはほとんど存在しないであろう青マルのエージェントを、識別・検出してしまうような定式化を行っていることが、アトキンソン理論の問題点と考えられるのである。この問題を解決するためには、達成動機そのもの、もしくは成功近接動機および失敗回避動機をうまく測定することのできる（そして引き算を行ってもよい）指標を開発することが必要である。しかし残念ながら、コンピュータ・シミュレーションを利用した検討方法では、この問題にアプローチすることは困難であるので、ここでは動機づけ研究における今後の課題の一つとして問題提起をするにとどめておこう。

確かに1つめの問題点は、こうして技術的な問題として指摘し直すこともできるが、もう一つ別の問題をはらんでもいる。第10章 p.239 で示したように、「達成動機づけが短期的には安定的なのか、それとも短期的に変動しうるのか」という問題である。達成動機づけの強さに、その人の個性が影響を及ぼしていることは疑いないだろう。しかし、ひょっとしたらアトキンソンは長期的に安定的な個性として位置づけた $M_S \cdot M_{AF}$ のような要素も、短期的に変動している可能性がある。また個性以外にも、達成動機づけの強さを左右するような要素が存在し、短期的に達成動機づけが変動していると考えられるときは、そうした要素が影響しているのではないか。こうしたことから、1つめの問題点に関連して、さらに次のような問題提起を行うことができる。

【問題点①′】 アトキンソン理論では，$M_S \cdot M_{AF}$ を定数としているが，実際には変数ではないのか？ もしくは達成動機づけの強さに影響及ぼす，個性以外の要因を見落としているのではないか？〔⇨演習問題 11.1〕

○ リスク回避の人は本当に存在しないのか？──アトキンソン理論の問題点②

アトキンソン理論に対しては問題点①を指摘することができるので，フレンチ洞察テストとテスト不安尺度を利用して M_S と M_{AF} を測定した場合，M_S と M_{AF} が拮抗する，あるいは $M_S < M_{AF}$ となるようなスコアになる人でも，現実には成功近接動機のほうがはるかに強く，黒マルのエージェントと同じような動機づけパターンを示すと考えられる。青マルのエージェントが実際にはほとんど存在しないというのは，このような意味である。つまり，これらの心理テストで測定される動機スコアの大小が，そもそもあてにならないのである。

そこで少し視点を変えて，これらのスコアとは無関係に，青マルのエージェントのような行動パターンを示す人は本当に存在しないのだろうか，という問を立ててみよう。あるいは，そのような行動パターンが採用されるような状況や条件はありえないのだろうか。従来，リスク・テイキングの問題として指摘されてきた，アトキンソン理論の2つめの問題点はこのように書き換えることができる。すなわち，

【問題点②】 リスク回避の行動パターンを示す人は存在しないのか？

実は，アトキンソン・モデルのシミュレーションを見た学生のうち，3割前後くらいが「(シミュレーション結果ほど極端ではないが) どちらかといえば青マルのエージェントと同じような選択をすることが多い」と答えていた。これら学生の $M_S \cdot M_{AF}$ のスコアがどのような値であるかはもちろんわからないのだが，課題選択のパターンとしては青マルのエージェントのやり方は「あり」なのだ。彼らはいったいどのように考えて，リスク回避を好ん

だり，あるいは無謀ともいえるリスクに挑戦したりしているのだろうか。

アトキンソン・モデルのシミュレーションを観察した学生には，次のような問いに答えるかたちで感想文を書いてもらった。

> 【問】アトキンソン・モデルのシミュレーション結果は現実の人間行動をうまく説明することができていると思いますか。自分のこれまでの行動や経験に照らし合わせて考えてください。

このため多くの学生が，アルバイトで従事した仕事上の経験，大学受験のときにどのような入学を選んだか，部活動やサークル活動での経験，履修計画を立てるときにどのような講義を選んだかといったことを例にとりながら，自分の課題選択パターンについて考察を行っていた。自分はどちらかといえば青マルのエージェントであると答えた学生のコメントのうち，際だったものをいくつか紹介してみよう。

- アルバイトの仕事に慣れないうちは難しい仕事はできるだけ避けて，確実にできる仕事でスキルを上げてから，少しずつ難しい仕事にも挑戦していくようにしている。
- 自分にとってチャレンジにあたる課題には，失敗したときのコストや疲労感・喪失感などを考慮すると，なかなか挑戦しようという気にならないが，自分の成長のためには少しずつ難しい課題にも挑戦していきたい。
- 極端に難しい課題を選んで，失敗してもあたりまえと言っていられるのは最初のうちだけだし，達成感は得られないので簡単な課題を選ぶが，やはり達成感を得たいのでずっと簡単な課題にとどまるわけでもない。

こうした一連のコメントから示唆されるのは，自分を青マルのエージェントだと評している学生でも，単に失敗時の恥の感情を最小化したいがために比較的簡単な課題を選んでいるわけではないということである。むしろ「小さな成功」を求めている，場合によってはそれを積み重ねていくことで「大きな成功」に最終的には辿り着きたいと考えているように見受けられる。つ

まり，リスクに対して敏感に反応し，できるだけリスクを避けつつ達成を求めていると考えられるのだ。

アトキンソンは，$M_S < M_{AF}$ となる個人は達成行動の抑制傾向が強い，行動を起こしにくいと考えていたようだが，実際にはそんなことはないらしい。これらの学生の誰一人として，失敗を恐れるあまりアルバイトを辞めてしまったとか，大学受験をしなかったなどとは答えていなかった（大学進学をあきらめていたら，筆者の講義を受講しているはずもないのだが）。もっとも，無謀ともいえるリスクを引き受けてしまう場合には，アトキンソン理論のとおり失敗しても恥ずかしくない，言い訳ができると考えて，極端に難しい課題を選んでいるというコメントが多くみられた。

したがって，青マルのエージェントのような動機づけパターンをもつ人は，現実には存在しないと切って捨ててしまうわけにはいかないようである。逆にこのことが，前項で指摘したように，アトキンソン理論における動機の測定方法や尺度構成に問題があることを示していると言えるだろう。したがって，問題点①さえクリアされれば，(10.8)式や(10.9)式のようにして達成動機づけの強さが決定されると考えても差し支えないということになるので，問題点②に対する答えは次のようになるだろう。

- リスク回避を志向する人は存在するが，そのために達成行動を抑制するのではなく，「小さな成功」を求めるようなやり方で達成を追求する。
〔⇨演習問題 11.2〕

○ アトキンソン・モデルへの修正提案

以上の議論から，問題点①は課題として残るものの，パーソナリティ要因の達成動機と課題の成功確率とによって，達成動機づけの強さが決定されるというアイデア自体は悪くないと言えそうである。そこで，アトキンソン理論の定式化を修正してやることで，より現実的な達成動機づけモデルを作る

ことができないか考えてみることにしよう。

実は筆者はすでに，アトキンソン・モデルの改良版として達成動機の「誇り動機づけモデル」を作成し，肯定的なシミュレーション結果を得ている（藤田，2000b）。それに先立つ統計調査・分析（藤田，2000a）において，「誇り」が動機づけ要因として有望そうであるとの調査・分析結果が見出されていたので，達成動機づけスコアの計算式に「誇り」という項目を追加することで，アトキンソン・モデルの改良を行ったのである。ここでいう「誇り」は，自分の仕事が評価されたり，価値を認められたりするときに抱く感情のことである（藤田，2000a）。筆者は単純に理論的考察から，動機づけの要因面でアトキンソン・モデルには見落とされている要素があり，これを補うことでより現実的なモデルに生まれ変わらせることが可能だと考え，誇り動機づけモデルを開発したのであった。

ところが驚いたことに，先ほど紹介した学生からの感想文の中に，誇り動機づけモデルと同様のアプローチで修正を加えることで，アトキンソン・モデルはより現実的なモデルになる可能性があるとの指摘があったのである。そのコメントは，具体例を用いて説明されている分，藤田（2000b）よりも説得力が高かった。この学生のコメント内容を，いくらか補いながら紹介してみよう。彼は自分を，どちらかといえば黒マルのエージェントであるとしている。その上で，

- いくら自分にとって適度なチャレンジとなる課題に動機づけられるといっても，常にチャレンジばかりしているわけではない。
- 課題の難易度，実際にやってみて成功するか失敗するかにかかわらず，その課題に従事することから得られる感情が動機づけのレベルに影響を及ぼすはずである。
- たとえば，恋人のために料理を作っている料理人，コンサートのために好きでもない楽曲を演奏する音楽家などの感情を考えてみればよい。

どのくらいの難易度の課題が，自分にとって適度なチャレンジであるとみ

なすかということには個人差があるだろう。しかし，課題の内容や種類に応じて人間の感情はさまざまに変化することが多く，そうした感情が動機づけのレベルや課題選択の傾向を左右している。このため人は，確かに適度なチャレンジを与えてくれる課題に動機づけられるのだが，これらの感情によってそのレベルは変動しうる，というわけである。まさに，動機づけの要因面でアトキンソン・モデルには見落としがあるという指摘にほかならない。そして，見落とされている要素の「感情」は，課題に従事しているそのときに得られるものであるとしている点は，卓見というしかないだろう。もちろん上記のコメント内容からもわかるように，この「感情」はやりがいでも，楽しさ・おもしろさでも，よろこびでも，何でもいいのであるが，ここでは仮に「誇り」で代表させておくことにしよう。

　こうした学生からの応援（？）に勇気づけられて，「誇り」という要素を追加してアトキンソン理論の定式化を修正することを提案する。次節では，誇り動機づけモデルの概要と，そのシミュレーション結果を紹介し，アトキンソン・モデルよりも現実的な解釈が可能となっていることを示してみたい。

11.3　誇り動機づけモデルのコンピュータ・シミュレーション

　誇り動機づけモデルのマルチエージェント・シミュレーションの結果，アトキンソン・モデルとはまったく異なる課題選択パターンが観察された。アトキンソン・モデルでは，エージェントたちが特定の成功確率の課題が配置されたエリアにロックインしてしまったのに対して，誇り動機づけモデルでは，いくつかの成功確率のエリアを「さまよう」ようなエージェントが出現したのである。このことは，アトキンソン理論の問題点①′に対する回答となっており，達成動機づけは個性だけで決まるものではないと考えるほうが

妥当であることを示している。

○ 誇り動機づけモデルの概要

誇り動機づけモデルは、「仕事」の配置の仕方、エージェントの行動ルールをアトキンソン・モデルから踏襲しているが、次の4点で大きな改良を加えている。

① 「仕事」には「よい仕事」と「悪い仕事」の2種類がある。
② エージェントは M_S・M_{AF} という定数の他に「誇り」という変数をもち、遂行する「仕事」の良し悪しでこれが変動する。
③ 達成動機づけの算出式を「誇り」変数によって補正している。
④ 「仕事」を遂行すると成功・失敗が決まり、成功すると次は「よい仕事」で報われる。

要約すると、各エージェントは成功近接動機、失敗回避動機という定数と、「誇り」という変数をもっており、自分があたった「仕事」の良し悪しによって「誇り」のほうは変動し、それを通じて達成動機づけ自体が「仕事」を遂行するたびごとに変動するようになっているのである。また、あるステップで「仕事」に成功すると、次のステップでは「よい仕事」にあたるようになっている。

それでは、誇り動機づけモデルの詳細についてみていくことにしよう。

〈誇り動機づけモデルの「仕事」〉

誇り動機づけモデルの「仕事」はアトキンソン・モデルのそれとは異なり、「仕事」を遂行するにあたって成功するか、失敗するかという遂行結果と、「仕事」の良し悪しとが追加されている。「仕事」の成功・失敗は、「仕事」変数自体に割り当てられた属性ではなく、各エージェントが1つ前のステップで遂行した仕事に成功したか、失敗したかが確率0.5で決定されるだけで

ある。つまり，1つ前のステップでの「仕事」の成否が，サイコロを振ることで決まっていうようなイメージなのである。「仕事」に成功した場合には，次のステップであたる「仕事」は「よい仕事」，失敗した場合には「悪い仕事」となるようにしてある。

「よい仕事」「悪い仕事」もまた，「仕事」変数自体に割り当てられた属性ではない。誇り動機づけモデルでは，各エージェントが次のステップであたる「仕事」の良し悪しが，その前のステップでの「仕事」の成否に依存するので，シミュレーションの初期に一度だけ，各エージェントが最初に実行する「仕事」の良し悪しだけが，やはり確率0.5で決定されるだけである。そして後述するように，どちらの仕事にあたったかによって，各エージェントが達成動機づけスコアの算出式を変えることで，この属性が達成動機づけの強さに影響を及ぼす仕様になっている。したがって「仕事」という変数はやはり10種類であり，その配置のパターンや初期値の設定もアトキンソン・モデルと同様になっている。

〈エージェント〉

各エージェントは，成功近接動機 M_S と失敗回避動機 M_{AF} という2つの個性を表す定数と，「誇り」という変数とをもっている。「誇り」は「よい仕事」を遂行したあとには上昇し，「悪い仕事」を遂行したあとには低下する。エージェントが「よい仕事」を実行するときは，「誇り」が高く，かつその「仕事」が困難であるほど，達成動機づけが強くなるような補正を，達成動機づけの算出式に施してある。具体的には，次の式で「よい仕事」に対する達成動機づけスコアが決定される。

$$T_A = (M_A - M_{AF}) \times \{P_s \times (1-P_s)\} + 「誇り」\times (1-P_s) + T_{ext} \qquad (11.1)$$

他方，エージェントが「悪い仕事」にあたったときは，「誇り」の高低によって達成動機づけは変化しないと仮定する。この場合はアトキンソン・モデルの(10.9)式を用いて，エージェントの達成動機づけスコアが計算される。

シミュレーションの初期に，M_S と M_{AF} はそれぞれ0以上1未満の乱数として，「誇り」は0.1以上1.1未満の乱数として設定される。「誇り」は，エージェントが「よい仕事」を遂行したときにその成否によらず0.1増加し，「悪い仕事」を遂行したときに同じく0.1減少する。そこでモデルの実行画面では，「誇り」がマイナスになってしまったエージェントを識別することができるように，黒マルで表示されていた $M_S > M_{AF}$ となるエージェントで，「誇り」がマイナスになったときには白マルに変化するようにした。青マルで表示されていた $M_S < M_{AF}$ となるエージェントについては，「誇り」がマイナスになったときに水色のマルに変化するようになっている。なお，エージェントの初期配置や初期値の設定方法は，アトキンソン・モデルと同様である。

〈エージェントの行動ルール〉

　エージェントが次のステップで遂行することになる「仕事」の良し悪しによって，達成動機づけの算出式に(10.9)式と(11.1)式のいずれを用いるかが異なる点をのぞけば，エージェントの行動ルールはアトキンソン・モデルと同様である。すなわち，(10.9)式または(11.1)式で計算される達成動機づけスコアがもっとも高くなるように，自分の周囲にある「仕事」を探索して2次元空間内を移動する。エージェントが1つ前のステップで成功した場合には，その次のステップで(11.1)式を利用して周囲の「仕事」を評価し，失敗した場合には(10.9)式を利用して評価するのである。

　こうした行動ルールは，次のステップで自分が遂行するべき仕事が「よい仕事」なのか「悪い仕事」なのかが，エージェントにはあらかじめわかっているという仮定になっている。このことは，企業の従業員が実際に仕事に取り組む場面を想像すれば，それほど無理のない仮定であると考えられる。自分の会社で，高く評価され，価値を認められるような「よい仕事」はどんな仕事かということが，従業員にはよくわかっていると思われるからだ。

◯ 誇り動機づけモデルのシミュレーション結果

　誇り動機づけモデルについては，実行ステップ数を 200 とするシミュレーションを 100 回実行し，その結果を記録した。このモデルでは，500 ステップ程度までシミュレーション過程を観察していても，アトキンソン・モデルとは異なりモデルがいっこうに収束しなかったからである。なぜ誇り動機づけモデルでは均衡状態が訪れないのか。後で詳しく述べるように，「誇り」を考慮に入れるとある領域を「さまよう」ようなエージェントが発生するために，モデルが収束しないのである。そこで，このモデルで新たに導入された「誇り」によってシミュレーションの状態を識別し，その特徴をみてみることにしよう。ここではおおまかに，モデル全体の「誇り」が高くなっている場合と低くなっている場合とに分けて考察しよう。全エージェントの「誇り」得点の合計を，シミュレーションの進行に合わせて出力するようにプログラムが組まれているので，この値を「誇り」得点の理論的な平均値と比較して，シミュレーション結果ごとに「誇り」の高低を区別することにした。

　まず図表 11.4(A)に，モデル全体としての「誇り」が低くなっている場合のシミュレーション画面を示した。この場合，アトキンソン・モデルに比較的類似した傾向が観察される。$M_S < M_{AF}$ のエージェント（青マル・水色マルで表示されている）は 2 次元空間内の上の方，下のほうに比較的まとまり，$M_S > M_{AF}$ のエージェント（黒マル・白マルで表示されている）は成功確率 0.5 のエリアとそれより少し上の方のエリアに多く分布している。

　一方，モデル全体としての「誇り」が高くなっている図表 11.4(B)では，2 次元空間全体に広くエージェントが分布することになった。特徴としては，

①成功確率 $P_s = 0.1$ のエリアに多くのエージェントが存在している。

②成功確率 $P_s = 0.5$ から上のエリアには，それ以外にも分散して多くのエージェントが存在している（図表 11.4 では 29 人）。

図表 11.4　誇り動機づけモデルのシミュレーション画面

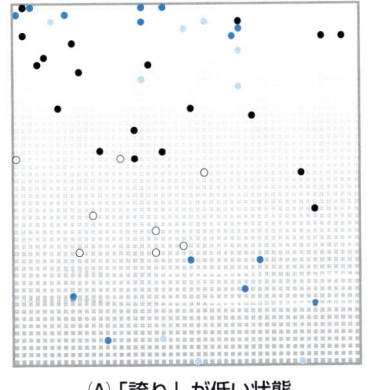

(A)「誇り」が低い状態　　　　　(B)「誇り」が高い状態

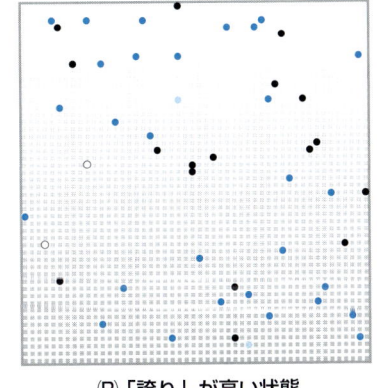

③成功確率 $P_s=0.6$ から下のエリアには，エージェントが比較的少ない（図表 11.4 では 21 人）。

④この領域では，$P_s=1.0$ のエリアにエージェントが集中する傾向はあまりみられない。

といったことを指摘することができる。また，「誇り」の正負（エージェントの表示色が黒（正）か白（負）か，青（正）か水色（負）か）に注目してみると，それぞれのグループのエージェントのうち，白マル・水色マルの（「誇り」の値がマイナスになっている）エージェントたちは，比較的下の方（成功確率の大きな「仕事」が配置されるエリア）に分布している。

○ なぜエージェントは「さまよう」ようになるのか？

なぜこのような課題選択パターンになるのだろうか。このモデルでは「よ

い仕事」にあたった場合には，「誇り」×$(1-P_s)$ が達成動機づけに加算されている。一方「悪い仕事」の場合には何も加えられないが，何も引かれることもない。このため「誇り」がプラスである場合には，「誇り」がより成功確率の小さい，難しい仕事にエージェントを導くことになる。つまり2次元空間内では上のエリアへの圧力として働くことになるのである。逆に「誇り」がマイナスである場合には，むしろ下のエリアへと引っ張られることになるが，このモデルでは「誇り」の初期値が0.1〜1.1の乱数で与えられ，また「よい仕事」と「悪い仕事」の発生確率は同じ（さらに「誇り」の変化幅はプラスマイナス0.1）であるため，「誇り」の値がマイナスになってしまうエージェントはそれほど多くはならない。

　ここで「誇り」がエージェントに及ぼす影響を，$M_S<M_{AF}$（青マル・水色マル）のエージェントと $M_S>M_{AF}$（黒マル・白マル）のエージェントのそれぞれについて考えてみよう。前者の達成動機は，$M_S-M_{AF}=-0.5$，後者の達成動機は $M_S-M_{AF}=0.5$ と仮定しておこう。

　まず，これらのエージェントの「誇り」が0に近いときは，「誇り」による達成動機づけスコアの上昇が存在しないわけであるから，アトキンソン・モデルと同じく青マル・水色マルのエージェントは $P_s=0.1$ もしくは $P_s=1.0$ のエリアに，黒マル・白マルのエージェントは $P_s=0.5$ のエリアに向かって動くであろう。ゆえに全体として「誇り」の高いエージェントがそれほど存在しない場合には，アトキンソン・モデルに近い状態が出現することになる。図表11.4(A)はこのような状況であると考えることができる。ただし，「誇り」が高い人と低い人の二極分化が進んでいる場合にも，モデル全体としての「誇り」が低下する可能性があることには注意を要する。

　一方，このエージェントの「誇り」が高くなり，たとえばそれぞれ「誇り」が1.0になったとしよう。このとき青マル・水色マルのエージェントの「よい仕事」に対する達成動機づけは，

$$-0.5\times P_s(1-P_s)+1.0\times(1-P_s)=0.5P_s^2-1.5P_s+1.0$$

となり，区間[0, 1]で単調減少となる．すなわち，$P_s=0.5$ より下の領域においてもこのエージェントは上のほうに（成功確率の小さい「仕事」のあるエリアに）動こうとすることになる．これは $P_s=0.5$ 以上の領域では上に，$P_s=0.6$ 以下の領域では下に動こうとするアトキンソン・モデルの場合と逆の動きになる．他方「悪い仕事」の場合には「誇り」による修正がなくなるため，このエージェントはアトキンソン・モデルと同様に動こうとする．このように考えてみると，「誇り」が高くなった青マル・水色マルのエージェントは，$P_s=0.5$ 以上の領域においてはどんどん上に動いていき，$P_s=0.6$ 以下の領域では「さまよう」ことになる．ちょっとややこしいので整理しておこう．

- $P_s=0.5$ 以上の領域：「よい仕事」でも「悪い仕事」でも成功確率のより小さい「仕事」に動機づけられる．つまりいつでも上のほうへ動こうとする．
- $P_s=0.6$ 以下の領域：「よい仕事」なら成功確率のより小さい「仕事」に，「悪い仕事」なら成功確率のより大きい「仕事」に動機づけられる．「仕事」の種類次第で上がったり下がったりする．

それでは黒マル・白マルのエージェントの場合はどうなるのだろうか．彼らの「よい仕事」に対する達成動機づけは，

$$0.5 \times P_s(1-P_s) + 1.0 \times (1-P_s) = -0.5P_s^2 - 1.5P_s + 1.0$$

となり，青マル・水色マルのエージェント同様，区間[0, 1]で単調減少となる．それに対して「悪い仕事」の場合にはアトキンソン・モデルと同じで $P_s=0.5$ のエリアに向かって移動しようとする．こうしたことから，「誇り」が高くなった黒マル・白マルのエージェントの動きは，以下のようになる．

- $P_s=0.5$ 以上の領域：「よい仕事」なら成功確率のより小さい「仕事」

に，「悪い仕事」なら成功確率のより大きい「仕事」に動機づけられる。「仕事」の種類次第で上がったり下がったりする。
- P_s＝0.6以下の領域：「よい仕事」でも「悪い仕事」でも成功確率のより小さい「仕事」に動機づけられる。つまりいつでも上のほうへ動こうとする。

したがって，青マル・水色マルのエージェントとは逆の課題選択パターンを示すのである。

以上の議論から，モデル全体として「誇り」の高いエージェントが多い場合には，青マル・水色マルのエージェントが主に P_s＝0.1および $0.5 \leq P_s \leq 1.0$ のエリアに分布し，黒マル・白マルのエージェントが主に $0.1 \leq P_s \leq 0.5$ のエリアに分布することになる。図表11.4(B)のようなエージェントの分布は，このようなかたちで説明することができるだろう。

○ 総括：課題選択のシミュレーション・モデル

アトキンソン・モデルで考えられていたのは，成功近接動機が優勢にある人は，適度に成功確率の高い課題（ P_s＝0.5）にもっとも強く動機づけられ，失敗回避動機が優勢にある人は，成功確率が極端に高い課題か低い仕事かにもっとも強く動機づけられるということであった。

これに対して，誇り動機づけモデルから示唆されることは，強い「誇り」をもつようになると，成功近接動機が優勢にある人はより難しい課題に取り組んでいくようになり，失敗回避動機が優勢にある人もある程度は難しい課題をやるようになるということである。結果として P_s＝0.1のエリアを除けば，成功近接動機が優勢にある人は成功確率の比較的小さい課題を，失敗回避動機が優勢にある人は成功確率の比較的大きい課題（ただし P_s＝1.0ではない）を遂行するようになる。

こうしたシミュレーション結果は，直感的には当然のことといえるだろう。

パーソナリティとしてチャレンジングな人が，自分の仕事に対して「誇り」をもつようになれば，より難しい仕事にぶつかっていくであろう。このとき「誇り」にはまったくつながらないような仕事であれば，いくらチャレンジングであったとしても難しすぎる仕事に対しては二の足を踏むのではないだろうか。また「石橋を叩いて渡る」ような人でも，「誇り」をもつようになれば少しくらいは難しい仕事もこなしていくだろう。

　また，次のような解釈も考えられるのではないだろうか。つまり，成功近接動機のほうが優勢にあり，かつ「誇り」も高いような人というのは，一般的に向上心が高いといわれるような人であろう。そうした人たちは，自分の現在の能力に見合った水準ではなく，より難しい仕事にチャレンジしていくことによって自分の能力を高めていこうとすると考えられる。結果として，向上心の高い人が適度に難しい仕事から，より難しい仕事に移っていくわけである〔⇨演習問題11.3〕。

　以上のように，われわれの実感に沿うような解釈が可能であることは，これまた誇り動機づけモデルを見てもらった学生の感想文にも現れていた。基本的には，「誇り」をもつようになると，難しい仕事にも取り組んでいくようになるという行動パターンは，直感的に納得できるものであったという内容の，おおむね肯定的なコメントが寄せられていた。またこうした解釈は，動機づけメカニズムの説明としては，あくまで一つの仮説にすぎないにもかかわらず，「自分の行動がどのようにして決まっているのかを，説明することができるとわかってよかった」という，あたかもそれが真理であるかのように受け止めてくれる学生まで存在した。研究者冥利に尽きる褒め言葉であるが，筆者にはそこまで大風呂敷を広げる気持ちはない。

　ただ，こうした学生の感想は，アトキンソン理論が内発的動機づけの系統の理論として，いまだに有望で説得力のあるモデルの一つであることを示しているのではないか。マルチエージェント・シミュレーションという手法を利用することで，学生たちが肌で感じてはいるが，うまく言葉で説明することができなかった行動原理のようなものを引き出すことができたのである。

マルチエージェント・シミュレーションが，現実に起こっている現象と理論との橋渡しをし，対話を促進するツールとして有効な手法である（稲水，2006）ということでもあるが，アトキンソン理論が現実の人間行動のある側面を，うまくとらえて定式化しているということでもあるに違いない。

演習問題

11.1 成功近接動機 M_S および失敗回避動機 M_{AF} は，短期的には定数なのか変数なのか，自分の経験に照らし合わせて考えてみよう。また第3節では，両者はとりあえず定数であると考えて，「誇り」という短期的には変数となる要素をアトキンソン・モデルに追加してシミュレーションを行っている。「誇り」以外に，達成動機づけに影響を及ぼしている要因としては，どのようなものが考えられるだろうか。

11.2 「リスク回避」「小さな成功を求める」というのは，青マルのエージェントのような動機づけパターンに対する一つの解釈である。自分にとって適度なチャレンジにあたる課題よりは，いくぶん成功確率の小さな簡単な課題を選択するという課題選択パターンに対して，他にどのような解釈が可能か議論してみよう。

11.3 達成動機の「誇り動機づけモデル」におけるシミュレーション結果は，実際の課題選択パターンをかなりうまく説明することができていると筆者は考えるが，こうした解釈が本当に現実的と言えるかどうかディスカッションを行ってみよう。現実的ではないと考えられるときは，筆者が行ったアトキンソン・モデルに対する修正のように，モデルの定式化の問題点や見落とされている要素について指摘してみよう。

参考文献

Alderfer, Clayton P. (1969) "An empirical test of a new theory of human needs," *Organizational Behavior and Human Performance*. 4, 142-175.

Alderfer, Clayton P. (1972) *Existence, Relatedness, and Growth: Human Needs in Organizational Settings*. Free Press, New York.

Atkinson, John W. (1964; 1978) *An Introduction to Motivation*. Van Nostrand, New York. 2nd ed. Co-Authored with Birch, David.

Atkinson, John W. (1974) "Strength of motivation and efficiency of performance," in Atkinson, John W. and Raynor, Joel O. (eds.), *Motivation and Achievement*. V. H. Winston, Washington, D.C..

Atkinson, John W. and Feather, Norman T. (1966) *A Theory of Achievement Motivation*. Wiley, New York.

Atkinson, John W. and Litwin, George H. (1960) "Achievement motive and test anxiety conceived as motive to approach success and motive to avoid failure," *Journal of Abnormal and Social Psychology*, 60, 52-63.

Barnard, Chester I. (1938; 1968) *The Functions of the Executive*. Harvard University Press, Cambridge, Mass. (山本安次郎・田杉競・飯野春樹訳『新訳 経営者の役割』ダイヤモンド社, 1968)

Bendor, Jonathan, Moe, Terry M. and Shotts, Kenneth W. (2001) "Recycling the garbage can: an assessment of the research program," *American Political Science Review*, 95, 169-190.

Bowditch, James L. and Buono, Anthony F. (2001) *A Primer on Organizational Behavior Fifth Edition*. John Wiley & Sons, New York.

Brayfield, Arthur H. and Crockett, Walter H. (1955) "Employee attitudes and employee performance," *Psychological Bulletin*, 52, 396-424.

Bussing, Andre (1997) "Motivation and satisfaction," in Sorge, Arndt and Warner, Malcolm (eds.), *The IEBM Handbook of Organizational Behavior*. International Thomson Business Press, London.

Campbell, John P. and Pritchard, Robert D. (1976) "Motivation theory in industrial and organizational psychology," in Dunnette, Marvin D. (ed.), *Handbook of Industrial and Organizational Psychology*. Rand McNally College Pub., Chicago.

Cohen, Michael D., March, James G. and Olsen, Johan P.（1972）"A garbage can model of organizational choice," *Administrative Science Quarterly*, 17, 1-25.

deCharms, Richard（1968）*Personal Causation: The Internal Affective Determinants of Behavior*. Academic Press, New York.

Deci, Edward L.（1971）"Effects of externally mediated rewards on intrinsic motivation," *Journal of Personality and Social Psychology*, 18, 105-115.

Deci, Edward L.（1972）"Intrinsic motivation, extrinsic reinforcement, and inequity," *Journal of Personality and Social Psychology*, 22, 113-120.

Deci, Edward L.（1975）*Intrinsic Motivation. Plenum Press*, New York.（安藤延男・石田梅男訳『内発的動機づけ』誠信書房，1980）

Deci, Edward L. and Ryan, Richard M.（1985）*Intrinsic Motivation and Self-Determination in Human Behavior*. Plenum Press, New York.

藤田英樹（2000a）「誇り動機づけ理論」『組織科学』33, 59-75.

藤田英樹（2000b）「達成動機づけと誇り」（新型シミュレータ開発プロジェクト　ワーキングペーパー・シリーズ No. 11）．東京大学大学院総合文化研究科．

藤田英樹（2004a）「モチベーションの過程論——人はどういうとき行動するか」二村敏子編著『現代ミクロ組織論——その発展と課題』有斐閣，61-73.

藤田英樹（2004b）「組織のなかの内発的動機づけ——その成立基盤と展開」二村敏子編著『現代ミクロ組織論——その発展と課題』有斐閣，75-88.

藤田英樹（2008）「成果主義とモティベーションの変化」若林直樹・松山一紀編著『企業変革の人材マネジメント』ナカニシヤ出版，104-119.

藤田英樹・高橋伸夫（2002）「日本企業における終身コミットメント——因子分析による検討」柳井晴夫・岡太彬訓・繁桝算男・高木廣文・岩崎学編『多変量解析実例ハンドブック』朝倉書店，482-493.

二村敏子（1982a）「組織行動論の成立・特質・展開」二村敏子責任編集『組織の中の人間行動——組織行動論のすすめ』有斐閣，1-19.

二村敏子（1982b）「人間資源アプローチと職務充実」二村敏子責任編集『組織の中の人間行動——組織行動論のすすめ』有斐閣，243-272.

二村敏子（2004a）「ミクロ組織論とは何か——理論の展開と本書の構成」二村敏子編著『現代ミクロ組織論——その発展と課題』有斐閣，1-17.

二村敏子（2004b）「モチベーションの内容論——欲求の理論と共存のなかの自己実現」二村敏子編著『現代ミクロ組織論——その発展と課題』有斐閣，39-60.

Gilbreth, Frank B. and Gilbreth, Lillian M.（1917）*Applied Motion Study*. Sturgis & Walton, New York.

Gillespie, Richard（1991）*Manufacturing Knowledge: A History of the Hawthorne Ex-

periments. Cambridge University Press, New York.

Gordon, Robert A. and Howell, James E.（1959）*Higher Education for Business*. Columbia University Press, New York.

芳賀繁（2006）「仕事の能率と安全——生産性と安全性は両立するのか」山口裕幸・高橋潔・芳賀繁・竹村和久『経営とワークライフに生かそう！　産業・組織心理学』有斐閣，57-76.

Heider, Fritz（1958）*The Psychology of Interpersonal Relations*. John Wiley & Sons, New York.（大橋正夫訳『対人関係の心理学』誠信書房，1978）

Herzberg, Frederick（1966）*Work and the Nature of Man*. Staples Press, London.（北野利信訳『仕事と人間性』東洋経済新報社，1968）

Herzberg, Frederick（1968）"One more time: how do you motivate employees？" *Harvard Business Review*, 46, 53-62.

Herzberg, Frederick, Mausner, Bernard and Snyderman, Barbara B.（1959；1993）*The Motivation to Work*. John Wiley & Sons, New York. Reissued 1993 by Transaction Publishers, New Brunswick, New Jersey.

Hoopes, James（2003）*False Prophets: The Gurus Who Created Modern Management and Why Their Ideas Are Bad for Business Today*. Perseus Books L.L.C., Cambridge, Mass.（有賀裕子訳『経営理論偽りの系譜——マネジメント思想の巨人たちの功罪』東洋経済新報社，2006）

池田央（1971）『行動科学の方法』東京大学出版会.

稲水伸行（2006）「マルチエージェントシミュレータを使ったゴミ箱モデルの再検討」『行動計量学』33，141-157.

城繁幸（2004）『内側から見た富士通——「成果主義」の崩壊』光文社.

鹿毛雅治（1995）「内発的動機づけ」宮本美沙子・奈須正裕編著『達成動機の理論と展開——続・達成動機の心理学』金子書房，133-159.

鹿毛雅治・鎌原雅彦・奈須正裕（1995）「特徴的な達成現象とその理解」宮本美沙子・奈須正裕編著『達成動機の理論と展開——続・達成動機の心理学』金子書房，217-243.

川瀬良美・堀野緑・森和代（1995）「達成動機」宮本美沙子・奈須正裕編著『達成動機の理論と展開——続・達成動機の心理学』金子書房，11-39.

黒川正流（1982）「人間関係とリーダーシップ」二村敏子責任編集『組織の中の人間行動——組織行動論のすすめ』有斐閣，211-241.

桑田耕太郎（2004）「組織均衡とミクロ組織論——組織均衡のなかの従業員」二村敏子編著『現代ミクロ組織論——その発展と課題』有斐閣，19-37.

桑田耕太郎・田尾雅夫（1998）『組織論』有斐閣.

Lawler, Edward E. Ⅲ (1971) *Pay and Organizational Effectiveness: A Psychological View*. McGraw-Hill, New York. (安藤瑞夫訳『給与と組織効率』ダイヤモンド社, 1972)

March, James G. and Simon, Herbert A. (1958; 1993) *Organizations*. John Wiley & Sons, New York. 2nd ed. Blackwell, Cambridge, Mass. (初版の訳：土屋守章訳『オーガニゼーションズ』ダイヤモンド社, 1977. 第2版の訳：高橋伸夫訳『オーガニゼーションズ──現代組織論の原典』ダイヤモンド社, 2014)

Maslow, Abraham H. (1943) "A theory of human motivation," *Psychological Review*, 50, 370-396.

Maslow, Abraham H. (1962; 1968; 1999) *Toward A Psychology of Being*. Van Nostrand, Princeton, New Jersey. 3rd ed. John Wiley & Sons, New York. (第2版の訳：上田吉一訳『完全なる人間──魂のめざすもの[第2版]』誠信書房, 1998)

Mayo, Elton (1933) "*The Human Problems of an Industrial Civilization* (New York: Macmillan & Co., 1933)," in Wren, Daniel E. and Sasaki, Tsuneo (eds.), Human Relations Volume 1. Pickering & Chatto, London, 2004, 1-192. (村本栄一訳『産業文明における人間問題』日本能率協会, 1951)

McClelland, David C., Atkinson John W., Clark, Russell A. and Lowell, Edgar L. (1953) *The Achievement Motive*. Appleton-Century-Crofts, New York.

McClelland, David C. (1987) *Human Motivation*. Cambridge University Press. (梅津祐良・薗部明史・横山哲夫訳『モチベーション──「達成・パワー・親和・回避」動機の理論と実際』生産性出版, 2005)

McGregor, Douglas (1960) *The Human Side of Enterprise*. McGraw-Hill, New York. (高橋達男訳『新版 企業の人間的側面』産業能率短期大学出版部, 1970)

Miller, James G. (1956) "Toward a general theory for the behavioral sciences," in White, Leonard P. (ed.), *The State of the Social Sciences*. University of Chicago Press.

溝上憲文 (2004)『隣の成果主義──わが社の制度は"最悪"なのか？』光文社.

奈須正裕 (1995a)「達成動機の理論──その現状と統合的理解の枠組み」宮本美沙子・奈須正裕編著『達成動機の理論と展開──続・達成動機の心理学』金子書房, 1-10.

奈須正裕 (1995b)「達成動機づけ理論」宮本美沙子・奈須正裕編著『達成動機の理論と展開──続・達成動機の心理学』金子書房, 41-71.

Roethlisberger, Fritz J. (1941) *Management and Morale*. Harvard University Press, Cambridge, Mass. (野田一夫・川村欣也訳『経営と勤労意欲』ダイヤモンド社, 1954)

Sagini, Meshack M.（2001）*Organizational Behavior: The Challenges of the New Millennium*. University Press of America, Lanham, Maryland.

Simon, Herbert A.（1947; 1957; 1976; 1997）*Administrative Behavior: A Study of Decision-Making Processes in Administrative Organization*. Macmillan, New York. 3rd and 4th eds. Free Press, New York.（松田武彦・高柳暁・二村敏子訳『経営行動』ダイヤモンド社，第2版の訳1965；第3版の訳1989）

Simon, Herbert A.（1960; 1965; 1977）*The New Science of Management Decision*, 1st ed. and revised（3rd）ed.（The Shape of Automation, 2nd ed.）Prentice-Hall, Englewood Cliffs, New Jersey.（第3版の訳：稲葉元吉・倉井武夫訳『意思決定の科学』産業能率大学出版部，1979）

外林大作・辻正三・島津一夫・能美義博編（1981）『誠信心理学辞典』誠信書房．

高橋伸夫（1993）『組織の中の決定理論』朝倉書店．

高橋伸夫（1995; 2003; 2006）『経営の再生——戦略の時代・組織の時代』初版・新版・第3版，有斐閣．

高橋伸夫（1997）『日本企業の意思決定原理』東京大学出版会．

高橋伸夫（2004）『虚妄の成果主義——日本型年功制復活のススメ』日経BP社．

田尾雅夫（1999）『組織の心理学』新版，有斐閣．

Taylor, Frederick W.（1903）*Shop Management*. Harper & Bros., New York.（上野陽一編訳「Ⅱ工場管理法」『科学的管理法 新版』産業能率短期大学出版部，1969, 41-219）

Taylor, Frederick W.（1911）*The Principles of Scientific Management*. Harper & Bros., New York. Reissued 1967 by W. W. Norton & Company, New York.（上野陽一編訳「Ⅲ科学的管理法の原理」『科学的管理法 新版』産業能率短期大学出版部，1969, 221-336）

Vroom, Victor H.（1964; 1995）*Work and Motivation*. John Wiley & Sons, New York. Reissued 1995 by Jossey-Bass, San Francisco.（坂下昭宣・榊原清則・小松陽一・城戸康彰訳『仕事とモティベーション』千倉書房，1982）

Wahba, Mahmoud A. and Bridwell, Lawrence G.（1976）"Maslow Reconsidered. A review of research on the need hierarchy theory," *Organizational Behavior and Human Performance*, 15, 212-240.

White, Robert W.（1959）"Motivation reconsidered: The concept of competence," *Psychological Review*, 66, 297-333.

山口裕幸（2006）「ワーク・モチベーション——やる気いっぱいで働くには」山口裕幸・高橋潔・芳賀繁・竹村和久『経営とワークライフに生かそう！ 産業・組織心理学』有斐閣，19-36.

索　引

人名索引

あ 行

アトキンソン（John W. Atkinson）　*11, 121, 207, 228, 234, 245, 257*
アルダファー（Clayton P. Alderfer）　*168, 197*
アンジャル（Andras Angyal）　*208*
稲水伸行　*69*
オルセン（Johan P. Olsen）　*62*

か 行

鹿毛雅治　*207*
ギルブレス（Frank B. Gilbreth）　*76, 86*
ギルブレス（Lillan M. Gilbreth）　*76*
クロケット（Walter H. Crocket）　*99*
コーエン（Michael D. Cohen）　*62, 64, 67*
ゴードン（Robert A. Gordon）　*7*

さ 行

サイモン（Herbert A. Saimon）　*15, 28, 32, 41, 54, 93, 101, 202*
ショッツ（Kenneth W. Shotts）　*63*
スナイダーマン（Barbara B. Snyderman）　*192*

た 行

高橋伸夫　*8, 47, 54, 55, 57, 59, 82, 84, 90, 121, 163, 223*
テイラー（Frederick W. Taylor）　*5, 76*
デシ（Edward L. Deci）　*11, 163, 167, 206, 244*
トールマン（Edward C. Tolman）　*121*
ドシャーム（Richard deCharms）　*208*

は 行

ハウエル（James E. Howell）　*7*
ハーズバーグ（Frederick Herzberg）　*9, 100, 163, 184, 196*
ハイダー（Fritz Heider）　*209*
ビュシング（Andre Bussing）　*115*
藤田英樹　*121, 202, 223*
二村敏子　*163*
ブリッドウェル（Lawrence G. Bridwell）　*169*
ブルーム（Victor H. Vroom）　*11, 82, 98, 124, 154, 191, 206*
ブレイフィールド（Arthur H. Brayfield）　*99*
ベンダー（Jonathan Bendor）　*63, 69*
ホワイト（Robert W. White）　*207*

ま 行

マーチ（James G. March）　*15, 41, 62, 93, 101, 202*
マグレガー（Douglas McGregor）　*9, 82, 107, 109, 163*
マクレランド（David C. McClelland）　*10, 207, 228*
マズロー（Abraham H. Maslow）　*10, 107, 145, 163, 173, 197*
ミラー（James G. Miller）　*8*
メイヨー（Elton Mayo）　*86, 90, 105*
モー（Terry M. Moe）　*63*
モースナー（Bernard Mausner）　*192*

ら 行

ライアン（Richard M. Ryan）　*210*
リッカート（Rensis Likert）　*9*
リトウィン（George H. Litwin）　*245, 257*
レスリスバーガー（Flits J. Roethlisberger）　*86, 90, 92*
ローラー（Edward E. Lawler Ⅲ）　*142, 163*

わ 行

ワーナー（William L. Warner）　*86*
ワバ（Mahmond A. Wahba）　*169*

事項索引

あ行

愛情欲求　163
合図　230
アクセス構造　65
アトキンソンの達成動機づけモデル　232
アトキンソン理論　250
安全欲求　163

意思決定　26
　——原理　35
　——前提　28
　——プロセス　121
維持欲求　170
依存関係　110
イニシアチブ　85
因果関係　156
因子分析　168～170
インダストリアル・エンジニアリング　80, 189
インフェクタンス動機づけ　208

ウェスタン・エレクトリック社　86

衛生要因　196
エネルギー加法性の仮定　66
エネルギー配分の仮定　66

か行

快　230
解　65
　——係数　66
階層原則　113
階層構造　107, 165, 180
階層的　67
外的報酬　81, 120, 142
外的要因　212
外発的な動機づけ理論　81
科学的管理法　5, 76
課業　78
確実性の理論　34
課題選択　241

過程論　10
環境との相互作用を学習するプロセス　208
環境を処理する能力　209
関係欲求　171
完全合理性　157
管理過程　58

期待　121, 231
期待×価値モデル　234
「期待×誘意性」理論　124
期待—価値理論志向　230
期待効用　124
期待理論　11, 120
基本的欲求　166
給与の役割　142
共分散構造分析　223
金銭的報酬　142
勤労意欲　87

経営人モデル　32
経済人モデル　32
形成過程　114
決定過程　115
決定構造　65
欠乏　166
　——欲求　166
権威　60
検証不可能　154
限定された合理性　32, 46

公式組織　87
高次の欲求　108
構造方程式モデル　223
工賃単価の切り下げ　77
行動科学　7, 190
行動選択の問題　212
行動選択の理論　121
行動の予測　115
公平理論　10
効用　122
効力感　208

281

個人に特有の認識　212
個体に対する刺激入力　213
ゴミ箱モデル　62
コンピテンス　167, 207

さ　行

サーブリッグ　80
サイクル　149
再構築　231
最適化意思決定　32
最適基準　33, 46
差別出来高給制度　78
参加者　65
参加（退出）の意思決定　101, 136, 154, 202, 203

時間研究　78, 80
自己原因性　209
自己効力感　11
自己実現欲求　103, 163
事象系列　193
自然的怠業　76
自尊欲求　103
実験群　88, 89, 217
自発性（イニシアチブ）と誘因　83
社会的承認　93
社会的欲求　103
主観確率　121
　　──の関数　237
主成分分析　223
手段性　122
受動的な器械　78
状況定義　40, 46, 60
消極的 KITA　185
情報活動　28
情報的側面　219
職務行動　98
職務遂行　98
職務満足　98
自律性　208
人格的因果律　209
深層面接　192
心理テスト　237

ズレ　231

成果期待　147
成果主義　78, 200
生産の意思決定　101, 136, 154
生存欲求　171
成長　166
　精神的──　195
　──欲求　166, 170, 171
生理的欲求　163
積極的 KITA　185
設計活動　28
ゼネラル・エレクトリック社　86
選択機会　64
潜在的満足の意識化　213
選択活動　28
選択機会　64
選択的注意　60
専門的　67

相関係数　99, 178
組織化された無政府状態　62
組織行動論　3
組織的怠業　76
組織論　2, 189
尊敬欲求　163

た　行

怠業　6, 76
代替的選択肢　214
達成志向行動　234
達成動機　228
　──研究　10
短期的な状況　193
単極的　198

逐次的・段階的出現　167
チャレンジ　210
チャレンジングな状況　210
注意の焦点　60
長期的な状況　193

テイラー・システム　80
適応水準　231

出来高給制度　77

動因　198
動機　229
動機づけ　229
　　――衛生理論　10, 184
　　――の強さ　121
　　――要因　114, 195
動機づけの認知論的アプローチ　11
動機づけ理論　5
動機の学習プロセス　232
動機理論志向　230
統合の原則　113
動作研究　78, 80
統制群　88, 89, 217
統制的側面　219
特殊動機　228
独立　211

な　行

内的報酬　135, 207
内発的動機づけの理論　11
内発的動機づけのレベル　212
内発的に動機づけられた活動　206
内容分析　193
内容論　10
成行管理　78

人間関係論　6, 85
人間資源アプローチ　9, 107
人間的意味　87
人間的な衝動　198
認知された因果律の所在　209
認知された有能さ　210
認知的処理過程　26
認知的評価理論　212
認知表象　213

は　行

非公式集団　93
非公式組織　87
非人格的因果律　209

不快　231

不確実性　35
　　――の理論　34
不満足要因　195
不明確な技術　62
フレックスタイム制（変形労働時間制）
　　201
分化仮説　207

報酬　142
　　――期待　147
　　――と満足　214
ホーソン実験　6, 86
保証水準　36
保全要因　196

ま　行

マクシマクス原理　37
マクシミン原理　36
マルチエージェント・シミュレーション
　　250
満足―前進　175
満足化意思決定　32
満足基準　40
満足要因　195

ミクロ組織論　2
見過ごし　67
ミニマックス・リグレット原理　38
未分割　67

目標　214
　　――管理制度　201
　　――志向的行動　214
　　――設定理論　11
モチベーション管理の理論　5
モチベーションの過程論　121
モチベーションの内容論　120
問題　65
　　――解決　67
　　――のある選好　62
　　――配分の仮定　67

や　行

やり過ごし　67

誘意性　121
　　——と期待（確率）　214
誘因価　235
優先度　145, 165
有能さと自己決定　207

欲求　229
欲求説　10, 162
欲求段階説　10, 107, 162
欲求不満—退行　175

ら　行

楽観水準　37

リスク・テイキング　241

リスクの理論　34
流動的参加　62
両極性　198

わ　行

ワーク・モチベーション　5
割増賃金　78

数字・英字

1次的な成果　143
2次的な成果　143
ERGモデル　170
ERG理論　168
KITA　184
X理論・Y理論　10, 109

著者紹介

藤田　英樹（ふじた　ひでき）
2002 年　東京大学大学院経済学研究科博士後期課程修了
　　　　博士（経済学）（東京大学）学位取得
2003 年　東洋大学経営学部専任講師
2006 年　東京大学大学院教育学研究科非常勤講師
現　在　東洋大学経営学部准教授

主要著書・論文

"Culture's consequences in Japanese multinationals and lifetime commitment," *Annual Bulletin of Japan Academy of International Business Studies*, No. 4, November 1998.（共著）
「誇り動機づけ理論」（『組織科学』Vol. 32, No. 4, 2000 年 6 月）
『超企業・組織論』（分担執筆, 有斐閣, 2000 年）
"The reproduction of Hofstede model," *Annals of Business Administrative Science,* Vol. 1, No. 3, October 2002.
『現代ミクロ組織論——その発展と課題』（分担執筆, 有斐閣, 2004 年）
『リサーチ・マインド経営学研究法』（分担執筆, 有斐閣, 2005 年）
『企業変革の人材マネジメント』（分担執筆, ナカニシヤ出版, 2008 年）

ライブラリ 経営学コア・テキスト＝4
コア・テキストミクロ組織論

2009 年 7 月 25 日Ⓒ	初 版 発 行
2022 年 2 月 25 日	初版第 5 刷発行

著　者　藤　田　英　樹　　　発行者　森　平　敏　孝
　　　　　　　　　　　　　　印刷者　加　藤　文　男
　　　　　　　　　　　　　　製本者　小　西　惠　介

【発行】　　　　　　　　株式会社　**新世社**
〒151-0051　東京都渋谷区千駄ヶ谷 1 丁目 3 番 25 号
☎(03)5474-8818(代)　　　　　サイエンスビル

【発売】　　　　　　　　株式会社　**サイエンス社**
〒151-0051　東京都渋谷区千駄ヶ谷 1 丁目 3 番 25 号
営業☎(03)5474-8500(代)　　　振替 00170-7-2387
FAX☎(03)5474-8900

印刷　加藤文明社　　　　　製本　ブックアート
《検印省略》

本書の内容を無断で複写複製することは，著作者および出版者の権利を侵害することがありますので，その場合にはあらかじめ小社あて許諾をお求めください。

ISBN 978-4-88384-138-7
PRINTED IN JAPAN

ライブラリ 経営学コア・テキスト 1

コア・テキスト
経営学入門

東京大学教授　高橋伸夫 著
Ａ５判・296 頁・**本体 2300 円**

本書は日常生活と関わりの深い身近なエピソードからはじめ，その後でその内容に即した様々な経営学説を解説する全く新しいスタイルの入門書である．この一冊で，目の前のあらゆる事柄が経営の問題として見えるようになり，自分の頭でその答を導き出す姿勢と作法が身につく．　2色刷．

【主要目次】
序章：この本の狙い　第Ⅰ部：一緒に働くってどんなこと？／イントロダクション／個人の行動に影響を与えるもの／個人をめぐる物理的な制約と有効な協働／組織に参加することで選択が可能になる理由／組織の目的と参加者の満足　第Ⅱ部：組織って何？／組織に共通しているもの／組織の中のコミュニケーション／組織が大きくなるとき／公式組織の生まれるとき　第Ⅲ部：組織の中で何が起きている？／分業と専門化／人はなぜ働くのか／人はなぜ命令に従うのか／習慣と意思決定／連鎖する意思決定　第Ⅳ部：経営するってどんなこと？／経営者の仕事／顧客「想像」力の時代／違法行為でなければ何をやってもいいのか

発行　新世社　　　　　発売　サイエンス社

表示価格は税抜きです．